KB040232

교과서가 말하지 않은 임진왜란 이야기

국립중앙도서관 출판시도서목록(CIP)

교과서가 말하지 않은 임진왜란 이야기
지은이: 박희봉
    서울: 논형, 2014
    p. ;   cm

ISBN 978-89-6357-154-6 03910 : ₩15000

임진 왜란[壬辰倭亂]

911.0553-KDC5
951.902-DDC21   CIP2014012215

교과서가 말하지 않은 임진왜란 이야기

박희봉 지음

교과서가 말하지 않은 임진왜란 이야기

초판 1쇄 발행 2014년 5월 10일
초판 2쇄 발행 2014년 7월 30일
초판 3쇄 발행 2020년 8월 25일

지은이 박희봉
펴낸곳 논형
펴낸이 소재두
등록번호 제2003-000019호
등록일자 2003년 3월 5일
주소 서울시 영등포구 당산로 29길 5-1 502호
전화 02-887-3561
팩스 02-887-6690
ISBN 978-89-6357-154-6 03910
값 15,000원

1948년 4월 국방경비대 소속 사병으로 입대하여 여수순천 사건 진압으로부터 지리산 빨지산 토벌, 6·25 정전까지 6년이 넘는 기간 동안 전쟁터에서 청춘을 바치신 아버지 朴化穆께 이 책을 바칩니다.

서문

기록된 역사적 사실을 보기 전에 그 역사를 쓴
역사가가 누구인지를 알아야 한다 · E. H. Carr

한국 역사의 현주소

나는 역사학자가 아니다. 나의 전공은 행정학이다. 우리나라 역사에 대한 나의 관심은 미국 유학 중 일본인과 중국인 유학생들과의 대화에서 비롯된다. 대부분의 일본과 중국 유학생은 한국 역사에 대해 잘 모르고 있지만 이들과 친분을 갖게 되면서 자연스럽게 동아시아 역사에 관한 대화를 나눌 기회가 있었다. 그들은 한국 역사를 "Korea가 고려에서 비롯되었듯이 한국 역사는 고려에서 시작" 그리고 "조선은 중국의 속국" 정도의 인식을 가지고 있었다. 특히 일본인 학생으로부터는 "왜 한국인은 일본인을 미워하는가?"라는 질문을 많이 받았다. 나는 일본과 중국 학생들의 뇌리에 깊이 뿌리 박힌 왜곡된 역사 인식을 바꾸려고 노력하였지만 그들의 선입관을 바꾸기에는 역부족이었다.

이후 다니던 대학 도서관에서 영어판 한국 역사책을 보면서 큰 충격을 받았다. 고려 이전의 역사 기록은 찾아보기가 어려웠고, 고려마저도 짧게 서술되어 있었으며, 조선은 중국의 속국에서 일본에 병합된 국가로 소개되어 있었다. 일본과 중국 유학생들의 이러한 역사 인식은 그 밖의 다른 나라 사람들에게 있어서도 마찬가지일 것이라는 생각이 들었다.

그렇다면 왜 해외의 저서에는 한국이 그런 식으로 소개되고 있을까? 나는 우리나라의 역사를 지금과 같은 체계로 정리한 사람이 일본학자들이었을 것이라는 생각을 하게 되었다. 그러니 당연히 일본 중심으로 한국 역사가 서술된 것이다. 일본학자들이 정리한 한국 역사란 한국이 일본에 의해 통치되는 것이 역사적 숙명이라는 점을 강조하게 되고, 그에 따라 한국이라는 국가와 국민, 역사는 한국인 스스로에게도 비참하고 왜소하게 그려져야 했다. 나는 이 사실에 대해 분노하지 않을 수 없었다. 역사 전공자가 아니지만 언젠가 필연적으로 극복해야 할 과제로 다가왔다.

국가통합의 상징적 사건, 진주성전투

한국에 돌아와 나의 전공을 견고히 하기 위해 사회자본 연구에 몰두했다. 사회자본이 갈등과 불신에서 벗어나 통합과 협력, 신뢰의 사회로 이끌 수 있는 이론적 기초가 될 수 있다는 점을 인식하고, 사회자본 연구에 집중했다. 또한 사회자본이 국가발전의 원동력이 되리라는 바람으로 사회자본과 국가통합을 하나의 화두로 삼게 되었으며, 우리 역사 속에 존재하는 국가통합의 상징적 사건을 찾게 되었다. 그리고는 어렵지 않게 임진왜란 당시의 진주성전투를 생각하였다.

당시 내가 알고 있던 진주성전투는 승전과 패전이 함께 있었던 사건이었기에 역사적으로 복합적인 상황변수가 많았을 테고, 그에 따라 한국인의 국가통합 의지를 살릴 만할 획기적인 사건이라는 생각이 들었다. 우선 진주성전투에 관한 책과 논문을 모두 모아 읽었다. 그리고는 진주성전투에 대한 역사의 매력에 푹 빠졌다.

작업의 방대함을 감안하여 1994년 나의 수강생이자 지금은 어엿한 학자로 성장한 장경석 박사에게 이 과업을 함께하자고 제안했다. 장 박사는 국회도서관에서 1926년 일본군 합동참모본부가 편찬한 『일본전사』 중에서 조선역(임진왜란 편)을 찾아왔다. 이 책에서 일본군 장수 중 누가 얼마의 병력을 이끌고 임진왜란에 참전하였고, 임진왜란이 진행되면서 장수별 병력이 어떻게 증감되는지에 대한 기록을 알게 되었다. 이 기록들은 두 차례 진주성전투가 얼마나 치열하게 전개되었는지를 잘 말해주었다.

진주대첩으로 불리는 제1차 진주성전투는 임진왜란 최초로 조선 관군이 일본군을 완벽하게 물리친 전투이다. 김시민이 이끄는 3,800명의 조선군이 8배가 넘는 3만 명의 일본군을 6일 동안 10회의 전투에서 모두 격퇴했다. 김시민의 완벽한 전투준비와 지휘에 의한 승리일뿐만 아니라 진주 관군과 백성의 단결과 협력의 산물이다. 이로써 일본군은 낙동강 서쪽의 경상우도와 전라도로 진출하지 못했다. 뿐만 아니라 부산에서 대구, 서울로 이어지는 보급로가 차단되기에 이르렀다.

제2차 진주성전투는 진주대첩보다도 더 치열한 전투였다. 당시 조선에서 전투를 벌이고 있던 일본군 대부분의 병력인 9만 3,000명이 진주성으로 집결함에도 불구하고 조선군과 백성들은 진주성을 끝까지 지켰다.

뿐만 아니라 경상도, 전라도, 충청도에서 자발적으로 진주성을 사수하고자 달려온 의병들이 합세하였고, 이들 5,800명의 수성군은 16배가 넘는 일본군과 9일 동안 24회의 전투에서 승리를 거두었다. 다만 마지막 날 25번째 전투에서 비로 인해 성의 일부가 무너지면서 성으로 난입한 일본군과 전원 전사할 때까지 치열한 전투를 벌였다.

제2차 진주성전투가 끝난 후 일본군은 전라도를 점령하라는 도요토미 히데요시의 명령마저 무시하고 부산 지역으로 후퇴했다.

언젠가는 함락당할 것이라는 사실을 알고도 죽을 때까지 나라를 지키겠다는 의지를 가지고 성을 지키다 옥쇄한 이들은 임진왜란 당시 우리 조상들의 나라를 지키겠다는 군건한 의지를 명확히 대변한다. 이 같은 치열한 과정이 무시된 채, 우리 역사마저 이 전투를 패전으로 기록하고 있다.

이 연구결과를 묶어 논문을 발표하였다.[1] 동시에 우리 조상들이 국가를 지키고 유지하기 위해 얼마나 분투하였는지를 정확하게 알고 싶은 마음이 꿈틀거렸다.

『일본전사 조선역』에 드러난 역사의 진실

진주성전투뿐만 아니라 임진왜란 전 과정에서 우리 조상들이 적극적으

---

1) 박희봉 · 장경석, 2013, 「임진왜란 시 1 · 2차 진주성전투의 국가통합적 의미」, 중앙사론 37: 41-96.

로 국란에 대처한 모습을 곳곳에서 찾아볼 수 있으리라는 확신이 들었다. 그리고 많은 학생들이 진주성전투에 대한 기본적인 역사 사실도 모르고 있기에 임진왜란 전 과정을 전혀 다른 시각으로 살펴보아야겠다는 생각을 갖게 되었다.

우리가 알고 있듯이, 임진왜란 발발 초기에 일본군은 파죽지세로 조선의 핵심 지역을 점령하였다. 1592년 4월 13일 일본군 1군이 부산 영도에 상륙한 이후, 4월 14일 부산성, 4월 15일 동래성이 함락된 것을 시작으로 5월 3일 한양성, 6월 15일 평양성이 함락되었다. 이 기간 동안 대부분 조선의 성은 전투다운 전투도 벌이지 못한 채 함락되었다. 관군이 동원된 상주전투, 충주 탄금대전투, 임진강전투, 용인전투에서 조선군은 일방적으로 패하였다.

그러나 우리가 전혀 모르고 있을 뿐더러 관심 밖이었던 임진왜란 과정에서 참전 일본군의 사망자 수를 계산해보면 전혀 다른 사실을 알 수 있다. 『일본전사 조선역』의 기록에 따르면, 우리 역사에 기술된 것보다 훨씬 많은 일본군이 임진왜란에 참전하였다. 더욱이 우리가 그 동안 간과했던 엄청나게 많은 일본군이 전투 중에 사망한 사실이 기록되어 있다. 그것도 명나라 군대가 참전하기 이전인 1593년 1월 이전에 말이다.

유성룡의 『징비록』을 비롯한 많은 문헌에서는 임진왜란의 이미지를 조선 조정의 갈등 및 내분, 전쟁 준비 부족, 선조 국왕과 관군의 무능, 전투의 패배 등으로 묘사하고 있다. 실제로 임진왜란은 한국인들에게 선조를 위시한 조정과 군의 무능과 전투 패배, 전투로 인한 백성들의 고통 등 기억하고 싶지 않은 과거로 각인되어 있다.

그러나 임진왜란 과정에서 참전한 일본군의 사망자 수에 대해 우리는 전혀 모르고 있을 뿐더러 관심을 갖지 않았다. 1926년 일본군 합동참모본부가 임진왜란이 정당한 전쟁이었음을 전제로 기술하여 편찬한 『일본전사 조선역』의 기록에 따르면, 우리 역사에 기술된 것보다 훨씬 많은 일본군이 임진왜란에 참전하였다. 더욱이 우리는 우리의 피해만을 기억하느라 생각이 미치지 못했지만, 명나라 군대가 참전하기 전에도 엄청나게 많은 일본군이 전투 중에 사망했다는 사실이 입증된다.

1592년 4월 임진왜란 개전 초부터 참전한 일본군은 1번대에서 9번대까지 15만 8,700명이고, 규슈의 나고야성(名古屋城)에 예비군으로 준비된 병력은 10번대에서 16번대까지 11만 8,300명으로 총 28만 명이 넘는다.[2] 일본 측 기록에는 1592년 4월 1차로 1~9번대가 조선에 상륙한 것으로 되어 있고, 그 밖의 부대가 조선에 상륙하였는지에 대해서는 명시적으로 밝히지 않고 있다. 하지만 일본 측 기록을 자세히 살펴보면, 나고야에 주둔하고 있던 일본군 장수가 조선의 주요 도시를 점령하였다는 기록이 있다. 동시에 1593년 6월 조선에 주둔하던 일본군의 점호 기록에 나고야의 예비대에 속한 대부분의 장수 이름과 이끌던 부대의 군사 수가 기록되어

---

2) 일본군은 1592년 1월 5일 도요토미 히데요시의 명령에 따라 각 지방의 제후들이 조선을 침공하기 위한 병력을 규슈지방의 나고야성에 집결시켰다. 이때 제대(諸隊) 편성은 1~16번대(番隊, 각 번대병력은 4,000~24,000명 수준), 수송 및 수군(船手衆), 예비부대인 번외(番外) 2개 부대, 직속무사 부대인 하타모토(旗本) 등 281,840명으로 구성되었다(參謀本部編, 1924,『日本戰史 朝鮮役』, 村田書店, pp.65~73.).

있다.[3] 임진왜란 초기 전투에서부터 일본군의 병력 손실이 막심해서 나고야에 대기하던 예비 병력이 추가 배치됐다는 증거이다. 이는 임진왜란 개전 초부터 조선군의 저항이 격렬하였다는 사실을 방증하는 것이 아닐까.

일본전사에 참전 기록이 확실한 일본군 숫자만을 계산할 경우, 임진왜란 초기부터 참전한 일본군은 22만 4,774명이고, 2차 진주성전투 개시 전(1593년 6월) 도요토미 히데요시(豊臣秀吉)의 진주성 공격 명령서에 기록된 9만 3천 명과 예비 병력을 포함한 총 병력 수는 12만여 명이다. 이것을 계산하면 1592년 4월부터 1593년 6월 2차 진주성전투 이전까지 일본군 전사 및 실종자는 10만 명 이상이 된다. 2차 진주성전투에서 사망했을 것으로 추정되는 3만 8,000명을 합산하면 13만 8,086명이 임진왜란 동안 사망·행방불명이 되었고, 살아서 일본으로 돌아간 일본군 수는 8만 6,688명에 불과하다. 더욱이 나고야에 주둔한 것으로 되어 있는 예비 병력 모두가 참전한 것으로 상정할 경우 참전 일본군 수는 28만 6,840명이고 손실자 수는 20만 152명으로 일본군은 1년 3개월 동안 참전자의 69.73%가 조선에서 사망 또는 실종된 것으로 볼 수 있다.

보다 구체적으로, 일본군이 계속 승리한 것으로 기록된 임진왜란 초기 1년 동안, 일본군의 한양성 점령 이후 조선 8도를 분할 점령하는 과정에

---

3) 參謀本部編, 1924, 같은 책, pp.257~262.

서 발생한 각 군의 지역별 사망자 수치를 살펴보면, 조선군과 백성이 일본군에 대해 얼마나 맹렬히 저항하였는지 알 수 있다. 개전 초기 도요토미 히데요시는 작전명령서를 하달하여 1번대에서 9번대까지의 부대로 하여금 조선 8도를 분할 점령하도록 하였다. 일본군의 선봉에서 가장 많은 전투기록을 남겼고, 평양까지 점령한 바 있던 고니시 유키나가(小西行長)의 1번대는 1592년 3월 조선출병 당시 18,700명 규모였으나, 9개월 후인 1593년 3월에는 6,626명만이 생존하여 손실률이 64.56%에 달한다. 또한 전투기록이 많지 않은 황해도에 주둔했던 일본군 3번대(대표장수: 구로다 나가마사[黑田長政])는 같은 기간 동안 손실률이 53.80%, 강원도에 있던 일본군 4번대(대표장수: 모리 요시나리[毛利吉成])의 손실률은 56.35%, 충청도에 주둔했던 5번대(대표장수: 후쿠시마 마사노리[福島正則])의 손실률은 45.27%에 이른다. 또한 이들의 부대에 지속적으로 병력이 보충되었다는 사실을 감안하면 손실률은 이보다 훨씬 높을 것으로 추정된다. 한마디로 일본군은 무모한 전쟁을 일으킨 것이다.

참된 역사

유성룡의 『징비록』을 비롯한 많은 문헌에서는 임진왜란의 이미지를 조선 조정의 갈등 및 내분, 전쟁 준비 부족, 선조 국왕과 관군의 무능, 전투의 패배 등으로 묘사하고 있다. 한국인들에게 임진왜란은 선조를 위시한 조정과 군의 무능과 전투 패배, 전투로 인한 백성들의 고통 등 기억하고 싶지 않은 과거로 각인되어 있는 것이 사실이다.

그러나 일본인들이 그것도 제국주의가 극성을 부리던 1920년대 일본 군부가 발행한 일본사에 기록된 임진왜란은 우리 조상들이 얼마나 치열하게 국란에 대처했는지를 여실히 보여주고 있다. 일본군부가 작성한 일본군의 공격 및 퇴각 기록을 보면 우리 조상들이 어떻게 일본군에 맞서 싸웠는지를 잘 알 수 있다.

이러한 사실은 임진왜란 개전 초기부터 조선 전역에서 조선군과 백성들이 일본군에 대항하여 끊임없는 전투를 벌였고, 크고 작은 전투에서 일본군에게 치명적인 타격을 가했다는 것을 증명하고 있다. 우리는 임진왜란 중 김시민 목사의 진주대첩, 이순신 장군이 이룩한 23전 23승의 해전 승리, 권율 장군의 행주대첩, 곽재우와 정문부의 의병활동을 알고 있기는 하지만, 이러한 산발적인 전투에서의 승리만으로는 일본군의 엄청난 사망자와 철수를 유추해내기는 어렵다. 다시 말해, 우리는 조상들의 치열했던 삶과 저항을 제대로 알고 있지 못한 것이다. 그러나 임진왜란이란 역사적 사실은 임진왜란 개전 초기부터 조선 전역에서 조선군과 백성들이 일본군과 끊임없는 전투를 벌였고, 크고 작은 전투들이 일본군에게 치명적인 타격을 가했음을 보여준다. 다만 우리가 이러한 역사적 사실을 제대로 알고 있지 못했을 뿐이다.

이 책이 밝히고자 하는 임진왜란의 진실

이 책의 목적은 지금까지 우리가 몰랐거나 중요하게 다루지 않았던 역
사적 사실을 근거로 임진왜란의 역사적 진실을 밝히고, 임진왜란에 대한
그릇된 역사 인식이 어떻게 비롯되었는지를 추적하는 것이다.

그 동안의 기록만으로는 이해가 되지 않아 이 책에서 밝혀보고자 했던
임진왜란에 관한 의문점은 다음의 내용들이다.

첫째, 일본군은 1592년 4월 14일 부산성을 공격한 이래 2개월 만인 6월
15일 평양성을 함락시켰다. 그러나 평양성을 함락시킨 일본군 1번대 지
휘관 고니시 유키나가는 선조 임금이 주둔하고 있던 의주를 공격하지 않
았다. 그리고 그와 함께 평양성을 함락시켰던 구로다 나가마사는 자신의
병력을 이끌고 황해도로 내려갔다. 그 이유는 무엇일까?

둘째, 임진왜란 발발 후 1만 명 이상이 참여한 군단급 전투에서 승리
를 거듭하던 일본군이 1592년 10월 5일부터 10일까지 6일 동안 10회의
제1차 진주성전투에서 3만 명의 병력으로 김시민 목사가 이끄는 3,800
명의 조선군에게 완패하였다. 그 이유는 무엇일까?

셋째, 1593년 1월 9일 제4차 평양성전투에서 고니시 유키나가가 이끄
는 일본군은 조·명 연합군에게 패배하였다. 이 패배 이후 고니시가 이
끄는 1번대가 한양성까지 후퇴한 것은 이해가 간다. 그러나 함경도, 황
해도, 강원도, 경기도에 주둔하던 일본군이 명나라 군대가 참전하기 이

전인 1592년 8월부터 한양성 퇴각을 논의하였고, 1593년 1월 고니시의 패배 이후 별다른 전투가 없었음에도 불구하고 모두 한양성으로 퇴각했다. 그 이유는 무엇일까?

넷째, 1593년 1월 27일 벽제관에서 일본군은 명나라군(이하 '명군')을 패퇴시켰다. 그러나 명군에 대한 승전에도 불구하고 일본군은 북쪽으로 진격하지 않고 한양성에서 남쪽으로 물러났다. 그 이유는 무엇일까?

다섯째, 1592년 4월 13일 이후 기록이 확실한 조선 침략 일본군 숫자는 총 22만 4,774명이고, 참전 가능한 일본군 수는 총 28만 6,840명이다. 1593년 6월 20일 제2차 진주성전투 이전에 조선에 주둔하던 일본군을 점호한 기록은 12만 1,578명이라고 기록되어 있다. 1년 2개월 동안 일본군은 최소한 총 출전자의 45.9%인 10만 3,196명, 최대한 출전자의 57.6%인 16만 5,262명이 사라졌다. 그리고 제2차 진주성전투를 치르고, 임진왜란이 종료된 후 살아서 일본으로 돌아간 일본군 숫자는 10만 명이 채 되지 않는다. 이 사실은 무엇을 말하는가?

여섯째, 1593년 6월 21일부터 6월 29일까지 제2차 진주성전투에서 일본군은 약 9만 3천 명의 대군을 동원하여 5,800명의 조선 관군 및 의병이 지키던 진주성을 9일 만에 함락시켰다. 진주성 함락 후 일본군은 전라도를 점령하라는 도요토미 히데요시의 명령을 따르지 않고 부산 지역으로 후퇴하였다. 그 이유는 무엇일까?

차례

1장

임진왜란의 배경

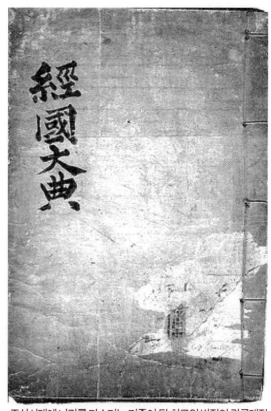

조선시대에 나라를 다스리는 기준이 된 최고의 법전인 경국대전

백성이 나라의 근본이다 · 정도전

조선의 평화시대와 일본의 전국시대

조선은 1392년 태조 이성계에 의해 건국된 이후 임진왜란까지 200년 이상 효과적으로 외침을 격퇴함으로써 평화를 구가했다. 대부분의 역사에서 조선은 유교의 성리학을 받아들여 의(義)와 예(禮)를 숭상하는 문(文) 중심의 정치를 편 까닭에, 상대적으로 무(武)를 등한시하여 국방력이 약화된 것으로 기록하고 있다. 그러나 조선은 국방력을 등한시했다기보다는 현실적 필요에 의해 국방력을 조절하고 있었다. 전통적으로 가장 큰 위협이었던 대륙의 명나라와의 선린 외교관계가 정착된 이후 대규모 군대를 양성할 필요가 없었기 때문이다. 특히 세종대왕이 김종서, 이천, 이징옥 등의 장수를 보내 북방 여진족을 토벌하여 6진과 4군을 설치하고, 이종무로 하여금 전함 227척, 군사 1만 7천 명을 보내 대마도를 평정한 이후, 북방 여진족과 남쪽의 왜구의 피해가 급격히 감소하였기 때문에 강력한 군대를 유지할 필요성이 사라졌다.

또한 조선은 백성의 여론을 중시한 국가였다. 평화가 장기화됨에 따라 백성들은 강력한 군대의 유지를 반대하였다. 강력한 군대를 유지하기 위해서는 농사를 짓던 장병을 징집해야 했고, 막대한 비용은 세금의 증가로 이어지기 때문이다. 이따금 여진족이 창궐하는 함경도 방어를 위해 6진을 유지하고, 남해안에 출몰하는 왜구의 침탈 방어를 위해 남해안 지역에 최소한의 병력만을 보유하면 충분했다. 따라서 조선은 국방을 위하여 기병 중심의 엘리트 무관을 양성하고, 일반 사병은 최소화했으며, 모든 백성이 군대에 징집되는 병농일치의 군사체계를 유지함으로써 비상시에 대비하였다. 국가 비상사태 시에는 과거시험을 통해 양성된 엘리트 무관이 농민병을 지휘하여 극복하겠다는 취지다.

한마디로 조선은 백성 중심의 국가로 다른 나라를 침범할 의사도 없고,

중원의 명나라와 별 마찰이 없어서 군대 양성보다는 외교관계 위주로 평화를 구가하는 국가였다.

이에 반해, 일본은 1467년 중앙정부의 천황과 쇼군에게 대항하는 오닌의 난[1]이 발생한 이후 중앙정부의 무능함이 드러남에 따라 지역 영주 간에 치열한 무력투쟁을 벌이던 시대, 즉 전국시대(戰國時代)에 돌입하였다. 강력한 무력을 배경으로 영지의 토지와 농민을 지배하는 지역 영주가 출현하여, 이들 간에 전국 통일을 위한 100년이 넘는 끊임없는 전쟁을 치렀다. 이들이 승리할 수 있던 전제는 부국강병이다. 이들은 토지와 농민을 기초로 한 경제력을 확보하기 위해 농업기술과 토목기술을 발전시켰고, 승리를 위해서는 무기의 발전과 군사훈련, 대규모 군단급 작전이 개발되었다. 포르투갈과의 무역을 통해 조총(철포)을 받아들였고, 사카이(堺)[2]에서 조총을 대량 생산함에 따라 일본군의 전투력은 급속도로 발전되었다.

일본 조총

이러한 상황 속에서 조총을 중심으로 한 새로운 전투기법을 완성한

---

1) 일본 무로마치 시대(室町時代)인 오닌(應仁) 원년(1467년) 1월 2일에 일어난, 쇼군(將軍) 후계 문제를 둘러싸고 지방의 슈고 다이묘(守護大名)들이 교토(京都)에서 벌인 항쟁이다.
2) 일본 혼슈(本州) 오사카 서부에 있는 도시.

세키가하라(関ヶ原)전투를 묘사한 병풍. 도요토미 히데요시 사후 벌어진 세키가하라 전투는 도쿠가와 이에야스의 동군과 도요토미 히데요시의 아들을 중심으로 한 서군과의 전투로, 도쿠가와 이에야스는 이 전투에서 승리를 거두면서 사실상 확고부동한 패자(覇者)의 자리에 올라 에도 막부를 세우는 발판을 다지게 되었다.

오다 노부나가*가 1575년 조총부대를 이끌고 당시 일본 최대의 영주인 다케다 가쓰요리(武田勝頼)의 기마부대를 나가시노(長篠)전투에서 물리친 후 일본의 통일 기반을 완성하였다. 하지만 오다 노부나가는 통일 직전 부하인 아케치 미쓰히데(明智光秀)의 배신으로 자결하게 되고, 오다 노부나가의 가신이던 도요토미 히데요시*가 곧바로 아케치 미쓰히데를 진압함으로써 오다 노부나가의 통일과업을 이어 받았다. 도요토미 히데요시는 결국 1583년 시즈카다게(賤ヶ岳)전투에서 시바타 가쓰이에(柴田勝家)를 진압하면서 실권을 장악하였다. 이렇듯 일본은 전국시대 100년 동안 군사력을 축적한 전쟁의 국가였다.

---

* 오다 노부나가(織田信長, 1534~1582): 일본의 무장이다. 혼란기였던 일본의 센고쿠 시대를 평정하였다. 교토 입성 후 무로마치 막부를 재건하고 실권을 장악하여 나갔으며, 일본을 통일하기 위한 전국의 다이묘들과 전쟁을 계속하였으나, 부하의 습격을 받고 자결하였다. 오다 노부나가의 일본 통일 과업은 도요토미 히데요시에 의해 계승되었다. 도요토미 히데요시 및 도쿠가와 이에야스와 더불어 일본 중세기를 대표하는 인물로 뽑힌다.

* 도요토미 히데요시(豊臣秀吉, 1537~1598): 일본의 무장, 정치가이다. 오다 노부나가를 섬겼으며 오다 가문 안에서 점차 두각을 나타내기 시작했다. 오다 노부나가가 혼노지의 변(本能寺の変)으로 죽자 주고쿠에서 대군을 이끌고 교토로 돌아와 야마자키 전투(山崎の戦い)에서 역신 아케치 미쓰히데(明智光秀)를 격파하고, 오다 노부나가를 대신해 그의 사업을 계승하여 일본을 통일하였다. 일본 통일 후 임진왜란을 일으켰고, 병사했다.

조선과 일본의 상대방에 대한 이해

당시 조선과 일본의 상대방에 대한 인식은 극단적으로 달랐고, 서로에 대해 전혀 알지 못했다. 조선의 대일본 인식은 한마디로 일본은 작은 섬 나라이고, 일본인은 해적 정도로 치부했다. 대마도 너머 일본이라는 국 가가 있기는 하지만 대마도보다 큰 또 다른 섬나라이겠지 하는 정도였 다. 1590년 조선통신사를 파견하기 전까지 조선인은 120년 동안 일본을 다녀온 사람이 한 명도 없었기에 일본이 어느 정도 규모의 국가이며, 어 떤 모습으로 사는지조차 알지 못했다. 이러한 일본에 대한 무지는 일본 이란 존재 자체의 무시로 이어졌다.

일본 또한 조선에 대한 인식은 백지상태에 가까웠다. 대마도 사람들은 조선과 명나라의 사정을 알고 있었지만 일본 본토에 있는 장수들은 자신 의 가신인 대마도 사람의 정보에 귀를 기울이지 않았다. 단적으로 드러나 는 것이 도요토미 히데요시의 조선에 대한 인식이었다. 그는 대마도에 사 는 일본 해적(왜구)들이 조선을 언제든지 약탈하고 있으며, 조선이 쌀을 비롯하여 대마도에 필요한 물자를 주고 있다는 사실을 근거로 조선을 대 마도에 조공하는 속국이라고 여겼다. 이러한 도요토미 히데요시의 착각은 그가 대마도 도주인 소오 요시토시(宗義智)*에게 조선의 국왕인 선조에게 일본을 통일한 자신에게 인사를 하러 오라고 명령을 내린 사실을 보아도 잘 알 수 있다. 도요토미 히데요시의 명나라에 대한 인식 역시 조선에 대한 인식과 별 차이가 없었다. 그는 명나라 사람들을 일본 해적을 보기만 하면 도망가는 겁쟁이로 알고 있었다.

---

* 소오 요시토시(宗義智, 1568~1615)는 소(宗) 가문의 20대 당주이며 쓰시마 후추 번의 초대 번주이기도 하다. 임진왜란 때 장인인 일본군 제1번대 지휘관 고니시 유키나가의 제1번대 에 속해 일본군의 선봉으로서 싸웠다.

도요토미 히데요시의 명령을 받은 소오 요시토시는 그나마 조선과 일본의 상황을 이해하고 있었다. 따라서 그는 조선 조정과 도요토미 히데요시에게 진실을 말할 수 없는 진퇴양난의 상황[3]을 탈피하고자 꾀를 내어 조선 조정에 일본으로 통신사를 파견해달라고 간청한다. 조선 조정에서 통신사 길이 험하다는 이유로 거절하자, 그는 자신이 직접 길을 안내하겠다며 간청을 거듭하였다. 그 결과, 조선은 통신사를 일본에 보내기로 결정한다.

선조 임금[*]은 하찮은 일본이라고 해도 예를 갖추었다. 조선통신사의 파견 목적은 도요토미 히데요시의 일본 통일을 축하하는 것이기 때문이다. 선조 임금이 파견한 통신사를 통해 도요토미 히데요시에게 보낸 서신의 내용은 다음과 같다.

조선 국왕 이연(李昖)은 친서를 일본 국왕전하에게 드립니다. 봄기운은 온화하고 만상의 움직임은 생동감 넘치고 아름답습니다. 대왕께서 60여 주를 통일하신 것을 전해 듣고 속히 믿음과 화목을 쌓아 우의를 돈독히 하고자 했으나, 길이 험하므로 막혀서 사신 보내기를 걱정하고 이 때문에 몇 해 동안 계획을 취소했습니다. 오늘 귀국의 어사들과 함께 황윤길, 김성일, 허상 삼인의 사절을 보내어 축하의 뜻을 전합니다. 지금 이후, 양국 간 우호가 더욱 깊어진다면 심히 다행일 것입니다. 또한 변변찮은 토산물을 다른 두루마리에 기록하여 함께 보내오니 간절히 바라건대 기쁘게 받아주시고 몸을 보중하시길 바랍니다. 불선.
1590년 3월.[4]

---

3) 소오 요시토시는 조선의 국력을 알고 있기에 조선 조정에 도요토미 히데요시의 요구를 조선에 제대로 알릴 수 없었다. 또한 그가 도요토미 히데요시에게 조선이 허약한 상대가 아니라는 점을 말할 경우, 명령에 저항한다는 이유로 자신의 목을 벨 수도 있기 때문에 진실을 말할 수 없었다.

4) 기타지마 만지(北道萬次), 2008, 김유성·이민웅 옮김, 『도요토미 히데요시의 조선 침략』, 경인문화사, p.7.

* 선조 임금(1552~1608): 조선의 14대 왕. 중종의 서자 덕흥대원군의 셋째 아들로 이름은 이연. 1592년 임진왜란이 발발하자 조선을 통솔하여 이를 극복했고, 이후 정유재란도 극복하였다.

이에 반해, 도요토미 히데요시가 선조 임금에게 보낸 서신 내용은 예를 벗어났을 뿐만 아니라 매우 오만하였다. 서신의 내용을 보면 그의 조선에 대한 인식이 어떠했는지 적나라하게 드러난다. 서신의 내용은 다음과 같다.

일본국 간파쿠(關白) 히데요시는 조선 국왕 각하에게 바칩니다. 보내신 글은 감동스럽게 읽고, 재삼 펼쳐서 보고 접곤 했습니다.

우리나라 60여 주는 근래 여러 지역으로 분리되어 나라의 기강을 어지럽히고 대대로 내려오는 예의를 져버리며 조정의 정사에 따르지 않기 때문에 내가 분함을 견디지 못하여 3, 4년 사이에 반신과 적도를 토벌하여 먼 지역과 섬들까지 모두 장악하였습니다.

삼가 나의 지나온 자취를 살펴보건대 비록 작고 보잘 것 없는 일개 신하였지만, 일찍이 어머님께서 나를 잉태할 때에 해가 품속으로 들어오는 꿈을 꾸었는데, 복술사가 '햇빛이 비치지 않는 데가 없으니 커서 필시 팔표인풍(八表仁風, 팔표란 팔방의 아주 먼 끝. 인풍은 어질고 덕스러운 교화)을 드날리고 사해에 용맹스러운 이름을 떨칠 것이 분명하다'고 했습니다. 이토록 기이한 징조로 말미암아 나에게 적대심을 가진 자는 자연 기세가 꺾여 멸망해갔는데 싸우면 반드시 이기고 빼앗았습니다. 이제 천하를 평정한 뒤로 백성을 어루만져 기르고 외로운 자들을 불쌍히 여겨 위로하니, 백성들이 부유하고 재물이 풍족하므로 지방마다 바치는 공물이 전보다 만 배나 늘었으니, 본조의 개벽 이래로 조정의 성대함과 수도의 장관이 오늘날보다 더한 적이 없었습니다.

비록 사람이 세상에 살면서 오래 산다 해도 예로부터 백 년을 넘지 못하는 데 어찌 답답하게 이곳에만 머무를 수 있겠습니까? 나는 나라가 산과 바다로 막혀 멀리 있음에도 개의치 않고 한 번에 뛰어서 곧바로 대명국에 들어가 우리나라의 풍속을 4백여 주에 심어 놓고, 교토의 다스림과 교화를 억만년토록 시행하고자 하는 것이 나의 마음입니다. 귀국이 앞장서서 입조한 것은, 앞일을 깊이 헤아린 처사이므로 이제는 근심하지 않아도 되는 것이 아니겠습니까? 먼 곳의 작은 섬에 있는 무리라도 늦게 복속해온다면 용서하지 않을 것입니다. 내가 대명에 들어가는 날 사졸을 거느리고 군영에 나온다면 더욱 이웃으로서의 맹약이 굳게 될 것입니다.

나의 소원은 삼국에 아름다운 명성을 떨치고자 하는 것일 뿐입니다. 방물은 목록대로 받았습니다. 몸을 보중하고 아끼십시오. 불선.

1590년 음력 11월 일본국 간파쿠 히데요시.[5]

이 내용을 요약하면, "첫째, 나(도요토미 히데요시)는 태양의 아들이므로 모든 전투는 다 이긴다. 둘째, 나는 명나라를 쳐들어갈 것이다. 셋째, 조선은 자발적으로 일본의 통치하에 복속했으므로 쳐들어가지 않을 것이다. 단, 명나라를 정벌하는 데 앞장을 서라" 등이다. 도요토미 히데요시가 조선을 얼마나 얕잡아보았는지를 잘 알 수 있다. 이 서신은 사실상 도요토미 히데요시가 조선에 대해 명백하게 선전포고한 것이다.

도요토미 히데요시의 야심

조선에서 파견된 통신사들은 도요토미 히데요시의 서신을 미리 보고 크게 반발하였다. 서신의 내용 중에서 "한 번에 뛰어서 곧바로 대명국에 들어가", "귀국이 선구가 되어" 등에 대해 반발하였다. 통신사의 반발로 이 문구는 수정되었다. 그러나 조선 측 사료에는 조선 국왕에 대한 호칭을 "각하"로 자신보다 낮게 표현하고, 조공을 바치는 국가에 대해 주는 선물이라는 뜻의 "방물", 조선 국왕을 자신의 신하로 생각하는 "입조" 등의 문자가 쓰여 있다고 한다.[6] 즉, 조선의 길을 빌어 명을 정벌한다는 뜻의 "가도정명(假道征明)"이든, 조선의 길을 빌어 명으로 들어간다는 뜻의

---

5) 기타지마 만지(北道萬次), 2008, 같은 책, pp.8~9.

6) 기타지마 만지(北道萬次), 2008, 같은 책, p.15.

"가도입명(假道入明)"[7]을 쓰든 간에 도요토미 히데요시가 병력을 조선에 보내겠다는 뜻을 분명히 전한 것이다.

또한 도요토미 히데요시의 야심은 단순히 명나라 정벌에만 머물지 않는다. 그는 명나라를 정복한 후 북경에 거처를 만들고, 북경에는 천황과 양아들인 간파쿠(關白) 도요토미 히데쓰구를 머물게 하고, 자신은 명·일 무역의 창구인 영파(寧波, 현재의 중국 상하이 근처)로 거처를 옮겨 천국(天國, 인도)까지 손에 넣으려고 했다. 이 같은 내용은 그가 자신의 가신들에게 말한 것으로 일본의 다양한 문헌에 적혀 있다.

한편, 통신사들은 도요토미 히데요시의 서신 원본을 본 이상 도요토미 히데요시가 조선을 침략하겠다는 의지가 분명하다는 점을 충분히 알았다. 또한 도요토미 히데요시의 국서는 조선 조정에 전달됐다. 추후에 유성룡의 『징비록』에 나오듯이 통신사 정사인 황윤길과 부사인 김성일*이 침략할 것인지 말 것인지에 대해 옥신각신했다는 것은 언어유희에 불과하다. 즉, 조선 역시 일본이 반드시 쳐들어올 것임을 알고 있었다. 단, 일본이 조선과 명나라를 침공할 만큼 규모가 큰 나라가 아니라고 믿고 있었기에 그 위험성을 모를 수는 있었다. 때문에 일본군이 그렇게 많고, 그토록 강력한 줄은 상상하지 못했던 것이다.

---

7) 여기에서 길을 빌려달라는 가도(假道)의 의미는 단순히 길을 지나가게 허락한다는 뜻이 아니다. 길을 빌려준다는 의미는 상대방의 무력에 굴복하는 것을 전제로 길을 안내할 뿐만 아니라 전쟁 수행에 필요한 군대 및 병량을 지원한다는 것까지 포함된다.

* 김성일(1538~1593): 1567년 대과에 합격한 뒤 1590년에는 통신부사로 일본에 파견되었다. 귀국 후 민심을 고려하여 일본이 침입하지 않을 것이라 왕에게 보고하였고, 이 보고 때문에 임진왜란을 불러온 장본인으로 각인되어 왜란 발발 이후 파직되었다. 이후 다시 경상우도 초유사로 임명되어 경상도로 내려가 의병장 곽재우를 도와 의병활동을 하였으며, 관군과 의병 간의 협력도 도모하였다. 경상도 관찰사로 임명된 후 의병을 규합하고 군량미를 모으며, 김시민을 도와 진주성을 일본군으로부터 지키도록 하였다. 1593년 순찰사로서 각 고을의 항전 상태를 살피고 독려하기도 하였으나 병으로 세상을 떠났다.

도요토미 히데요시

도요토미 히데요시의 조선 침략 이유

앞에서 살펴본 바와 같이 도요토미 히데요시의 조선 침략 이유, 더 엄밀하게 말하자면 명나라 침략을 위해 조선에 진입한 이유는 학자마다 조금씩 다르지만 다음과 같이 정리할 수 있다.

첫째, 도요토미 히데요시를 비롯한 그 시대 일본인은 조선과 명나라에 대해 너무도 몰랐기 때문에 그러한 과대망상이 가능했다. 앞에서 살펴본 바와 같이 그는 조선을 대마도에 조공을 바치는 속국 정도로 생각했으며, 명나라 역시 일본이 침략하기만 하면 쉽게 정복할 것으로 믿었다. 이러한 생각은 왜구가 명나라에 들어갈 때마다 모든 중국인들이 왜구를 보기만 하면 도망쳤다는 사실에 근거한 것으로 판단된다.

둘째, 이러한 도요토미 히데요시의 외부 세계에 대한 무지는 일본 내에서 자신의 권위를 세우기 위한 수단으로부터 발전했을 것이다. 즉, 외부 세계가 정복하기 쉬운 상대라면 이를 정벌한 최초의 일본인이 됨으로써 일본 내에서의 자신의 권위를 보강하기 위한 기회로 생각했을 것이다. 사실, 그는 하급무사의 아들에서 제일인자의 자리까지 올랐지만 미천한 신분으로 전체 일본을 통치하기 위한 권위가 부족했다. 이는 일본 통일 이후의 그의 행적을 보면 알 수 있다. 그는 어떤 행사를 치르든 간에 가장 화려하고 장엄하게 치르곤 했다. 예를 들면 오와리국(尾長國)에서 수렵대회를 열었을 때 가장 성대하게 행사를 준비하라고 지시했다는 내용을 기록한 포르투갈인의 저서[8]에도 잘 나타나 있다. 즉, 도요토미 히데요시는 최초로 외국까지 영토를 넓혔다는 업적을 통해 자신의 입지를 강화시킬 필요성을 인식한 것이다.

셋째, 도요토미 히데요시의 일본 통일로 인해 100년 동안 지속된 전국시대가 마감되었으나, 독립된 군사력을 보유한 유력 영주(다이묘)의 군사력을 약화시켜야 할 현실적인 필요성이 있었다. 일본 통일 이후 국내에서는 군사력이 더 이상 필요 없었지만 무사집단은 필요 이상으로 존재했다. 이들 군사력을 방치하게 되면 국내에서 전쟁이나 반란이 일어날 가능성이 크기 때문에 이들 군사력의 약화가 필요했던 것이다. 따라서 군사력을 보유한 독립된 영주의 군사력을 외국의 침략에 이용함으로써 자연스럽게 유력 영주의 군사력을 약화시키려고 한 것이다. 이들이 외국에 가서 싸워 이긴다면 자신은 새로운 영지를 확보하고, 외국에 가서 싸움에 지더라도 영주들의 군사력을 약화시킨다면 자신에게 나쁠 것이 없기 때문이었다.

넷째, 도요토미 히데요시는 일본 통일 이후 막대한 새로운 토지가 필요했다. 즉, 자신의 통일 과업에 협력한 부하 장수 및 무사계급의 논공행상을 위해 이들에게 줄 토지가 필요했다. 그러나 자신에게 항복한 영주의 토지를 빼앗게 되면 다른 영주들의 반발을 사게 될 것이기 때문에 그는 자연스럽게 외국으로 눈을 돌린 것이다. 그가 부하 장수들에게 공공연히 명나라와 인도를 점령한 후 엄청난 토지를 나누어주겠다고 공언한

---

8) 루이스 프로이스, 2008, 정성화, 양윤선 옮김, 『임진난의 기록』, 살림.

것이 이를 뒷받침한다.

조선과 일본의 전투체제

조선의 군 편제는 수도 방위 임무를 맡고 있는 오위군과 지방의 진 관군으로 구분할 수 있다. 그러나 이들 오위군과 진 관군은 병적관리가 허술하여 인원동원이 효율적이지 못했고, 실제 전투가 벌어졌을 때 전투력을 발휘할 만큼 훈련된 상태도 아니었다. 화포, 화약 등 주요 무기를 중앙에서 통제했기 때문에 무장 상태도 열악했다.

임진왜란 이전 조선의 전투력은 함경도 접경에 나타나는 100여 명 단위의 여진족과 남부 해안을 침범하는 왜구를 방어하는 수준이었다. 수백 명 단위의 여진족과 왜구라도 한 고을의 수령만으로 방어하기는 어려운 상황이었다. 따라서 을묘왜변(명종 10년, 1555년. 전라도 해남을 비롯한 10개 진의 함락) 이후 진(요새)별로 소규모 군사를 분산 배치하는 지역방위체제인 진관체제(鎭管體制)를 제승방략(制勝方略)체제로 전환하였다. 진관체제는 15세기 세조 이후 실시되었던 지역 단위의 방위 체제로 각 도에 병영을 설치하여 주진과 그 아래에 거진, 제진을 설치하여 각 지역의 지방관이 지휘하는 체제로 소규모 적의 침략과 내륙을 방어했다. 이에 반해, 제승방략 체제는 진의 수령들이 유사시 군사를 이끌고 전략적 요충지로 모인 후 중앙에서 파견된 지휘관의 명령을 받아 전투를 치루는 중앙집중 방위체제로서 적은 수의 진 단위 군사로 효율성을 극대화시키기 위한 것이다.

실제로 제승방략체제는 임진왜란이 발발했을 때 가동되었다. 임진왜란이 발발하여 부산성과 동래성이 함락되자 바로 제승방략체제가 가동되어 경상도 병력은 대구로 모였고, 충청도 병력은 충주로 모였다. 이후 전라도, 충청도, 경상도에서 모인 5만여 명의 남도근왕병도 제승방략체제에 의해 이루어질 수 있었으며, 임진강 방어선 및 대동강 방어선 구축 역시 제승방략이 작동된 결과이다. 제승방략체제는 또한 지역 조선군에게 정보소통을 원활하게 하는 정보 네트워크 역할을 하였다. 부산성 함락 소식은 단 이틀 만에 조정에 알려졌고, 여수에 있었던 전라좌수사 이순신* 역시 이틀 후에 이 사실을 보고받았다. 한마디로 제승방략체제의 작동에 의해 주요 전투에 관한 정보를 조정 및 각 부대가 자세하게 알고 있었다.

지휘관 및 군사훈련 면에서 조선의 실질적인 군사 전투력은 준비가 잘 되어 있다고 볼 수는 없다. 전투를 지휘할 만한 조선의 장수는 여진족과의 전투에서 공을 세웠던 이일*과 신립* 장군 정도였고, 이들은 최대 1,000명에서 2,000명 정도의 기마병을 이끄는 수준이었다. 당시 조선을 침범했던 여진족의 수는 100명에서 200명 정도였기에 이만한 병력으로도 충분하였기 때문이다. 이에 비해, 일본군의 전투력은 규모 면에서 인류 역사에 유례없는 대군이었고, 실질적으로 당대 세계 최강으로 28만여 명의 조총부대를 보유하고 있었다. 일본군은 신무기인 조총으로 무장하였을 뿐만 아니라 평생을 전쟁터에서 보낸 무사집단이었다. 이들은 100여 년의 내전을 통해 실전경험을 쌓았으며, 다른 영주의 성을 함락시키기 위한 토목 기술까지 구비하고 있었다.

---

* 이순신(1545~1598): 한양에서 출생하여 32세에 식년 무과에 병과로 급제한 뒤 권지훈련원봉사 · 동구비보권관 · 조산보만호 · 전라좌수군절도사 등을 역임하였다. 임진왜란 당시 왜군 수군을 맞서 옥포대첩 · 사천포해전 · 안골포해전 · 부산포해전 등 23회의 해전에서 모두 승리하였다. 이 전공으로 삼도수군통제사가 되어 조선수군을 이끌다 1597년 정유재란 때 선조임금의 어명을 어겼다는 이유로 파면되어 백의종군하다가, 칠천량전투에서 원균이 패배하자 다시 복귀하여 남은 12척의 함선을 이끌고 명량해전에서 일본군을 물리친 후 재해권을 장악하였다. 1598년 후퇴하는 일본군의 퇴로를 막고 싸우다 노량해전에서 전사했다.

* 이일(1538~1601): 1558년 무과에 급제한 뒤 전라도 수군절도사로 있다가, 경원부사가 되었다. 임진왜란 발발 시 순변사에 임명되어 상주전투를 이끌다 패배하였다. 이후 임진강 · 평양 등을 방어하는 동변방어사를 거쳐 평안도 병마절도사가 되어 명나라 원병과 평양을 수복하였다. 한양 탈환 후 훈련도감이 설치되자 좌지사로 군대를 훈련했고, 후에 함북 순변사와 충청도 · 전라도 · 경상도 등 3도 순변사를 거쳐 무용대장을 지냈다.

* 신립(1546~1592): 22세 때 무과에 급제한 뒤 선전관 · 도총관 · 우방어사 · 함경도남병사 등을 역임하면서 침략하는 여진족을 매번 물리쳤다. 임진왜란이 일어나자 삼도순변사로 임명되었으며, 충주에서 배수진을 치고 기병 중심의 전술로 일본군을 맞아 싸우다 패배하였다. 신립은 최후의 결전을 독려하면서 진두에서 지휘하다가 마지막 순간까지 적병의 목을 베고 물 속에 뛰어들어 장렬히 전사하였다.

조선의 전쟁 준비 및 군 편제

조선 조정은 도요토미 히데요시의 서신에 의해 일본군이 침략해올 것을 분명히 알고 있었다. 전쟁 규모가 어느 정도이고, 일본의 군사력이 어느 정도인지는 알지 못했지만, 조선이 일본과의 전쟁 준비를 한 것은 자명하다. 조선 조정은 명나라 황제에게 일본이 조선에 쳐들어올 것이라는 점을 알렸을 뿐만 아니라 전투태세를 정비하였다. 제승방략 체제를 강화시키고, 각 지방에 성곽 수축과 군사훈련 등 전투준비를 하라고 명령하였다. 비변사가 왜적은 수전에 강하지만 육지로 올라오면 불리하므로 오로지 육지의 방어에 힘써야 한다고 청하였고, 국왕은 호남과 영남의 큰 읍성을 증축하고 수리하게 하였다. 1592년 2월 선조 임금은 신립과 이일을 파견하여 각 도의 병기 시설을 순시하도록 하였다. 전투태세가 허술한 곳은 지휘관을 파직 또는 목을 베는 권한까지 주면서 전투태세에 박차를 가했다. 이일은 호서와 호남으로 가서 병기와 시설을 점검하였고, 신립은 경기와 해서를 점검하고 한 달 뒤에 돌아왔다. 또한 변방의 사정을 아는 여러 신하를 선발하여 경상, 전라, 충청 등 하삼도를 순찰케 했다. 김수*를 경상감사, 이광*을 전라감사로 삼고, 윤선각을 충청감사로 삼아 병기를 준비하고 성지를 수축케 하였다.

특히 일본 해적이 빈번하게 침범하고, 일본군의 침략 경로로 판단되

---

* 김수(1547~1615): 1573년 병과로 급제한 뒤 예문관검열·경상도 관찰사등을 역임하였다. 임진왜란 초기 경상우감사로 진주에 있다가 동래가 함락되자 밀양·가야를 거쳐 거창으로 도망하였다. 이광·윤국형이 근왕병을 일으켰을 때 100여 명을 이끌고 참가하였으나 근왕병이 왜군에게 패하자 경상우도로 되돌아가던 중 영남초유사 김성일로부터 패전에 대한 질책을 받았다. 의병장 곽재우와 불화가 심하였으며, 지방의 백성들로부터 처사가 조급하고 각박할 뿐만 아니라 왜란 초기에 계책을 세워 왜적과 대처하지 못하고 적병을 피하여 전라도로 도망갔다는 비난을 받았다.

* 이광(1541~1607): 임진왜란 당시 전라도 순찰사로 윤선각, 권율 등과 함께 5만 명의 남도근왕군을 조직하여 왜군과 맞서 싸웠으나 용인전투에서 크게 패했다. 이 책임을 지고 벼슬에서 파직되어 백의종군을 한 뒤 벽동으로 유배되었고 1594년에 풀려나 고향으로 돌아갔다.

는 경상도 지역은 다른 지역에 비해 조정에서 전쟁 준비를 하라는 특별 명령을 하달했다. 이에 따라 영천, 청도, 삼가, 대구, 성주, 부산, 동래, 진주, 안동, 상주 등의 지역은 성곽 및 참호를 증축 또는 축조하였다. 이순신의 난중일기에 따르면, 이순신 역시 전쟁이 필연적으로 발발할 것이라는 전제하에 군사를 훈련하고, 거북선을 비롯한 전함을 축조하였으며, 성곽을 보수했다. 진주성에서는 김시민*의 지휘 하에 군사훈련을 실시하고, 대포와 화약을 준비하였으며, 성곽을 보수했다. 그리고 함안의 유숭인*은 기마병을 양성하였다.

그러나 조선은 전쟁 준비를 하는 데 있어서 한계가 있었다. 지역의 백성들이 전쟁 준비로 민심을 흉흉하게 만들고, 불필요하게 인력을 동원한다며 국왕에게 상소를 올림에 따라 전쟁 준비가 원활하게 이루어지지 못했다. 오랫동안 태평성세가 계속되었으므로 백성들은 편한 것에 익숙해져 부역을 꺼렸으며, 원성이 가득하였다. 때문에 성곽수축과 병기 마련, 군사훈련이 제대로 이루어지기가 어려웠다.

이런 상황에서 전쟁에 대비하기 위해 조선이 준비한 상비군의 수는 15만여 명이다. 1593년 1월 조선 조정이 명나라에 보고한 조선군 숫자를 중심으로 각 도별로 조선군 숫자를 정리하면 〈표 1-1〉과 같이 14만 2,800명이다. 여기에 선조 임금이 신립에게 충주방어선 구축을 위해 딸려 보

---

* 김시민(1554~1592): 충청도 목천현(현 천안시) 출생으로 1578년 무과에 급제했으며, 1592년 임진왜란 당시 진주판관으로 재직하다 진주목사 이경이 사망하자 임시 진주목사로 임명되었으며, 사천, 고성, 진해에 주둔하는 왜군을 공격하여 무찌르는 공을 세운 뒤 진주목사를 거쳐 경상우도 병마절도사가 되었다. 1592년 10월 5일 왜군이 대대적으로 진주성을 공격해오자, 김시민은 3,800여 명의 군대를 이끌고 탁월한 용병술과 전략전술로 3만 명의 일본군을 맞아 진주대첩을 이끌었다. 하지만 10월 10일 진주대첩 마지막 날 일본군의 유탄에 맞아 전사하였다.

* 유숭인(?~1592): 무신으로 임진왜란 당시 함안군수를 지냈다. 1,000여 명의 기병을 모아 사천, 진해, 창원 등을 수복하고, 각지에서 일본군을 무찔렀다. 이후 경상우도 병마절도사에 특진되었으며, 일본군이 진주성을 공격하자 창원에서 진주성을 지원하러 갔다가 전사했다.

낸 중앙군 약 8,000명을 더하면 15만 800명이다.

〈표 1-1〉 도별 조선군 병력 수

도	병력 수	주요 지휘관
경기도	8,700	순찰사 권징, 방어사 고언백, 순찰사 성영, 조방장 홍계남, 평택현 장관
충청도	2,800	충청도절도사 이옥
경상좌도	47,000	경상좌도순찰사 한효순, 경상좌도절도사 박진, 경상좌수사 박홍
경상우도	28,000	경상우도절도사 김시민, 경상우수사 원균, 함안군수 유숭인
전라도	21,000	전라도절도사 최원, 전라도순찰사 권율, 전라좌수사 이순신, 전라우수사 이억기
함경도	10,200	함경도절도사 성윤문, 경성부 평사 정문부, 안변부 별장 김우고
강원도	2,000	강원도순찰사 강신
평안도	14,000	평안도절도사 이일, 평안도좌방어사 정희운, 평안도우방어사 김응서, 평안도조방장 이사명
황해도	9,100	황해도좌방어서 김억추, 황해도우방어사 김경로, 황해도순찰사 이정암
계	142,800	

이러한 상황에서 조선 조정은 일본군이 침공했을 때 방어전략을 마련하였다. 일차적으로 경상도 지역에 일본군이 침공하면, 일차적으로 부산성과 동래성, 밀양성, 김해성 등에 주둔하고 있는 상비군으로 방어하고, 다음으로는 제승방략에 의거하여 경상도 지역 및 충청도 지역의 고을 수령들이 병력을 모아 대구와 충주에 집결한 후, 중앙에서 지정한 순변사의 지휘를 받아 일본군을 물리친다는 계획이다.

또한 조선은 병농일치의 군사체제를 갖춘 국가로서 성인 남자는 항상 상비군화할 수 있기 때문에 전쟁이 길어지면 병력 수가 증가될 수 있었다. 신립 장군은 충주 탄금대전투를 치르기 위해 중앙군 8,000명에 더하여 충청도 장정을 약 12,000명을 징발했고, 경상·전라·충청 3도에서 남도근왕군 8만 명이 모였으며, 일본군의 침략 이후 곧바로 곽재우가 거병한 것을 비롯해 전국에서 일본군과 접전을 벌인 것은 바로 조선 백성들이었다(〈표 1-1〉 참조).

일본군 편제 및 병력 수

조선군이 전투 준비가 빈약했던 것에 비해 일본군은 병력 수에서 월등했을 뿐만 아니라 장수를 중심으로 확실한 조직력을 갖추고 있었다. 우선 일본군 병력 수의 근거는 『일본전사』에 비교적 상세히 나타나 있다. 도요토미 히데요시의 작전명령서에 나타난 일본군의 총수는 1번대부터 9번대까지의 본대와 예비대, 기타 부대를 합하여 28만 1,840명이다(〈표 1-2〉 참고). 여기에 대마도 도주 소오 요시모토의 5,000명이 1차 참전 병력에 포함되어 있으므로 이를 합산하면 일본군은 총 28만 6,840명이다.

난중일기(1593년 6월 29일자)

〈표 1-2〉 일본군 편제 및 병력 수

편제	부대	병력 수	주요 지휘관
본대	1번대	18,700	고니시 유키나가(小西行長), 마츠우라 시게노부(松浦鎭信), 아리마 하로노부(有馬晴信), 오무라 요시하키(大村喜前), 고토 스미하루(五島純玄), 소오 요시토시(宗義智)
	2번대	22,800	가토 기요마사(加藤淸正), 나베시마 나오시게(鍋渡直茂), 사가라 요시후사(相良賴房)
	3번대	11,000	구로다 나가마사(黑田長政), 오오토모 요시무네(大友吉統)
	4번대	14,000	모리 요시나리(毛利吉成), 시마즈 요시히로(島津義弘), 다카하시 모토타네(高橋元種), 아키츠키 다네나가(秋月種長), 이토오 스케타카(伊東祐兵), 시마즈 타다토요(島津忠豊)
	5번대	12,400	후쿠시마 마사노리(福島正則), 도다 카츠타카(戶田勝隆), 초소카베 모토치카(長宗我部元親), 구루지마 미치후사(來島統總)
	6번대	12,700	하치스카 이에마사(蜂須賀家政), 이코바 치카마사(生駒親正)
	7번대	15,700	고바야카와 다카카게(小早川隆景), 고바야카와 히데카네(小早川秀包), 다치바나 무네토라(立花統虎), 다카하시 도소(高橋統增), 츠쿠시 히로카도(筑紫廣門)
	8번대	30,000	모리 데루모토(毛利輝元)
	9번대	10,000	우키다 히데이에(宇喜多秀家)
예비대	10번대	17,550	난쵸 모토키요(南條元續), 미야베 나가히로(宮部長熙), 기노시타 시게카타(水下勝俊), 가키야 츠네후사(垣屋恒總), 마에노 나가야스(前野長康), 사이무라 히로히데(濟村廣英), 아카시 노리자네(明石則實), 벳쇼 오시하루(別所吉治), 나가오카 다다오키(長岡忠興), 기노시타 가츠토시(水下勝俊), 기노시타 도시후사(水下利房), 기노시타 노시토부(水下延俊), 나카가와 히데마사(中川秀政)
	11번대	24,960	아사노 나가요시(淺野長慶), 오오타니 요시츠쿠(大谷吉繼), 기무라 시게코레(木村重茲), 오오다 카즈노리(太田一吉), 야마다 도사부로(山田藤三郎), 하세가와 히데카즈(長谷川秀一), 아오야마 타다모토(靑山忠元), 아오키 가즈노리(靑木一矩), 호리 히데라루(堀秀治), 호리 치카요시(堀親良), 미조구치 히데카스(溝口秀勝), 무라우에 요시아키(村上義明), 니와 나가시게(丹羽長重)
	12번대	10,000	마에다 도시이에(前田利家), 마에다 도시나가(前田利長)
	13번대	6,490	오카모토 시게야마(岡本重政), 히토츠야나기 가유(一柳可遊), 하토리 가즈타나(服部一忠), 미즈노 다다시게(水野忠重), 오다 노부카네(織田信包), 마키무라 세이겐(木村政玄)
	14번대	13,750	하시바 히데카즈(羽柴秀勝), 이토 모리카게(伊藤盛景), 아바나 사다미치(稻葉貞通), 모리 다다마사(森忠政), 카네모리 가시게(金森可重), 사토 가타마사(佐藤方政)

	15번대	4,100	히데노 다카아키(日根高明), 모리 히데(毛利秀賴), 이시카와 가즈마사(石川數正), 센코쿠 히데히사(仙石秀久), 가토 미츠야스(加藤光泰)
	16번대	12,050	도쿠가와 이에야스(德川家康), 다테 마사무네(佐竹義宜), 우츠노미야 구니츠나(宇都宮國網), 나스 슈우(那須衆), 사타케 요시노부(佐野了伯), 사토미 요시야스(里見義康), 사다나 마사유키(眞田昌幸), 우에스기 가게카즈(上杉景勝), 모가키 요사미쓰(最上義光), 사노 료하쿠(伊達政宗), 난부 도시나오(南部利直)
기타	수군	3,980	와키사카 야스하루(脇坂安治), 가토 요시아키(加藤嘉明), 간 미치나가(菅達長), 구키 요시타카(九鬼嘉隆)
	번외1번	15,000	하시바 히데야스(羽柴秀保)
	번외2번	6,200	교코쿠 다카츠구(高極高次), 이시다 미즈나리(石田三成), 마시타 나가모리(增田長盛), 오노 시게카츠(小野重勝), 야마자키 이에모리(山崎家盛), 고이데 요시마사(小出吉政)
	특수부대*	29,000	예비대(6,400명), 오다 노부카츠(織田常眞 2,200명), 조총수(1,800명), 기마무사(12,000명), 후방부대(7,600명)
합계		286,840	

* 특수부대는 하타모토(旗本)를 번역한 것이다.
자료: 參謀本部編, 1924, 『日本戰史 朝鮮役』, 村田書店, pp.65~73; 參謀本部編, 1924, 『日本戰史 朝鮮役』, 附記, 村田書店, p.71.

　한국의 역사 사료에는 조선에 침략한 일본군 총수를 15만명, 보다 정확하게는 15만 8,700명으로 기술되어 있는 경우가 대부분이다. 이것은 『일본전사』에 기록된 1592년 3월 13일 1차 출전 병력 수에 근거한 것으로, 〈표 1-2〉의 일본군 편제를 바탕으로 약간 다르게 편제되어 있다. 1번대에서 4번대까지는 장수 명과 병력 수까지 같고, 5번대와 6번대 병력을 합하여 5번대로 명칭하고 병력 수는 100명이 줄어든 2만 5,000명으로 재편하였고, 7번대를 6번대, 8번대를 7번대, 9번대를 8번대로 부대의 명칭을 바꾸었다. 또한 〈표 1-2〉의 일본군 편제 중에서 10번대에 속한 나가오카 다다오키(長岡忠興)의 병력 3,500명과 14번대의 하시바 히데카츠(羽柴秀勝)의 병력 8,000명으로 1만 1,500명의 새로운 9번대를 편성하였다.

〈표 1-3〉임진왜란 1차 출전 일본군

부대	담당지역	병력수	주요지휘관
1번대	평안도	18,700	고니시 유키나가(小西行長), 마츠우라 시게노부(松浦鎭信), 아리마 하로노부(有馬晴信), 오무라 요시하키(大村喜前), 고토 스미하루(五島純玄), 소오 요시토시(宗義智)
2번대	함경도	22,800	가토 기요마사(加藤清正), 나베시마 나오시게(鍋渡直茂), 사가라 요시후사(相良賴房)
3번대	황해도	11,000	구로다 나가마사(黑田長政), 오오토모 요시무네(大友吉統)
4번대	강원도	14,000	모리 요시나리(毛利吉成), 시마즈 요시히로(島津義弘), 다카하시 모토타네(高橋元種), 아키츠키 다네나가(秋月種長), 이토오 스케타카(伊東祐兵), 시마즈 타다토요(島津忠豊)
5번대	충청도	25,000	후쿠시마 마사노리(福島正則), 도다 카츠타카(戸田勝隆), 초소카베 모토치카(長宗我部元親), 구르지마 미치후사(來島統總), 하치스카 이에마사(蜂須賀家政), 이코바 치카마사(生駒親正)
6번대	전라도	15,700	고바야카와 다카카게(小早川隆景), 고바야카와 히데카네(小早川秀包), 다치바나 무네토라(立花統虎), 다카하시 도소(高橋統增), 츠쿠시 히로카도(筑紫廣門)
7번대	경상도	30,000	모리 데루모토(毛利輝元)
8번대	경기도	10,000	우키다 히데이에(宇喜多秀家)
9번대	경상도	11,500	나가오카 다다오키(長岡忠興), 하시바 히데카츠(羽柴秀勝)
수군	해상	4,500	도도 다카토라(藤堂高虎), 호리노우치 우지요시(堀內氏善), 스기타니 덴사부로(杉谷氏宗), 구와야마 카즈하루(桑山一晴), 구와야마 사다하루(桑山貞晴)
계		163,200	

그러나 『일본전사』에 의하면, 1차로 참전한 일본군은 15만 8,700명만이 아니다. 그 수는 〈표 1-3〉과 같이 16만 3,200명이다. 15만 8,700명에는 4,500명의 수군이 빠져 있다. 『일본전사』에는 1차로 육군 15만 8,700명 참전하였고, 바로 다음에 수군 4,500명의 지휘관별 병력을 기록하고 있다. 이 1차 출전부대는 고니시 유키나가(小西行長)*의 1번대가 1592년 4월 13

---

* 고니시 유키나가(小西行長, 1555~1600년): 일본 상인 출신의 무장(武將) 겸 정치가로, 도요토미 히데요시가 아끼던 장수였다. 당시 대조선 무역을 독점했던 대마도주 소오 요시토시의 장인이고, 가토 기요마사와 앙숙 관계였다. 세키가하라전투에서 도쿠가와 이에야스의 반대편인 서군에 가담하였다. 서군이 동군에 패배하자 참수되었고, 그의 가문은 완전히 멸문되었다.

일 절영도에 도착한 이래, 4월 18일 가토 기요마사(加藤淸正)*의 2번대가 부산에 상륙하였고, 5월 초까지 후속부대들이 잇달아 조선으로 들어왔다.

〈표 1-4〉는 1차 출전 병력에 포함되어 있지 않으나 조선에서 전투를 치른 기록이 있는 일본군 병력이다. 수군 장수로 기록되어 있는 와카자카 야스하루(脇坂安治)는 임진왜란 초기 해전뿐만 아니라 용인전투에서 활약하였고, 그 외에도 구키 요시타카(九鬼嘉隆)*는 1592년 7월 10일 안골포해전에서 이순신 장군에게 패한 사실이 『일본전사』에 기록되어 있다. 즉, 히데요시의 작전명령서에 나타나 있는 3,980명의 일본군 수군은 임진왜란 참여가 확실하기 때문에 참전 병력으로 포함되어야 한다.

또한 『일본전사』에는 조선의 주요 도시를 어느 장수가 점령했었는지 기록되어 있다. 이에 따르면 임진왜란에 참전한 것으로 알려진 1번대에서 9번대까지의 장수뿐만 아니라 10번대 이후의 장수들도 주요 도시를 점령한 것으로 나타난다. 즉, 10번대의 난쵸 모토키요(南條元續)는 2,000명의 병사를 거느리고 선산에, 미야베 나가히로(宮部長熙)는 850명의 병사와 함께 인동에 머물렀다. 그리고 14번대의 이바나 사다미치(稻葉貞通)는 1,400명의 병력과 대구에 주둔했다. 또한 초기의 부대편제에서 보이지 않던 벳쇼 요시하루(別所吉治)는 밀양성, 가메이 코레노리(龜井眞矩)는 기장성, 다니 모리토노(谷衛友)는 이시카와 사다미치(石川貞通) 및 다케나가 시계토시(竹中重利)와 함께 양산성에 주둔했다.

---

* 가토 기요마사(加藤淸正, 1562~1611): 일본의 무장이자 정치가이다. 도요토미 히데요시의 가신이며, 외가 쪽으로 6촌의 친척 조카다. 임진왜란 때는 일본군 제2번대를 이끌고 참전하여 조선의 동북쪽 함경도로 진격하여 조선의 왕자인 임해군과 순화군을 포로로 사로잡기도 하였다. 후에 도쿠가와 이에야스의 가신이 되어 구마모토(熊本)의 초대 번주가 되었다.

* 구키 요시타카(九鬼嘉隆, 1542~1600): 해적 출신으로, 오다 노부나가 막하로 들어가 수군의 장으로 활약하였다. 오다 노부나가 사망 후 도요토미 히데요시 밑에서 여러 전투에 참가하여 수군 조직의 중핵을 맡으면서 많은 전공을 세웠다. 임진왜란 당시 수군 9,000여 명을 이끌고 한산도 앞바다에서 이순신에게 패한 왜군을 구원하려고 출동하였으나 그 역시 안골포 해전에서 이순신에게 패배하였다.

〈표 1-4〉 1차 출전 병력 외 참전기록이 있는 병력 수

부대	병력수	주요지휘관	비고
수군	3,980	와키사카 야스하루(脇坂安治), 가토 요시아키(加藤嘉明), 간 미치나가(菅達長), 구키 요시타카(九鬼嘉隆)	일본전사 참전 기록
10번대	2,000	미야베 나가히로(宮部長熙)	선산 주둔
10번대	850	기노시타 시게카타(水下勝俊)	인동 주둔
10번대	6,000	난죠 모토키요(南條元續), 가키야 츠네후사(垣屋恒總), 마에노 나가야스(前野長康), 사이무라 히로히데(濟村廣英), 아카시 노리자네(明石則實), 벳쇼 오시하루(別所吉治)	일본전사 참전 기록
11번대	7,000	기무라 시게코레(木村重茲), 하세가와 히데카즈(長谷川秀一)	진주대첩 참여
11번대	10,680	아사노 나가요시(淺野長慶)*, 오오타니 요시츠쿠(大谷吉繼)*, 오오다 카즈노리(太田一吉)	일본전사 참전 기록
13번대	2,540	히토츠야나기 가유(一柳可遊)*, 하토리 가즈타나(服部一忠), 미즈노 다다시게(水野忠重)*	일본전사 참전 기록
14번대	1,400	기노시타 시게카타(水下勝俊)	대구 주둔
15번대	1,747	가토 미츠야스(加藤光泰)*	진주대첩 참여
16번대	4,280	다테 마사무네(佐竹義宜), 사노 료하쿠(伊達政宗)*	일본전사 참전 기록
번외2번	4,950	이시다 미츠나리(石田三成), 마시타 나가모리(增田長盛)*	일본전사 참전 기록
미상	11,047	벳쇼 요시하루(別所吉治), 가메이 코레노리(龜井眞矩), 다니 모리토모(谷衛友), 昌原 11家	밀양, 기장, 양산, 창원 주둔
계	56,474		

* 참전 병력 수가 정확하게 기록되어 있지 않거나, 잔여 병력 수가 참전 병력 수보다 많을 경우 다른 부대로부터 병력을 보급받은 것으로 추정하여 재조정한 수치임.
자료: 參謀本部編, 1924, 『日本戰史 朝鮮役』, 村田書店, pp.65~73 및 pp.257~262.

『일본전사』에는 진주대첩의 패배로 인해 기록하고 있지 않지만, 한국
사료에는 엄연히 진주대첩에 참전한 것이 확실한 것으로 나타나는 11번
대의 기무라 시게코레(木村重茲)와 하세가와 히데카즈(長谷川秀一), 15

번대의 가토 미츠야스(加藤光泰)의 부대 또한 추가해야 할 것이다. 여기에서 가토 미츠야스(加藤光泰)의 참전 병력 수는 도요토미 히데요시의 작전명령서에는 1,000명으로 기록되어 있으나, 1593년 6월에 기록된 잔여 병력 수가 1,097명으로 오히려 늘어났다. 따라서 가토 미츠야스 부대의 사망자 수를 고려하여 다른 부대로부터 병력을 보급받은 것으로 추정하여 참전 병력 수를 1,747명으로 상향 조정하는 것이 타당할 것이다.

더욱이 1593년 6월 도요토미 히데요시의 명령에 의해 2차로 진주성을 공격하기 전에 조선에 주둔하고 있는 전 병력을 재편하는 과정에서 일본군 전체 병력을 점호한 결과를 보면 나고야에 주둔하고 있던 거의 모든 병력이 조선에서 전투를 벌였다는 결정적인 증거가 나타난다. 여기에는 1593년 6월 진주성을 공격하기 위해 재편한 일본군 부대에 1번대에서 9번대까지의 장수뿐만 아니라 일본군 전체 부대의 장수와 휘하 병력이 꼼꼼하게 적혀 있다. 즉, 〈표 1-2〉의 기존 부대 편제에서 10번대에 속해 있던 장수 중에서 난쵸 모토키요(南條元續), 미야베 나가히로(宮部長熙), 기노시타 시게카타(水下勝俊), 가키야 츠네후사(垣屋恒總), 마에노 나가야스(前野長康), 사이무라 히로히데(濟村廣英), 아카시 노리자네(明石則實), 벳쇼 오시하루(別所吉治), 나가오카 다다오키(長岡忠興) 등이 휘하 장병과 함께 새로이 편제되었다. 11번대 장수 중에서는 아사노 나가요시(淺野長慶), 오오타니 요시츠쿠(大谷吉繼), 하세가와 히데카즈(長谷川秀一) 등이 휘하 장병과 함께 편제되었고, 특히 기무라 시게코레는 오오타 반스케(太田伴助), 야마다 도사부로(山田蕂藏)라는 새로운 장수와 함께 편제되어 있다. 13번대 장수 중에서는 히토츠야나기 가유(一柳可遊)와 하토 리 가즈타나(服部一忠) 등 두 장수가 휘하 장병과 함께 새로이 편제되었다. 14번대에서는 대구를 점령하고 있던 아바나 사다미치(稻葉貞通)가 휘하 장병과 함께 새로이 편제되어 있다. 15번대에서는 가토 미츠야스(加藤光泰)가 휘하 병력과 함께 부산성을 지키는 것으로 되어 있으며, 16번대에서는 사노 료하쿠(伊達政宗)가 휘하 장병과 함께 공격부대로 재편되어 있다. 번외 2번 부대에 속해 있던 장수 중에서 이시다 미츠나리(石田三成)는 휘하 부대원과 함께 공격부대로 재편되었고, 마시타 나가모리(增田長盛)는 휘하 병사와 함께 부산성으로 배치되었다.

이상과 같은 이유로 임진왜란에 1차 출정하지는 않았지만 참전이 확실한 일본군 병력은 〈표 1-4〉에 정리한 바와 같이 5만 6,474명이 추가로 포함되어야 한다. 따라서 임진왜란 참전 일본군은 1차 출전 병력 16만 3,200명에 추가 인원 5만 6,474명을 더하면 21만 9,674명이 된다.

〈표 1-5〉 구글(google)에서 추가로 확인된 임진왜란 참전 지휘관별 병력

부대	병력수	지휘관
10번대	3,000	나카가와 히데마사(中川秀政)
11번대	800	아오야마 타다모토(青山忠元)
13번대	750	마키무라 세이겐(木村政玄)
14번대	150	사토 가타마사(佐藤方政)
16번대	300	우츠노미야 구니즈나(宇都宮國網)
계	5,000	

또한 도요토미 히데요시의 작전명령서에 나와 있는 일본군 장수 중에서 임진왜란 당시 조선에 건너간 사실이 확인된 장수의 병력을 포함시킬 필요가 있다. 〈표 1-5〉는 일본 구글 등에서 검색한 것으로 임진왜란 때 조선에서 전투를 벌였으나 위의 21만 9,674명에 포함되지 않은 장수별 부대병력이다. 이 장수들의 병력은 5,000명이다. 따라서 이를 포함하면, 임진왜란에 참전이 확인된 일본군 수는 총 22만 4,674명이다.

〈표 1-6〉 부대 편재는 되어 있으나 전투 기록이 없는 일본군 지휘관별 병력

편제	부대	주요지휘관	병력(명)
예비대	10번대	기노시타 가즈토시(水下勝俊), 기노시타 도시후사(水下利房), 기노시타 노시토부(水下延俊), 나카가와 히데마사(中川秀政)	5,200
	11번대	야마다 도사부로(山田蔣三郞), 아오키 가즈노리(靑木一矩), 호리 히데라루(堀秀治), 호리 치카요시(堀親良), 미조구치 히데카스(溝口秀勝), 무라우에 요시아키(村上義明), 니와 나가시게(丹羽長重)	13,300
	12번대	마에다 도시이에(前田利家), 마에다 도시나가(前田利長)	10,000
	13번대	오카모토 시게야마(岡本重政), 오다 노부카네(織田信包)	5,350
	14번대	이토 모리카게(伊藤盛景), 모리 다다마사(森忠政), 카네모리 가시게(金森可重)	4,200
	15번대	히데노 다카아키(日根高明), 모리 히데(毛利秀賴), 이시카와 가즈마사(石川數正), 센코쿠 히데히사(仙石秀久)	3,100
	16번대	도쿠가와 이에야스(德川家康), 나스 슈우(那須衆), 사타케 요시노부(佐野了伯), 사토미 요시야스(里見義康), 사나다 마사유키(眞田昌幸), 우에스기 가게카즈(上杉景勝), 모가키 요사미쓰(最上義光), 난부 도시나오(南部利直)	7,770
기타	번외1번	하시바 히데야스(羽柴秀保)	15,000
	번외2번	교코쿠 다카츠구(高極高次), 오노 시게카츠(小野重勝), 야마자키 이에모리(山崎家盛), 고이데 요시마사(小出吉政)	3,200
	특수부대	예비대(6,400명), 오다 노부카츠(織田常眞 2,200명), 조총수(1,800명), 기마무사(12,000명), 후방부대(7,600명)	29,000
합계			96,120

〈표 1-6〉은 임진왜란 침공을 위해 준비된 일본군 본대와 예비대, 기타 부대 중에서 『일본전사』에 참전이 확실하게 기록되어 있지 않은 일본군 지휘관별 병력 수이다. 총 병력 28만 6,840명 중에서 참전이 확실

한 22만 4,674명을 제외한 인원이다. 산술적으로는 이 병력은 6만 2,166명이나 된다. 그러나 실제로는 보충한 병력이 있는 등의 이유로 참전 기록이 없는 지휘관의 병력 총 수는 이보다 많은 것으로 계산된다.

여기에서 참전한 것이 확실히 기록되었거나 추정할 수 있는 병력과 참전하지 않은 것으로 나타난 병력 간에 차이가 나는 것은 『일본전사』 기록이 허술한 데 기인한다. 『일본전사』에서 임진왜란 개전 전에 되어 있는 도요토미 히데요시의 부대편제에는 없지만, 실제 전투를 치른 장수가 있기 때문이다.

첫째, 도요토미 히데요시의 부대 편제에는 기록되어 있지 않으면서 실제 전투에 참여한 지휘관별 병력이 존재한다. 우선 수군에 있어서 도요토미 히데요시의 부대 편제에는 와키사카 야스하루(脇坂安治) 등 4명의 지휘관별 병력이 총 3,980명으로 되어 있다. 일단 이 수군은 1차 침략부대에 포함되어 있지 않다. 그리고 도도 다카토라(藤堂高虎) 등 4명의 지휘관과 4,500명의 수군 병력은 초기 도요토미 히데요시의 작전명령서 부대 편제에는 없으나, 1차 침공부대를 수송한 수군으로 나타나 있다.

둘째, 1차 침략부대로 기록되어 있는 1번대에서 9번대 참전 병력과 점호병력을 살펴보면 시간이 경과했음에도 불구하고 병력이 증가된 부대가 발견된다. 고니시 유키나가가 지휘한 1번대 총병력은 18,700명이고, 1년 1개월이 지난 1593년 5월 한양성에서 점호할 때는 총병력이 6,629명으로 줄어든 반면, 1593년 6월 2차 진주성전투 때에는 7,415명으로 증가한다. 일본군 2번대 중에서 가토 기요마사가 직접 이끌고 참전한 자신의 병력은 10,000명이었고, 한양성 점호에서는 5,392명으로 줄어들었으나, 2차 진주성전투를 위한 점호 시에서는 6,790명으로 증가했다. 또한 일본군 4번대 중에서 모리 요시나리(毛利吉成)가 이끌고 참전한 병력은

2,000명이었고, 한양성 점호 시에는 1,425명으로 줄어들었으나, 2차 진주성전투를 위한 점호에서는 1,671명으로 증가하였다. 따라서 임진왜란 과정 중에 각 부대는 일본에 있는 예비대 또는 자신이 영주로 있는 곳으로부터 병력이 지속적으로 증원된 것으로 판단된다.

셋째, 임진왜란 개전 당시 1차 침략부대에는 포함되어 있지 않지만 조선에 건너온 기록이 확실한 부대의 문제이다. 도요토미 히데요시의 작전명령서에는 예비대 또는 기타 부대로 기록되어 있는 부대의 많은 수가 진주대첩 또는 2차 진주성전투에 참여했다. 더욱이 이 예비대 또는 기타 부대 중에서 참전 병력보다 잔여 병력이 많은 것으로 기록되어 있는 부대가 다수 눈에 띈다. 일본군 11번대 아사노 나가요시(淺野長慶)를 따라 참전한 2,500명은 2차 진주성전투를 위한 점호 시 4,000명으로 병력이 증가했다. 11번대 오오타니 요시츠쿠(大谷吉繼)가 지휘한 1,200명의 참전 병력은 한양성 점호 시 1,505명으로 증가했고, 2차 진주성전투를 위한 점호 시 1,535명으로 또 다시 증가했다. 히토츠야나기 가유(一柳可遊)의 병력 400명도 2차 진주성전투를 위한 점호 시 406명으로 증가됐다. 가토 미츠야스(加藤光泰)를 따라 참전한 1,000명은 한양성 점호 시 1,400명으로 증가했고, 2차 진주성전투를 위한 점호 시에는 1,049명으로 기록되어 있다. 사노 료하쿠(伊達政宗)의 병력 500명은 2차 진주성전투를 위한 점호 시 1,258명으로 대폭 증가했다. 이시다 미츠나리(石田三成)가 지휘한 2,000명의 참전 병력은 한양성 점호 시 1,546명으로 감소했으나, 2차 진주성전투를 위한 점호 시 1,646명으로 증가했다. 마시타 나가모리(增田長盛)의 병력 1,000명은 한양성 점호 시 1,629명으로 증가했고, 2차 진주성전투를 위한 점호 시 1,624명으로 기록되어 있다. 이러한 기록은 예비대 또는 기타 부대에 기록되어 있는 일본군 지휘관들이 직접 조선에서 벌어지고 있는 전투에 가담하지 않았더라도 병력을 보냈을 가능성이 높다는 것을 말해준다.

이뿐만 아니라 2차 진주성전투 이전 재편된 부대 편제에는 초기의 부대편제에 없었던 새로운 장수의 이름도 나타난다. 김해성 방어 책임을 맡은 모리 다다마사(毛利重政), 부산성 방어 책임을 맡은 모리 히데토모(毛利秀元)와 하야카와 나가마사(早川長政)뿐만 아니라 진주성 공격 부대에 편제되어 있는 구로다 조스이(黑田如水), 4,400명의 병력을 이끄는 성명 미상의 창원 11인 등이다.

넷째, 일본군 부대 편제는 평소 친분이 있는 지휘관을 묶어서 편제하였다. 따라서 10번대에서 16번대까지의 예비대와 번외 2번 부대에 소속해 있는 각 부대의 장수는 최소한 2명 이상이 전투에 참여하였다. 그렇다면 자신과의 친분이 있는 장수가 조선 땅에서 많은 휘하 병사가 치열한 전투로 죽어가고 있는데 일본에서 아무런 조치를 하지 않고 병력을 보내지 않는다는 것은 당시의 상황으로 볼 때 납득하기 어렵다. 따라서 10번대에서 16번대까지의 예비대와 기타 부대에 편제되어 있던 번외 2번 부대는 대부분 조선에 파병되었을 것으로 판단할 수 있다.

다섯째, 특수부대에 대한 논의이다. 하타모토(旗本)는 조총수, 기마병, 예비대, 후방부대 등 특수 임무를 맡고 있는 부대이다. 따라서 임진왜란처럼 치열한 전투를 치르는 와중에 이 부대가 참전하지 않고 일본에 대기하고 있을 가능성은 매우 낮다. 특히 당시 전투에서 파괴력이 높은 조총수와 기마병을 전투에 참여시키지 않았을 가능성은 매우 낮다. 따라서 이 특수부대가 임진왜란에 참전한 것으로 추정하면, 번외 1번 부대 1만 5,000명이 참전하지 않았을 가능성만 남는다. 14번대의 하시바 히데카츠(羽柴秀勝)가 참전하여 사망한 것으로 알려져 있는바, 친척관계 하시바 히데야스(羽柴秀保)의 번외 1번 부대 역시 참전하였을 가능성이 매우 높다.

이같이 새로운 장수 이름이 나타날 뿐만 아니라 기존의 병력이 증가하는 현상은 전쟁 중에 사망자와 이탈자가 속출함에 따라 새로운 장수와 병력이 전투에 추가되었기 때문으로 판단된다. 임진왜란에 도요토미 히데요시의 최측근 심복으로 알려져 있는 하세카와 히데카즈(長谷川秀一), 히데요시의 5대로 중 한 명인 우키다 히데이에* 등이 참전한 것으로 미루어 특수부대인 하타모토가 전투에 참전했을 것은 당연하다. 특히 이 부대가 조총수와 기병 중심의 특수부대인 점을 감안하면 더욱 그렇다. 또한 1593년 가토 기요마사가 일본에 있는 자신의 영지에 "① 군량에 대해서는 5천 석이든 1만 석이든 있는 대로 조선으로 보낼 것, ② 말 먹이인 대두와 된장과 소금 등의 필수품을 가능한 대로 가토의 진영으로 보낼 것, ③ 주문한 조총과 탄약을 급히 조선으로 보낼 것, ④ 병사를 다수 징발할 것, ⑤ 군량과 무기 조달의 기반이 되는 조세 징수에 대해서는 백성의 미납된 조세를 한 번에 처리하되 보리로라도 징수할 것" 등을 내용으로 하는 서신을 보냈다는 기록(기타지마, 2008: 42)은 임진왜란 당시 일본군의 긴박한 상황을 대변하고 있으며, 이러한 일본군의 상황이라면 예비병력을 일본에 주둔시킬 하등의 이유가 없다.

다만 16번대에 편제되어 있던 도쿠가와 이에야스*는 조선에 출병하지 않은 것이 확실하다. 그렇다고 해서 조선 침략을 위해 나고야에 보낸 자신의 병력까지 조선에 보내지 않았다고 단정할 수는 없다. 전투 기록은 없지만 도쿠가와와 같은 급의 장수인 다테 마사무네(佐竹義宜)가 조선

* 우키다 히데이에(宇喜多秀家, 1572~1655): 일본의 다이묘이다. 임진왜란 때에는 젊은 나이에도 불구하고 총대장으로 참전하여 벽제관 전투에서 승리하는 등의 공을 세웠다. 그러나 행주산성 전투에서는 권율에 맞서 싸워 대패하였다. 세키가하라 전투에서는 도요토미 히데요시의 양자인 만큼 서군에 속하였다.

* 도쿠가와 이에야스(德川家康, 1543~1616): 일본의 무장이다. 오다 노부나가가 사망하자 도요토미 히데요시와 대립하였으나 곧 화해하고 도요토미 히데요시가 정권을 장악할 수 있도록 정적들을 토벌하는 데 일조하였다. 1592년 임진왜란 당시 조선으로 출병을 나갔던 다이묘들이 큰 피해를 입은 반면 도쿠가와 이에야스의 군사는 일본 본토에서만 지원했기 때문에 경제적 힘을 축적할 수 있었다. 도요토미 히데요시 사망 이후 1600년 세키가하라전투에서 동군을 지휘하였으며, 승전 이후 막부를 개창하여 첫 쇼군(1603년~1605년)이 되었다.

에 와서 전투를 했다는 기록이 있음을 유추하면 나고야에 있었던 거의 대부분의 병력도 조선에서 전투를 벌인 것으로 추정할 수 있다. 즉, 임진 왜란 당시 조선을 침공한 일본군은 한국 역사에 기록된 158,700명의 1차 출전 병력과 조선 침공을 위해 도요토미 히데요시가 준비한 286,840명 뿐만 아니라 전투가 치열해짐에 따라 더 많은 병력을 보냈을 가능성이 높다.

따라서 이러한 사실로 미루어 도요토미 히데요시가 임진왜란 이전에 준비한 본대와 예비대, 기타 부대 대부분이 조선에 건너와 전투를 벌였 을 것으로 추정할 수 있다. 즉, 임진왜란이 치열하게 전개되면서 전황이 불리해지고 사상자가 속출함에 따라 도요토미 히데요시는 나고야에 있 던 예비대를 거의 대부분 조선에 보냈을 것이다. 이렇게 가정하면 임진 왜란 당시 조선에 건너와 전투를 벌였던 일본군 총병력 수는 도요토미 히데요시가 조선 침략을 위해 준비한 총병력 28만 6,840명에 근접할 것 이다.

조선군과 일본군의 전투력 비교

이상과 같이 조선과 일본의 병력 수를 비교하면 전투력 차이가 대단히 크다는 것을 알 수 있다. 기본적으로 병력 수에도 절대적인 차이가 난다. 임진왜란 초기 선봉에서 전투를 벌인 일본군은 1번대와 2번대, 3번대이 다. 이들 병력만 모아도 5만 2,500명이다. 또한 이들 선봉군을 따라 조선 에 온 총병력은 참전이 확인된 병력만으로도 22만 4,774명이다. 이에 비 해, 그들과 맞선 조선병력은 중앙군과 지방군, 수군까지 모두 합해도 15만 명 정도이다. 그것도 병력이 분산되어 있었고, 대규모 전투를 치른 경험 이 전혀 없었다. 특히 전투원 개인의 수준 차이는 천차만별이었다. 일본군은 평생을 전쟁터에서 싸움을 하며 살아온 직업무사였던 반면, 조선군은 활과 검을 다루어보지 못했으며, 평소에 농사를 짓던 농부들이 대부분이었다. 다만 무관을 선발하는 시험이 꾸준히 지속되면서 말을 타고 소규모 부대를 이끌 수 있는 조선 무장이 다수 있기는 했다.

대규모 전투가 단기적으로 벌어졌을 경우 조선군은 일본군의 상대가 될 수 없다. 일본군은 일본 내에서 1만 명 이상의 병력이 참여하는 수많은 군단급 전투를 치른 경험이 있다. 또한 일본군은 전반적인 전투 상황을 이해하면서 군단급 전투를 수행할 지휘관을 다수 확보하고 있었다. 반면에 조선은 함경도에 침입하는 여진족을 맞아 싸운 것이 유일한 전투 경험이며, 그것도 최대 2,000명 정도의 병력을 동원한 정도였고, 중앙에서 이러한 정도의 병력을 지휘할 수 있는 장수 또한 이일과 신립 두 명이 전부다. 임진왜란에 대비하여 준비를 철저하게 한 장수까지를 포함시킨다면 김시민 진주판관과 유숭인 함안군수, 이순신 전라좌수사 정도였다.

화기에 있어서도 일본군은 단기전에서 확실한 우위를 점하는 무기를

화승총으로 일제 사격을 자세를 취한 최하급 무사 부대

보유하고 있었다. 전체 병력의 10%가 넘는 3만 명 정도가 조총으로 무장되었고, 조총수 이외의 병력도 매우 우수한 창검으로 무장되어 있었다. 또한 일본군은 공성전을 효과적으로 치를 수 있는 우수한 공병기술도 갖추고 있었다. 반면, 조선군은 개인화기 면에서 보잘 것이 없었다. 동원된 병력 모두에게 창검을 내어줄 수 없을 만큼 기본 무기가 부족했다. 먼 거리에 있는 적을 쏘아 맞출 수 있는 활이 있기는 했지만 조총과 비교하면 파괴력이 턱없이 약했다.

조선군이 일본군에 비해 우위에 있던 화기는 화포이다. 하지만 모든 조선 부대가 화포를 보유하고 있던 것은 아니었고, 전투 준비를 치밀하게 한 전투에서 조선 화포는 매우 큰 위력을 발휘할 여지가 있었다. 즉, 각종 해전에서 이순신 장군이 연승을 거둘 수 있었던 이유 중 하나는 조선 수군이 화포를 장착한 선박을 이용했다는 것이고, 김시민 목사의 진주대첩과 권율* 장군의 행주대첩에서도 미리 화포를 준비하여 일본군의 공격에 대비했다는 점이다.

편리한 이동을 위해 만든 화포인 황자총통(국립중앙박물관 소장)

조선군의 주요한 유통식 화기인 승자총통(국립중앙박물관 소장)

---

* 권율(1537~1599): 영의정 권철의 막내 아들이었으며, 1582년 46세의 늦은 나이로 과거에 급제한 뒤 예조정랑・호조정랑・의주목사 등을 역임하였다. 임진왜란 때 광주목사로서 금산성에 주둔한 일본군이 전주로 진출하려고 하자, 전주성으로 가 전라도 관군을 지휘하여 군사를 이끌고 이치전투에서 일본군의 진출을 막았다. 이 공으로 전라도순찰사로 승진하였고, 독선산성 및 행주대첩에서 승전을 거두었다. 행주대첩은 권율이 행주산성에서 2,800명의 병력으로 3회에 걸쳐 3만여 명의 일본군을 맞아 승리를 거둔 전투이다. 이후 도원수를 지냈고, 노환으로 별세했다.

〈표 1-7〉 조선군과 일본군의 전투 비교

비교대상	조선군	일본군
전투 경험	소규모(6진 여진족, 을묘왜변)	풍부한 군단급 전투 경험(내전)
지휘관	소수의 전투 지휘관	다수의 전투 지휘관
주력 병기	화포, 활, 기마병	조총, 창검, 공성 기술
병력	엘리트무관, 15만 명의 관군, 의병, 백성	28만 명의 직업 전투 무사
장점	해전, 유격전, 지형지물 이용, 백성의 협력, 정보력, 병량	대규모 육지 전투, 회전, 단기전

이상의 대규모 전투 경험, 병력 수, 화기 측면에서 볼 때, 조선은 단기
전에서 일본군과 전투다운 전투를 치르기 어려웠다. 하지만 전투가 조선
땅에서 벌어졌기 때문에 장기전에서는 다른 측면이 고려된 전투력이 비
교되어야 한다. 조선군과 일본군 간에 전투가 길어짐에 따라 조선군도
전투 경험이 쌓였다. 특히 일본군이 평양성을 점령하여 주요 거점을 점
령한 이후, 중소 도시 및 고을을 점령하기 위해 소규모 병력을 분산 파견
하기 시작하면서부터는 군단급 대규모 전투가 아닌 조선군이 감당할 수
있는 소규모 전투가 벌어졌다. 이러한 소규모 전투는 조선 무관도 효과
적으로 지휘할 수 있는 능력을 갖추었고, 조선군도 그때까지의 패전 경
험을 바탕으로 전투를 치를 수 있었다. 병력 수에 있어서도 일본군은 28
만여 명으로 이루어진 초기 참전군 이외에 병력 보충이 어려웠지만, 조
선군은 병농일치의 체제로 인해 지속적으로 병력을 보충할 수 있었다.

특히 조선군은 임진왜란 초기 두 달간 있던 대규모 전투 이후 소규모
전투에서는 지형지물을 이용한 유격전으로 대응하여 일본군에게 확실한
우위를 점할 수 있었다. 조선군은 백성의 협력을 받아 각종 정보의 우위
를 점한 채 전투를 치렀고, 무엇보다도 무기와 병량 보급에서 조선군은 일
본군에 비해 확실한 장점을 보유하였다. 따라서 조선군은 단기적으로 초

전의 대규모 전투에서 패전을 거듭했지만, 장기적으로는 역사에 기록되지 않은 수많은 소규모 전투에서 승리할 수 있는 여건을 갖추고 있었다.

다시 말해, 임진왜란은 조선과 일본 모두 상대방의 장점을 모르는 무지에서 비롯된 까닭에 조선과 일본 모두 비극을 맞게 된 것이다. 조선은 일본의 엄청난 군사력을 전혀 인지하지 못하여 초기 대규모 전투에 거의 대응하지 못하였다. 반면, 일본은 조선이 수나라와 당나라의 침략을 물리친 고구려의 후손이며 몽골과 40년 전쟁을 치른 고려의 후예임을 망각한 무지와 오만으로 조선을 침략함에 따라 엄청난 희생을 치르게 된다.

2장

초기 일본군의 공세
제1기(1592. 4~1592. 6)

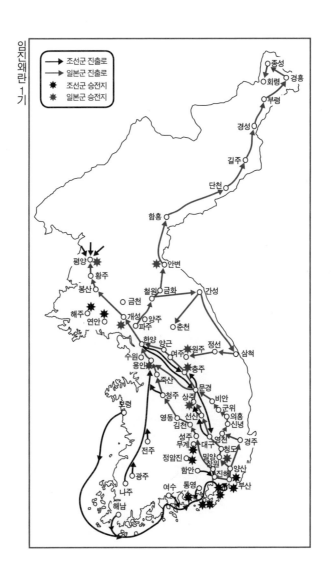

임진왜란 1기

조선군 진출로
일본군 진출로
조선군 승전지
일본군 승전지

종성
경흥
회령
부령
경성
길주
단천
함흥
안변
평양
황주
철원 금화 간성
봉산
금천
해주 개성 양주 춘천
연안 파주
한양 양근 원주 정선
수원 여주 삼척
용인
죽산 충주
문경
청주 상주 비안
영동 선산 군위 의흥
김천 신녕
보령 성주 영천 경주
무계 대구 청도
전주 정암진 밀양 양산
함안 진해
광주 여수 통영 부산
나주
해남

싸워 죽기는 쉬우나 길을 내주기는 어렵다 · 송상헌

도요토미 히데요시의 조선 및 명나라 침략 전략

도요토미 히데요시의 조선 및 명나라 침략 전략과 그의 문제점은 다음과 같다.

첫째, 일본군 주력부대로 수도인 한양성을 함락시키고 조선 국왕으로부터 항복을 받는 것이다. 도요토미 히데요시는 일본군이 한양성을 점령하게 되면 조선과 전투는 끝날 것으로 생각했다. 그는 조선의 수도인 한양을 점령하면, 조선 국왕이 자결 또는 항복할 것이고, 조선군을 포함한 조선 백성 모두가 일본군의 명령에 복종할 것으로 생각했다. 전국시대 일본에서는 한 영주가 다른 영주의 핵심 지역을 점령하면 패배한 영주와 핵심 추종자는 자결하고, 하급 무사와 주민은 새로운 영주에게 충성을 맹약함으로써 삶을 영위했다. 이에 따라 도요토미 히데요시는 조선인도 전투에서 지면 일본인과 같이 행동할 것이라고 생각한 것이다. 일본군이 조선군 병력이 남아 있지 않은 한양성 공략에 5만 명 이상의 병력을 동원한 것도 이 까닭이다. 그러나 조선은 일본과 달랐다. 선조 임금은 한양성을 내준 후에도 조선을 지키기 위한 방안을 찾았고, 조선 백성은 일본군에 결사 항전하였다.

둘째, 도요토미 히데요시는 한양성을 함락한 이후에 일본군 병력 8개 부대에게 조선 8도를 나누어 점령하고, 병력과 병량을 모아 평양성 이북으로 집결시키라고 지시했다. 한양성을 함락시킨 이후 조선 백성이 일본군에게 복종하는 것을 전제로 조선 백성 중에서 추가병력을 차출하고, 조선 땅에서 명나라를 침입하는 데 필요한 병량을 조달하겠다는 의도였다. 그러나 한양성 점령 이후에도 조선 백성은 일본인처럼 점령군에게 절대 복종하지 않았을 뿐만 아니라 지속적으로 항전했다. 그래서 일본군은 현지에서 병력 및 병량을 조달하지 못했다.

셋째, 도요토미 히데요시는 1번대부터 9번대까지의 15만 8,000명으로 조선 8도를 점령하고 조선 땅에서 군대를 모집하고 병량을 확보한 후에는 나고야에 주둔하고 있던 10번대 이하의 병력을 선박을 이용하여 남해와 서해를 돌아 평양 이북으로 파견하여 명나라를 침공할 계획을 세웠다. 그러나 이 계획 역시 차질이 생기게 된다. 조선 땅에서 병력과 병량을 모집한다는 계획도 무지의 산물이었고, 조선 남해와 서해를 통해 병력을 파견한다는 계획은 이순신 장군의 조선 해군력을 간과한 것이다.

넷째, 도요토미 히데요시는 명나라 점령 이후 인도(印度)까지 점령할 계획을 세웠다. 이 계획은 앞에서 살펴본 바와 같이 명나라를 점령한 후, 일본 천황과 그의 양아들인 간파쿠(關白)는 북경으로 거처를 옮겨 명나라를 실질적으로 다스리고, 자신은 영파(寧波, 중국 상하이 인근)에서 인도를 공격할 준비를 하겠다고 공언한 데서 잘 나타나 있다. 그러나 그의 계획은 기본적으로 조선을 비롯한 외국에 대한 무지로부터 비롯된 것이었기에 명나라와 인도 침공계획은 실행을 해보지도 못했다.

초기 조선 수군의 대응

1592년 4월 13일 고니시 유키나가가 이끄는 제1번대가 부산 영도에 도착했다. 다수의 한국 역사책에서는 이때 일본군 병력 수를 1만 8,700명, 병선을 700척으로 기록하고 있다. 고니시 유키나가의 제1번대 병력 수는 1만 8,700명이 맞다. 그러나 병선 700척은 과장되었다. 병선 700척은 당시 일본 수군의 총 병선 숫자였다. 일본 병선 1척에 육군 200명 정도가 탔을 것으로 추정하면 약 100척 정도의 병선을 타고 제1번대가 침략한 것으로 판단하는 것이 옳다.

당시 박홍*이 지휘하던 경상좌수영과 원균*의 경상우수영에는 각각 판옥선 44척, 협선 29척 등 73척의 전함이 있었고, 경상 좌·우수영을 합한 경상도 수군은 판옥선 88척, 협선 58척, 군사 약 24,000명이 있었다. 경상도 수군은 수적으로도 고니시 유키나가의 일본군 제1번대를 충분히 대적할 전투력을 지니고 있었다. 병선의 질적 수준을 보아도 조선 수군의 주력 병선인 판옥선은 화포가 10문씩 장착되어 있었던 반면, 일본 수군은 화포가 없었다. 만일 박홍과 원균의 경상도 병선이 출동하여 일본군과 해전을 벌였다면 임진왜란은 전혀 다른 양상이 되었을 수도 있다. 그러나 박홍의 경상좌수영의 함선은 임진왜란 전 과정에서 한 번도 등장하지 않는다. 그는 부산에 있던 경상좌수영의 병선과 병기를 적에게 넘기지 않겠다는 취지로 전체 병선을 침수시켰다. 또한 원균도 수군 1만 명을 해산시킨 후, 옥포만호(玉浦萬戶) 이운룡(李雲龍), 영등포만호(永登浦萬戶) 우치적(禹致績)과 함께 남해현에 머물면서 육지로 몸을 피했고, 통영에 있던 경상우수영의 판옥선 4척, 협선 2척만을 남긴 채 침수시켰다. 경상도 수군은 전투한 번 치러 보지도 못하고 극소수의 함선만을 남긴 채 스스로 해산하였다.

---

* 박홍(1534~1593): 충청도 대흥 출생으로 23세로 무과에 급제, 선전관에 임명된 이후 강계부판관·정평부사·종성부사 등을 역임하였다. 임진왜란 때 경상좌도수군절도사로서 일본군에게 함선과 무기를 내어줄 수 없다는 핑계로 전체 함대를 수장시키고 1만 명이 넘는 경상좌도 수군을 해산시키고, 한양으로 후퇴하였다. 이후 좌위대장에 임명되어 임진강 방어에 참여하였으나 파주 전투에서 패배한 뒤 평양으로 후퇴했다. 우위대장·의용도대장 등을 역임하였다.

* 원균(1540~1597): 무과에 급제한 선전관·조산만호·경상우수사 등을 역임하였다. 경상우도 수군절도사에 임명되어 부임한 지 3개월 뒤에 임진왜란이 일어나자, 대부분의 함선을 수장하고 자신은 판옥선을 타고 후퇴했다. 이후 이순신과 이억기의 전라도 수군과 합세하여 옥포해전을 위시하여 합포해전·적진포해전·사천포해전·당포해전·당항포해전·율포해전·한산도대첩·안골포해전·부산포해전 등에 참전하여 일본 수군을 무찔렀다. 1597년 칠천량해전에서 일본군에 패배하여 조선수군 대부분의 함대를 잃었고, 자신도 전사했다.

부산성전투(출처: 육군박물관)

일본군의 노련함을 보여준 부산성전투

조선에서 조선군과 일본군의 첫 번째 전투는 1592년 4월 14일 새벽 부산성에서 벌어졌다. 부산성을 수비하던 조선 병력은 정발* 장군의 휘하에 군민 2,000명 또는 3,000명으로 기록되어 있다. 부산성전투에서 조선상비군의 병력 수는 800명 또는 600명으로 기록되어 있다.

이에 반해, 고니시 유키나가(小西行長)의 일본군 1번대는 부산 앞바다의 영도(당시명 絶影島)에 4월 13일 도착하여 1박을 하고, 4월 14일 새벽

---

* 정발(1553~1592): 경기도 연천군 출신으로 1579년 무과에 급제한 뒤 해남현감 · 거제현령 · 훈련원첨정 등을 역임하였다. 임진왜란 때 부산진첨절제사로 부산에 상륙한 일본군에 맞서 싸우던 중 일본군의 총탄에 맞아 전사하였다.

부산성에 나타났다. 배 멀미에 지친 일본군을 쉬게 하고, 전투에 앞서 부산성에 관한 정보를 미리 파악하려는 일본군 장수의 치밀함을 알 수 있다. 부산성을 공격한 일본군은 18,700명의 정예군이고, 화력과 개인 병기 모두 조선군을 압도하였다.

그럼에도 불구하고 고니시 유키나가는 정면에서 부산성을 공격하지 않았다. 정면에서 조총을 쏘아 우월한 화력을 시위하여 조선군의 사기를 떨어뜨리면서, 실질적으로는 성벽이 낮은 배후로 병력을 파견하여 성 안으로 들이닥쳤다. 일본군의 피해를 최소화하면서 전투 결과를 극대화시키는 당시 일본군 특유의 전법을 구사한 것이다.

따라서 부산성전투의 결과는 너무도 당연했다. 오전 5시에서 7시까지의 1차 전투는 조선군이 한 번도 경험하지 못한 신흥 무기인 조총의 위력을 보여줌으로써 조선군의 사기를 떨어뜨리는 작전을 구사했다. 그리고 오전 10시에서 12시까지 실질적으로 전투가 벌어졌다. 2시간 동안 정발 장군이 지휘한 조선군은 최선을 다해 저항했다. 고니시 유키나가 부대를 따라와 임진왜란을 목격한 포르투갈인 프로이스(2008)에 따르면, 조선군은 전력을 다해 싸우다 거의 모두 전사하였으며 오직 소수만이 포로가 되었다고 기록하고 있다. 반면, 일본군은 첫 전투에서 큰 희생을 보이지는 않았을 것으로 판단된다. 그러나 일본군도 부산성을 함락하는 과정에서 그에 상응하는 피해는 입었을 것이다.

화살받이까지 준비한 일본의 치밀함을 보여준 동래성전투

동래성전투는 부산성전투 다음날인 4월 15일에 벌어졌다. 동래성전투에 참전한 조선군의 정확한 수도 기록되어 있지 않다. 기록에 따라 다르지만 군민 3,500명이라는 것이 유력하다. 동래성전투에 참여한 조선

동래성전투(출처: 육군박물관)

군은 부산성보다 많았을 것으로 추정된다. 경상좌병사 이각과 경상좌수사 박홍, 양산군수 조영규 등이 지원하러 왔다는 사실로 미루어 일본군의 침략 사실을 인지하였고, 시간은 많지 않았지만 침략에 대해 조금이나마 준비했다. 조총의 위력을 보고받고 통나무 방어책을 만들어 대비하였다는 기록이 이를 방증한다. 동래성이 부산성과 같은 규모였고, 병력을 다소 보충하였을 것을 감안하면 조선군은 1,000명 정도이고, 민간인도 2,500명 정도가 전투에 도움을 주었을 것으로 추정된다.

　동래성을 공격한 일본군 부대는 부산성을 함락했던 고니시 유키나가의 1번대 1만 8,700명이다. 일본군 역시 부산성전투에서 다소 희생이 있었겠지만 병력 수가 크게 줄었을 것으로 보이지 않는다. 오히려 부산성에서 동래성까지 약 20km 떨어져 있음에도 불구하고 부산성을 함락한 일본군이 바로 다음날 동래성을 공격했다는 것이 놀랍다. 부산성을 함락한 후 정리하는 시간도 필요하고, 1만 8,000명이 넘는 대병력이 이동하는 데만 5시간 이상이 소요될 것으로 예상되지만 곧바로 다음날 동래성을 공격했다는 것은 일본군의 전투 준비가 얼마나 치밀했는가를 말해준다. 특히 일본군은 부산성전투에서 조선군의 화살 공격에 의해 희생자가 발생하였기 때문에 일본군 장수복을 입힌 허수아비를 준비했다는 사실은 당시 일본군 전투 준비의 치밀함을 보여준다.

이러한 압도적 군사력을 가지고도 고니시 유키나가는 동래성을 정면에서 바로 공격하지 않았다. 그는 일본군의 전투력 손실을 최소화하고 조선군의 전투의지를 떨어뜨리기 위해 "싸우겠다면 싸울 것이로되, 싸우지 않겠다면 길을 비켜라(戰則戰矣 不戰則假道)"라는 패목을 세우게 했다. 동래성 수비를 지휘하던 송상헌* 부사는 "싸워 죽기는 쉬우나, 길을 비키기는 어렵다(戰死易 假道難)"고 회답했다.

전투는 시작되었고, 조선군이 준비한 통나무 방어책으로 조총을 막기에는 역부족이라 조선군 희생자가 속출하였다. 그렇지만 조선군은 백성들의 합세로 일본군의 공격을 정면에서 막아냈다. 그러자 일본군은 성곽이 낮고 수비가 허술한 동래성 동문을 집중 공격함으로써 성 안으로 진출하였다. 일본군이 성 안으로 진출한 이상 전투는 오래 지속되지 못했다. 개인 검술에서는 조선군과 백성이 일본군을 당해낼 수 없었기 때문이다. 이 결과, 송상헌 부사를 비롯한 대부분의 조선 장수와 군사, 백성이 전투가 시작된 지 2시간 만에 대부분 전사하였다.

부산성에 이어 동래성이 일본군에 함락당하기는 했지만 두 전투는 다음

---

* 송상헌(1551~1592): 전라도 정읍 출생으로 15세에 장원으로 급제하여 20세에 진사가 되었으며 1576년 병과로 급제하여 승문원정자가 되었다. 1591년 통정대부에 오르고 동래부사가 되었고, 이듬해 임진왜란이 일어나 일본군이 동래성을 공격하자 전투를 이끌었고, 성이 함락당하자 조복을 입고 북쪽을 향하여 네 번 절한 다음 단정히 앉은 채 자결하였다.

의 몇 가지 의미를 준다. 압도적인 수의 적군을 맞아 조선군은 조국을 지키기 위해 최후까지 싸웠다는 것과 일본군의 전투방식을 점차 알아가고 있다는 것 그리고 조선군의 정보 네트워크가 매우 긴밀했다는 것이다. 부산성전투와 동래성전투는 동시다발적으로 조선 8도 전역에 알려졌다.

조선 조정의 대응

부산성 및 동래성전투가 있은 후, 4월 18일 밀양전투(양산목사 박진* 휘하의 300명의 군민과 고니시 유키나가의 1번대 18,700명 간의 전투), 4월 19일 언양전투(소수의 군민과 가토 기요마사)의 2번대 22,800명 간의 전투), 4월 20일 김해전투(김해 부사 서예원*의 1,000명의 관군과 구로다 나가마사*의 2번대 11,000명 간의 전투), 4월 21일 경주전투(경주목사 박의장 휘하의 소수 관군과 가토 기요마사의 2번대 22,800명 간의 전투) 등에서 병력의 부족, 무기의 열세, 전투 경험의 부족 등 전반적인 전투력의 열세로 조선군은 일본군의 공세에 일방적으로 밀릴 수밖에 없었다. 그렇지만 조선군은 전투력의 일방적인 부족에도 불구하고 일본군을 맞아 싸웠

---

* 박진(?~1597): 무신 집안 출신으로 비변사에서 일하다가 1592년 밀양부사가 되었다. 같은 해 임진왜란이 일어난 후 일본군을 맞아 밀양성에서 항전하다 후퇴하였다. 이후 경상좌도 병마절도사로 임명되어 나머지 병사를 수습하고, 군사를 나누어 소규모의 전투를 수행하여 적의 전진을 저지하였다. 이장손이 발명한 비격진천뢰를 사용하여 경주성을 수복하였고, 일본군을 부산 방면으로 후퇴하게 했다. 1593년에는 독포사로 밀양·울산 등지에서 전과를 올렸고, 이후 경상우도병마절도사, 순천부사, 전라도병마절도사 등을 역임하였다.

* 서예원(?~1593): 무인으로 임진왜란 시 부산 앞바다에 도착한 일본군이 김해성을 공격하자 저항하였으나 끝내 성이 함락되었다. 의병장 김면과 협력하여 지례의 왜적을 격퇴한 바 있다. 김시민의 사망 후 진주목사가 되었고, 제2차 진주성전투에서 전투를 지휘하다 전사하였다.

* 구로다 나가마사(黑田長政, 1568~1623): 일본의 무장이다. 임진왜란 때 일본군 제3번대를 이끌고 참전하여 황해도 방면을 침공하였고, 지금의 기장군 일대에 일본식 성을 축조하였다. 후에 세키가하라전투에서는 도쿠가와 이에야스가 이끄는 동군에 가담하였고 그 공으로 치쿠젠 국을 영지로 받게 되었다.

다. 또한 조선 조정은 전투에서 졌지만 힘껏 싸운 장수에 대해서는 관직을 유지시키고, 경우에 따라서는 관직을 높여주는 등의 조치를 취하였다.

이렇게 일본군이 북진하고 있을 때 조선 조정에서는 제승방략에 의거하여 기본적으로 두 단계의 방어전략을 마련한다. 하나는 경상도 지역 지방수령들과 휘하 병력을 대구로 집결시키고, 이일을 순변사로 임명하여 한양에서 대구로 파견하여 일본군을 막겠다는 것이고, 두 번째는 충청도 지역 병력을 충주로 집결시켜서 신립으로 하여금 이 병력을 지휘하여 방어하겠다는 것이다.

이외에도 각 지역의 지형지물을 이용, 주요 고갯길에 장수를 파견하여 방어하도록 하였다. 우방어사 조경에게는 추풍령에서 일본군 3번대 구로다 나가마사의 서로(西路) 진격을 막게 하였고, 좌방어사 성응길에게는 일본군 2번대 가토 기요마사가 진격하고 있는 동로(東路)를 저지하도

신립 장군 영정. 선조 임금은 직접 어도(御刀)를 하사하며 군통수권을 부여하였다.

록 했다. 또한 조방장 유극량에게는 죽령을 방어하도록 하였고, 조방장 변기에게는 조령을 방어하도록 했다.

훈련부족의 문제점을 드러낸 상주전투

1단계 제승방략 방어 전략을 가동하여 경상순찰사 김수는 각 고을에 전달하여 전체 병력을 이끌고 대구로 모이라고 명령하였고, 각 고을의 수령들은 각자의 병력을 이끌고 대구로 집결하였다. 그러나 한양에 있던 이일이 한양에서 300명의 군관을 모아 내려가고자 했으나 군사를 모으는 데 차질이 생겨 곧바로 대구로 내려가지 못했다. 이일은 병력을 모으기 위해 사나흘을 지체하다가 마침내 60명의 군관을 모집하였고, 추가로 4,000여 명의 군사를 모아 대구로 내려갔다. 이렇게 군사를 모아 대구로 내려가는 시일을 지체하는 동안 대구에 모여 있던 경상도 병력들도 시간이 지남에 따라 흩어지기 시작했다. 제승방략에 따라 병력을 모아 한 번도 제대로 훈련을 하지 않은 문제점이 나타난 것이다. 이일이 문경을 거쳐 상주에 도착했을 때는 대구에 모여 있던 거의 모든 병력이 흩어진 상태였다. 따라서 이일은 상주에서 병력을 모아 전투를 준비했다.

상주에서 이일이 새로 모은 병력은 800명으로, 그 중 대부분이 군사 훈련을 받은 적이 없는 농민들이었다. 이일은 군사훈련부터 시작하였다. 당시 일본군 1번대 고니시 유키나가는 몇 차례나 척후병을 보내 조선군의 상황을 일거수일투족까지도 정찰하면서 전투 준비를 하였다. 4월 25일, 완전한 전투 준비를 하고 있던 일본군은 우세한 전투력을 바탕으로 조선군을 포위·압박하였고 대부분의 조선군은 전사하였다. 다만 이일과 2명의 군관만이 조령에 대기하고 있던 신립 진영으로 후퇴하였다.

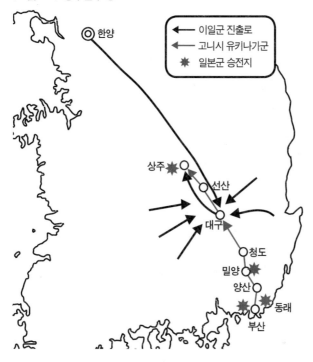

〈그림 2-1〉 상주전투 경로

이일군 진출로
고니시 유키나가군
일본군 승전지

한양

상주
선산
대구
청도
밀양
양산
동래
부산

* 조선군: 4,800명, 일본군: 18,700명

4월 25일 일본군은 상주를 함락한 후, 곧바로 다음날인 26일 문경에 들어왔다. 일본군의 한 패는 군위와 비안을 함락시키고, 한 패는 장기를 비롯해 영일, 안동, 풍기를 함락시켰다. 이때 영남 60여 고을이 모두 무너졌고, 경상우도는 겨우 6~7개 고을만이 전화를 면했으나 군졸은 모두 흩어졌다. 28일 일본군은 충주에 들이 닥쳤다.

기마병과 조총부대의 격돌, 충주 탄금대전투

충주 탄금대전투는 조선 조정에서 제승방략에 의거하여 준비한 신립

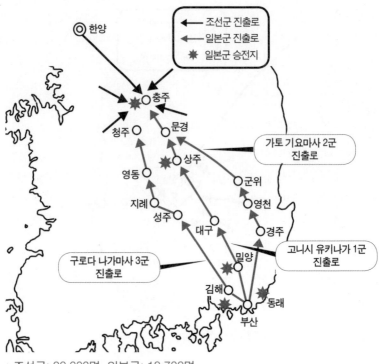

〈그림 2-2〉 충주 탄금대전투

	조선군 진출로
	일본군 진출로
	일본군 승전지

한양

충주

청주   문경

영동   상주

지례   군위

성주   영천

대구   경주

밀양

김해   동래

부산

가토 기요마사 2군
진출로

고니시 유키나가 1군
진출로

구로다 나가마사 3군
진출로

* 조선군: 20,000명, 일본군: 18,700명

장군과 일본군 1번대 고니시 유키나가 간에 4월 28일 벌어졌다. 신립 장군은 여진족과의 수많은 전투에서 연전연승한 조선 최고의 명장으로 인정받던 장수였다. 조선 조정도 신립 장군에게 많은 기대를 걸었다. 신립 장군이 충주로 내려갈 때 각도의 상번군, 무관, 종실, 내시위 군졸 등 대부분의 조선 중앙군이 동행했다. 선조 임금은 호위에 필요한 최소한의 군대도 남기지 않고 모든 군사를 차출하여 신립에게 맡겼다. 신립의 승패에 조선의 운명이 걸려 있다고 해도 과언이 아니었다.

당시 신립이 이끈 조선군의 병력 구성이 어떻게 되어 있었는지는 정확한 기록이 없다. 하지만 탄금대전투에 참여한 조선 중앙군은 기마병

8,000명 정도로 추정된다. 또한 충청도에서 1만 2,000명 정도의 병력이 지원되었다. 하지만 신립은 충청도에 모집한 보병의 전력을 믿을 수 없었다. 따라서 신립은 8,000명의 기마병을 위주로 한 전략을 택했다. 신립은 금강 탄금대의 넓은 평원에 배수진을 치고, 그가 평소에 즐겨 사용하던 기병 위주의 전술을 준비했다. 당시 조선에서 모을 수 있는 최정예 병력인 8,000기의 기마병으로 적의 예봉을 꺾으려 한 것이다.

탄금대전투 이전에 조선군 지휘부는 일본군을 방어하기 위한 전략을 숙의하였다. 조방장 김여물은 새재에서 지형지물을 이용하여 방어하자고 건의했고, 이일은 새재를 수비하기에는 늦었으니 한강으로 물러나 방어선을 구축하자고 주장하였다. 신립은 자신이 기병의 전문가로서 기병에 관한 전략전술을 잘 알고 있기에 기병의 강점을 이용해야 하며, 대부분의 조선군이 전투 경험이 없기에 일본군과 전투가 벌어지면 겁을 먹고 도망을 쳐서 전술을 운영하기 곤란하므로 배수진이 유리하다는 점을 주장했다. 신립은 조선의 최고 무장으로 구성된 기병의 장점을 살리는 것과 새재에 진을 칠 경우 장기전에 대비해야 하는데 조선군이 일본군보다 장기전에 대한 준비가 되어 있지 않은 점을 고려했을 것이다. 조선군은 지휘관인 신립의 의지대로 탄금대에 배수진을 쳤다.

조선군의 상대방은 고니시 유키나가의 일본군 1번대 1만 8,700명이다. 상주전투를 치른 후 3일 만에 일본군이 문경새재를 넘어 탄금대에 진을 치고 전투를 벌였으니 고니시 유키나가는 조선 기병을 물리칠 방안을 알고 있었다. 그는 조선군이 기병 위주의 전술을 구사할 것임을 미리 알고 기병의 기동성을 제한하기 위해 목책까지 준비하였다. 앞에서 기술한 바와 같이 일본군 조총부대는 기병을 효과적으로 물리치는 방안을 이미 알고 있었다. 그 경험은 조총을 중심으로 한 새로운 전투기법을 완성한 오다 노부나가(織田信長)가 일본 최대의 영주인 다케다 가쓰요리(武田勝

賴)의 기마부대를 나가시노(長篠)전투에서 물리친 이후 습득한 것이다.

탄금대전투 결과 역시 명확했다. 승리는 자신의 강점과 상대방의 약점을 잘 알고 전투 준비를 철저히 한 일본군의 것이었다. 조선군은 2~3회 기병 돌격을 시도했으나 적진을 돌파하지 못했다. 조선 기병의 공격이 실패한 이후에는 포위망을 좁혀드는 일본군에게 전멸당했다. 포르투갈인 프로이스(2008)에 따르면 조선군은 대부분 매우 용감했다고 하였고, 포로가 된 한 조선 기병은 일본군에게 자신의 목을 쳐달라고 주문하고 전사할 정도로 조국에 대한 충성심이 강했다고 기록하고 있다.

탄금대전투를 안타깝게 생각하는 많은 사람들이 제기하듯, 신립 장군이 새재에 진을 쳤다고 해도 임진왜란 초기의 전투 상황은 크게 변하지 않았을 것으로 판단된다. 만일 조선군이 새재에서 방어선을 구축하였다면 고니시 유키나가는 새재 방어선의 약점을 발견하여 공격하든지, 새재 방어선에 약점이 없었다면 다른 방안을 강구했을 것이다. 또한 이미 구로다 나가마사가 지휘한 일본군 3번대는 4월 28일 추풍령을 넘어 충청도로 진입하였고, 이 부대가 청주에서 충주로 조선군의 배후를 공격했을 가능성이 크다. 신립 장군이 지휘한 조선군이 어떤 전략으로 나오든지 일본군은 조선군의 전략을 역이용하는 전략을 구사했을 것으로 판단된다. 즉, 임진왜란 초기 월등한 전투력을 보유한 일본군은 전면전에서 조선군을 압도할 수밖에 없었다.

탄금대전투 이후 일본군은 1번대에서 3번대까지 3개 부대 5만 2,500명의 병력이 3개의 경로로 나누어 한양성으로 북상했다. 모든 병력을 신립과 함께 보내 탄금대에서 패퇴한 뒤 조선은 이를 막을 병력이 없었다. 따라서 선조 임금은 평양으로 피난할 수밖에 없었고, 일본군은 예정대로 북상했다.

탄금대전투 이후 조선 조정

탄금대전투 이후 조선군은 경상도 및 충청도에 주둔하고 있던 지방군 뿐만 아니라 중앙군의 대부분을 잃어버렸다. 선조 임금은 신립에게 모든 병력을 맡겼던 터라 피난 행차에 호위군사도 없었다. 조선은 일본군을 맞아 싸울 군대가 없었다. 신립 장군의 패배로 조선 조정은 일단 피난을 갈 수밖에 없었다. 도성인 한양성을 지킬 최소한의 군사도 없었을 뿐만 아니라, 국왕이 일본군에 포로가 되기라도 한다면 조선은 나라 자체가 없어질 운명이었다.

이 시점에서 조선 조정은 별다른 대책이 없었다. 무엇보다 적군의 수가 어느 정도인지, 얼마나 강한지에 대한 지식이 전혀 없었고, 아군을 어디서 어떻게 징발하여 적군에 대항할 것인지에 대한 대안도 없었다. 다만 도원수 김명원*에게 북상하는 일본군을 막으라는 전권을 부여한 채, 선조 임금은 일단 북쪽으로 몽진(蒙塵)하였다. 이후 선조 임금은 이러한 국가 위기상황을 맞이한 책임이 자신에게 있음을 백성들에게 알리는 교서를 8도에 보내고, 초유사를 각 도에 보내 군대를 조직하게 하였다.

일본군의 한양성 함락과 전술의 오판

일본군은 한양성 공격을 위해 일본군 주력인 1번대(부대장: 고니시 유

---

* 김명원(1534~1602): 경주 출생으로 1561년 식년문과에 급제해 종성부사·의금부지사 등을 역임하였다. 임진왜란 발발 이후 순검사가 되어 팔도원수로 임진강 방어전을 전개하여 적의 침공을 지연시켰다. 평양이 함락된 뒤 순안에 주둔, 행재소 경비에 힘썼으며, 명나라 원병이 오자 장수들의 자문에 응하였고, 원수직을 사직한 뒤에는 호조·예조·공조판서를 역임하였다.

키나가), 2번대(부대장: 가토 기요마사), 3번대(부대장: 구로다 나카마사)까지 약 5만 3,000명의 병력을 동원하였다. 일본군으로서는 한양성을 함락한다면 조선의 국왕을 사살 또는 자살, 생포함으로써 조선과의 전쟁을 끝낼 수 있을 것으로 생각하여, 조선군의 최후 저항이 거셀 것으로 판단했다. 그러나 한양성에는 방어할 조선군이 거의 없었다. 일본군은 1592년 5월 3일 한양성을 손쉽게 함락하였다. 그러나 일본군이 한양성을 함락하면 전쟁이 끝날 것이라는 그들의 예상과 달리 조선은 일본군에 항복하지 않았다. 조선인은 지속적으로 항거했을 뿐만 아니라 전투에 익숙해지면서 전쟁은 새로운 국면을 맞는다.

당시 일본에서는 주요성이 함락되면 성주는 할복하고 성에 사는 주민은 승리한 군대에 항복하여 해당 지역이 평정되는 것이 전쟁의 기본 양상이었다. 그러나 조선은 국왕이 도성을 버리고 피난길에 오르면서도 전체 조선 백성을 지휘하였고, 백성들은 임금의 지휘에 따라 전국 각지에서 조직적으로 일어나 일본군에 저항했다. 고구려로부터 고려 시대에 이르기까지 외국의 침략을 받았을 때 모든 백성이 병사가 되어 항전한 조선 백성은 임진왜란 때도 그 전통을 발휘한 것이다.

일본군은 이런 조선을 이해할 수 없었다. 일본에서 백성이란 단순히 거주 이전의 자유도 없는 영지에 부속된 농노나 전리품으로서의 성격이 강했기 때문이다.

그러나 조선 백성은 점령군이 일본군에 전혀 호응하지 않았다. 조선 백성들은 전쟁 초기 피난했지만, 전쟁이 장기화되자 일본군에 대항하기 위해 조직화되기 시작한 것이다. 물론 한양성이 함락된 이후 바로 조선 백성들이 일본군에 대항한 것은 아니다. 전국적으로 위기의식을 느낀 조선 백성들은 각 고을을 중심으로 삼삼오오 조직화되어, 한양성이 점령된 지 1개월 후 평양성까지 점령된 시점에는 전국적으로 저항을 시작했다.

일본군은 한양성 점령 이후 전국에서 조선 백성과의 새로운 싸움이 시작될 것을 모른 채 평양성 함락까지 각종 전투에서 완벽한 승리를 하였다. 또한 일본군은 도요토미 히데요시의 작전계획에 따라 한양성 점령 이후 조선 8도를 분할 점령하기 위해 각 부대에 담당된 지역으로 나뉘어 전투를 벌였다.

최초로 일본군을 물리친 해유령전투와 불편한 진실

한양성이 점령된 이후에도 조선군의 적에 대한 무지와 리더십의 부재는 계속된다. 한양성 함락 이후 1차 평양성전투에 이르기까지 조선 관군과 일본군 사이에 벌어진 주요 전투에서 조선 관군은 전투 경험의 부재로 인해 피해를 키웠고, 이 과정에서 차츰 경험을 쌓아갔다.

양주전투로도 불리는 해유령전투는 1592년 5월 16일 조선의 부원수 신각*이 가토 기요마사의 선발대 70명을 모두 전멸시킨 임진왜란 최초로 승리를 거둔 전투이다. 그러나 해유령전투 이후 조선군 지휘관은 자신의 무능을 또 다시 드러냈다.

앞에서 언급한 바와 같이 선조 임금은 도원수 김명원에게 방어를 맡겼다. 그러나 김명원은 5월 2일 한강 방어를 포기하고 후퇴하였다. 부원수 신각은 자신의 군사만 이끌고 도성 안으로 들어가 유도대장 이양원, 함경남도 병사 이혼 등과 함께 양주의 해유령에 진을 쳤다. 이때 한

---

* 신각(?~1592): 무과에 급제한 후 연안과 영흥의 부사를 거쳐 경상좌수사 · 경상우병사 · 경상도방어사 등을 역임하였다. 임진왜란이 일어나자 한양의 수비를 위하여 수성대장 이양원 휘하의 중위대장에 임명되었고, 다시 도원수 김명원 휘하의 부원수로서 한강을 지켰다. 신각은 함경도병마사 이혼과 함께 부대를 이끌고 해유령에서 매복하여 일본군의 선두를 무찔렀다. 그러나 임진강에 있던 김명원은 신각이 명령을 따르지 않고 이양원을 따라 도망쳤다는 내용의 장계를 올림에 따라 참형되었다.

양성을 점령한 일본군 가토 기요마사는 개성으로 피난 가던 선조의 어가를 쫓기 위해 선발대 70명을 보냈다. 신각이 이끄는 조선군은 이들 일본군 선발대를 공격하여 전멸시키고, 70명의 수급(首級)을 선조 임금에게 보냈다.

한편, 국왕인 선조의 어가를 보호한다는 구실로 개성까지 후퇴한 도원수 김명원은 한강 방어 실패에 대한 문책을 우려하여 신각이 명령을 듣지 않고 제멋대로 행동하여 패배하였다는 거짓 보고를 올렸다. 이 말을 들은 선조는 선전관을 보내 신각의 목을 치라는 명령을 내린다. 이후 신각으로부터 가토 기요마사의 선발대와 싸워 이겼다는 장계(狀啓)와 그 증거물인 70명의 일본군 수급(首級)을 받은 선조는 급히 다른 선전관을 보내 신각의 목을 베지 말라는 명령을 내렸으나, 이미 신각은 5월 18일 먼저 도착한 선전관에게 목이 베여 처형된 후였다.

공명심과 전투경험 부족에 따른 임진강전투의 패배

임진강전투는 1592년 5월 18일 도원수 김명원, 도순찰사 한응인, 남도병마절도사 신할, 경기감사 권징*, 조방장 유극량, 유도대장 이양원, 순변사 이일 등이 이끄는 조선군 13,000명과 가토 기요마사가 이끄는 일본군 제2번대 22,000명의 전투이다. 조선군은 임진강에 있는 배를 모두 북쪽에 숨겨 놓고 임진강 북쪽에 진을 쳤다. 일본군은 임진강 북쪽의 조선군 병력이 많음을 알고 섣불리 강을 건너지 못하였다. 양쪽 군

---

* 권징(1538~1598): 1562년 별시문과에 병과로 급제한 뒤 병조좌랑 · 형조참의 · 강원도관찰사 직 등을 맡았다. 임진왜란 발발 후 경기도관찰사로 임명되어 임진강전투에서 왜군과 맞서 싸웠으나 패배한 뒤 광해군의 분조에서 군량미 조달에 힘썼다. 이후 권율과 함께 경기도 · 충청도 · 전라도의 3도 의병들을 규합해 왜군과 맞서 싸웠으며 1593년 한양 탈환에 참가하기도 하였다. 명나라 제독 이여송이 왜병과의 화의를 추진하자 이를 반대하고 일본군을 끝까지 토벌할 것을 주장하였다.

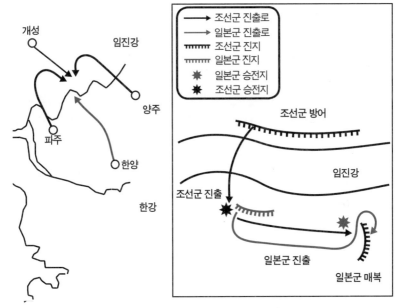

〈그림 2-3〉 임진강전투

→	조선군 진출로
→	일본군 진출로
ᴛᴛᴛᴛ	조선군 진지
ᴛᴛᴛᴛ	일본군 진지
✴	일본군 승전지
✴	조선군 승전지

개성
임진강
양주
파주
한양
한강

조선군 방어
임진강
조선군 진출
일본군 진출
일본군 매복

* 조선군: 13,000명, 일본군: 22,000명

대는 9일 간 대치하다가 일본군은 파주 방면으로 철수하기 시작했다. 한응인과 신할은 철수하는 일본군을 공격하기에 좋은 기회라고 생각했지만, 도원수 김명원을 비롯한 대부분의 장군과 군관들은 적의 계략을 의심하여 공격에 반대하였다. 하지만 결정권을 쥐고 있는 도원수 김명원이 한강 방어 실패와 신각 사건에 대한 부담으로 반대 의견을 강하게 내세우지 못했다.

5월 12일 김명원의 장계(狀啓)에 따르면, "신은 이빈, 유극량 이하 여러 장수 20여 명과 군사 7천 명으로 임진에 주둔하고 벽제역 등지에 복병을 두어 적을 많이 잡아 죽였고, 이양원도 역시 이일 이하 여러 장수 10여 명과 군사 5천여 명을 거느리고 대탄에 주둔하여 바야흐로 전진하여 서울을 취할 것을 꾀하고 있습니다"라고 적혀 있다. 이것으로 미루어 볼 때, 조선군은 방어에만 급급했던 것이 아니라 공격을 감행하기도 했음을 알 수 있다. 이것은 조선군의 전투 경험의 부족을 의미하기도 한다.

대치가 길어지자 일본군이 남쪽으로 철수하기 시작했다. 신할과 유극량은 병사 1만 명을 이끌고 임진강을 건너, 철수하는 일본군을 추격했다. 그러나 철수하던 일본군은 매복하여 기다리고 있다가 조선군과 정면 승부를 벌였다. 대규모 전투에 능한 일본군이 조선군을 임진강변에 몰아놓았고, 결국 1만 명의 조선군은 전멸했다. 임진강 북쪽의 조선군은 강 너머에서 벌어지는 충격적인 장면을 보고 우왕좌왕하다가 뿔뿔이 흩어져 임진강 방어선은 자동적으로 무너졌다.

이후 5월 29일 고니시 유키나가의 제1군, 가토 기요마사의 제2군, 구로다 나가마사의 제3군이 모두 임진강을 넘어 별다른 저항 없이 개성을 함락하였다. 6월 7일 황해도 안성역에서 일본군 제1군과 제3군은 평양으로 향하고, 제2군은 함경도로 향하였다.

오합지졸의 수치스러운 패배, 용인전투

한편, 국왕이 평양으로 피난가고 있는 상태에서 충청도와 전라도, 경상도에 있는 조선군지휘부를 중심으로 각 고을 수령들은 군대를 모았다. 일본군에게 빼앗긴 한양성을 되찾기 위해 전라도관찰사 이광, 전라도방어사 곽영, 경상우감사 김수, 충청도관찰사 윤선각 등이 전라도, 충청도, 경상도에서 8만여 명의 군대를 모아 한양성으로 북상하였다. 조선군은 이광을 주장(主將)으로 삼고, 나주 목사 이경복을 중위장으로 삼고, 조방장 이지시를 선봉으로 하여 4만여 명의 군대를 거느리고 용안에서 강을 건너 임천 길을 거쳐 전진하였다. 방어사 곽영은 2만 명을 거느리고 광주목사 권율을 중위장으로 삼고, 좌장 백광언을 선봉으로 하여 여산 길

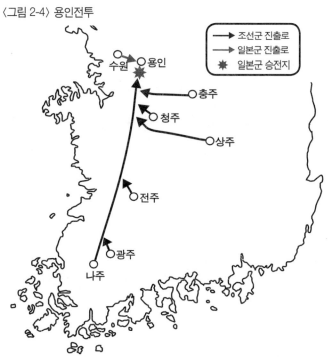

〈그림 2-4〉 용인전투

→	조선군 진출로
→	일본군 진출로
✳	일본군 승전지

수원 용인

충주

청주

상주

전주

광주

나주

* 조선군: 80,000명, 일본군: 1,600명

을 거쳐 금강을 건넜다. 경상우감사 김수는 수하 군사 수백(또는 군관 30
여 명)을 거느리고 충청감사 윤국형은 수만 명을 징발하였고 충청방어
사 이옥과 병사 신익도 수만 병사를 거느리고 남도근왕군이라고 칭하였
다. 8만 명의 군세에 사기도 높았다.

그러나 원정에 이르니 순창, 옥과의 군사들이 멀리 가기를 꺼려하여
행대원, 조인을 맹주로 추대하여 반란을 일으켜 본군으로 군사를 돌려
향사단을 불태웠다. 전라감사 이광이 병사 최원을 시켜 진군하여 토벌
해서 베어 죽였다. 담양, 남원, 구례, 순천 군사들은 도중에서 모두 흩어
지고, 광주, 나주 군사는 용안까지 와서 역시 흩어졌다. 수령들이 길에서
군사를 소집해도 일제히 모이지 않고, 이광 역시 중도에서 망설이고 전

진하기를 머뭇거렸다.

이 과정에서 조선군은 수원에서 처음으로 일본군과 만났다. 수원에 머물고 있던 일본군은 조선 관군이 갑자기 밀어닥치는 것을 보고 도망쳐 용인에 주둔한 일본군과 합쳤다. 당시 용인에 머물고 있던 일본군은 와키사카 야스하루(脇坂安治)가 지휘하던 수군 1,600명이다. 당시 용인·수원 등지에는 해전과 병력 수송 임무의 중요성이 떨어져 육지로 올라와 주둔하고 있던 수군이 방어하고 있었다. 6월 5일과 6일 용인전투가 벌어졌다.

6월 5일 1,600명의 일본군은 곧바로 5만여 명의 조선군을 공격했고, 전투진영도 갖추지 못한 조선군은 기습으로 백광언과 이시지 등의 장수가 전사하는 등 선두가 무너졌다. 6월 6일 아침 조선군은 아침을 먹다가 일본군의 기습에 5만 명의 대군이 일시에 무너졌다. 오직 군대를 조직적으로 통솔한 권율과 황진*만이 휘하 군을 온전히 이끌고 퇴각할 수 있었다.

제1차 평양성전투

6월 8일 고니시 유키나가의 일본군 제1번대 18,700명과 제3번대 병력 중에서 구로다 나가마사가 지휘하던 5,000명이 평안남도 중화를 거쳐 대동강변에 도착했다. 일본군 제3번대 병력 중에서 오오토모 요시무네의 병력 6,000명은 황해도를 점령하고 있었다. 지역 사정에 밝지 못한 일본

---

* 황진(1550~1593): 1576년 무과에 급제하였으며, 1591년에는 조선통신사 황윤길을 따라 일본에 다녀와 조만간 일본이 침략할 것이라 보고하였다. 임진왜란이 일어나자 이광의 휘하에서 전투에 참가, 영남과 호남에서 일본군들과 맞섰다. 이후 훈련원판관으로 이치전투에 참가, 총탄에 맞는 부상까지 입으면서 승리에 기여하였다. 또한 충청도병마절도사가 되어 안산성 및 죽산성 등을 점령하였으며, 1593년에 10만 일본군이 진주성을 재차 공격하자 김천일·최경회 등과 함께 성 안에 들어가 맞섰으나 끝내 전사하였다.

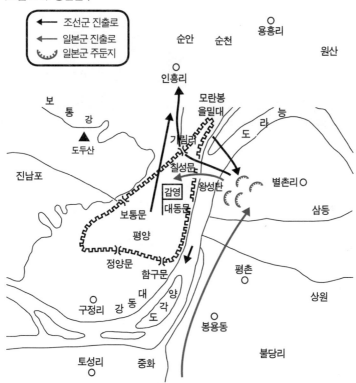

〈그림 2-5〉 용인전투

- ← 조선군 진출로
- ← 일본군 진출로
- ︶ 일본군 주둔지

용흥리
순안 순천
원산

인흥리

보통강
모란봉
을밀대
기림리
도 라 능

도두산

진남포

칠성문

별촌리
왕성탄
감영
대동문
삼등

보통문

평양

정양문

함구문
평촌

구정리 강 동 대 양 각 도
상원

봉용동

토성리 중화
불당리

* 조선군: 4,600명, 일본군: 23,700명

군은 대동강 남쪽 강변 10여 곳에 진을 치고 대치하였다.

6월 11일 선조 임금은 평양을 떠나 영변으로 향하면서 윤두수, 유성
룡*, 김명원, 이원익, 송언신 감사, 이윤덕 병사 등에게 그곳에 머무르며

---

* 유성룡(1542~1607): 퇴계 이황에게서 성리학을 익혔으며 1564년 사마시를 거쳐, 1566년 별시문과에
병과로 급제하였다. 1590년에는 우의정을 지냈고, 임진왜란 때 병조판서에 임명되고 군무를 총괄
하였다. 이순신·권율 등 명장을 등용하여 국난을 극복하는 데 기여했다. 이어 영의정이 되어 왕을
호종하여 평양에 이르렀는데, 나라를 그르쳤다는 반대파의 탄핵을 받고 면직되었으나, 명나라
장수 이여송과 함께 평양을 수복하고 그 후 충청·경상·전라 3도 도체찰사가 되어 파주까
지 진격, 이해에 다시 영의정이 되어 4도 도체찰사를 겸하여 군사를 총지휘하였다.

현자총통   신기전

평양을 지키라고 명했다. 대동강 사수를 위해 평안도에 있는 고을 수령들이 군대를 보내왔다. 자산군수 윤유후가 성 안의 군사와 장정들을 다 동원하니 3~4천 명이었다. 또한 600여 명의 승려들도 조선군에 합류했다. 대동강 북쪽에서 대치하고 있던 조선군은 신무기를 이용하여 일본군을 먼저 공격하였다. 빠른 선박에 활 잘 쏘는 군사들과 현자총통, 신기전을 싣고 강 한복판까지 배를 저어 가서 일본군 진지에 화포 사격을 가했다. 현자총통의 화포와 신기전의 대형 화살이 강 건너 일본군 진지에 날아들어 일본군을 당황하게 만들었다.

사기가 오른 조선군은 6월 13일 일본군 진영을 기습 공격하여 수백 명을 죽이고 군마를 탈취하였다. 6월 14일 도원수 김명원은 영원군수 고언백, 벽단첨사 유경령으로 하여금 정예병사 400명을 이끌고 배를 타고 건너가 적을 다시 야습하도록 하였다. 이들은 고니시 유키나가의 일본군 진영을 급습하여 어느 정도 전과를 거두었으나, 구로다 나가마사의 일본군에게 공격을 받았다. 다급해진 조선군은 수심이 얕은 왕성탄을 건너 퇴각했다. 14일 저녁 일본군은 왕성탄을 건너 총공격을 감행했다. 조방장 박성명, 수탄장 오응정 등이 막았으나 중과부족으로 밀릴 수밖에 없었다. 좌의정 윤두수가 급히 평양성에 있던 백성들을 피난시키고 무기를 풍월루의 연못에 버리고 빠져나왔다. 6월 15일 일본군은 아무 저항 없이 평양성으로 입성했다.

일본군 점령지에 대한 오해와 진실

1593년 6월 평양성을 함락시킬 무렵 일본군으로서는 가장 넓게 조선 땅을 점령한 시기였다. 대부분의 한국인들은 이 당시 평안북도 및 함경북도 일부를 제외한 조선의 전 지역을 일본군이 점령한 것으로 기억하고 있고, 당시 상황을 그린 각종 지도에서 이를 방증한다.

그러나 우리가 알고 있던 사실은 진실이 아니다. 우선 일본군은 전라도뿐만 아니라 낙동강 서쪽의 경상우도를 점령한 적이 없다. 그리고 일본군은 주요 도시를 점령하고, 주요 도시를 잇는 간선도로 상에 30리(12km)에서 40리(16km) 간격으로 작은 방책을 쌓아 병량을 이동시키고 있었다. 일본군이 한 지역을 점령했다고 해서 그 지역의 농촌 지역까지 세력을 확장시킨 것은 아닌 것이다. 즉 일본군은 〈그림 2-6〉에서 보는 바와 같이 평양 및 함경도 주요 도시까지 진출한 것은 사실이지만 조선 지역 대부분을 점령했다고 볼 수는 없다. 일본군은 경상좌도의 주요 도시와 충주에서 한양, 한양에서 평양, 한양에서 함경북도, 한양에서 강원도를 잇는 거점을 확보했을 뿐이다. 경상좌도와 전라도는 진출 자체가 조선군에 의해 막혔고, 충청도 서부 역시 진출한 바 없다. 황해도 서부와 산악 지역, 강원도 남부와 북부, 평양 이외의 대부분의 평안도 그리고 함경도 내륙 지역은 일본군이 진출하지 못했다. 즉, 일본군은 조선 땅의 일부 도시에 주둔하기는 했지만 도시와 도시를 잇는 도로통행의 안전도 보장하지 못하는 불안한 점령 상태였다.

<그림 2-6> 1592년 6월 평양성 점령 시기 일본군의 최대 세력

4,000명의 일본군 사망과 조선 수군 1명 부상으로 시작된 불패의 해전

임진왜란 초기 경상 좌수영과 우수영의 무능과 판단착오에 의해 경상
도 수군이 자멸한 것과는 달리, 임진왜란이 발발한 지 1개월 후부터는 전
라도 수군의 맹활약이 시작된다. 당시 전라도 수군은 여수를 본거지로
한 이순신 휘하의 전라좌수영에 거북선 2척, 판옥선 24척, 협선 15척 등
총 41척에 군사 약 7,000명, 해남에 지휘부를 둔 이억기* 휘하의 전라우
수영에 판옥선 25척, 협선 16척 등 총 41척에 군사 6,800명이다. 즉, 전라
도 수영은 거북선 2척, 판옥선 49척, 협선 31척, 병사 약 13,800명이 있었
다. 또한 충청도 수영에도 판옥선 40척이 있었다. 실제 전투에서는 충청
도 함선이 판옥선 1척 등 10척이 참가했다고 하는 기록으로 미루어 대부
분의 해전은 전라도 수군 중심으로 이루어졌다.

전라도 수군은 임진왜란 초에는 지역방어를 위해 멀리 떨어져 있는 경
상도 원정을 자제하였으나, 한양성이 함락된 5월부터는 적극적으로 일
본군이 있는 경상도 바다로 진출하였다. 이순신과 이억기가 이끄는 전
라도 함대가 경상도로 진출한 첫 날은 한양성이 함락된 다음날인 5월 4
일이다. 전라도 수군은 이틀 간 노를 저어 거제도 앞바다까지 진출했다.
1차 해전은 5월 7일 거제도 옥포에서 벌어졌다. 옥포해전은 원균의 경
상우수영에서 판옥선 4척, 협선 2척, 병력 620명을 동원하였고, 이순신
의 전라좌수영을 중심으로 한 전체 병력은 판옥선 27척, 협선 17척, 병력
3,700명이었다.

조선 수군과 일본 수군이 격돌한 첫 해전에서 승부는 일찌감치 결정되

---

* 이억기(1561~1597): 왕족 출신으로 임진왜란 발발 시 전라우도 수군절도사가 되어 전라좌
도 수군절도사 이순신, 경상우도 수군절도사 원균과 연합함대를 구성한 뒤 조선 수군의 각
종 해전에서 승리하는 데 기여하였다. 1597년 칠천량해전에서 전사했다.

었다. 일본군은 각종 전투에서 항상 승리하였다는 자만감으로 조선 병선에 달려들었으나, 27척의 판옥선에 10문씩 장착된 화포가 불을 내뿜으면서 일본 병선은 별다른 힘을 쓰지 못하고 파손되었다. 이것을 본 조선군의 사기가 오르면서, 상대적으로 느리지만 튼튼한 조선의 판옥선이 빠르기는 하지만 구조가 약한 일본 병선에 돌진하여 파괴했고, 조선의 사수들이 허둥대는 일본군을 쏘아 죽였다. 2시간의 격전 끝에 일본군의 대선 16척, 중선 8척, 소선 2척 등 합계 26척이 격파되었다. 일본군 전선의 탑승 정원이 대선 200명, 중선 100명, 소선 40여 명인것으로 미루어 볼 때 4,000여 명의 일본군이 사망한 것이다. 이에 반해 조선 수군은 단 1척의 전함 손실도 없었고 전사자도 발생하지 않았으며, 오직 1명의 부상자만 있었다. 임진왜란에서 전세를 역전시키기 시작한 최초의 승리였고, 조선군의 장점을 발휘한 완벽한 전술의 승리였다. 이 승리로 인해 조선 수군은 전투에서 이기는 방법을 알게 되었고, 사기도 충만해졌다.

당일 조선 수군은 합포해전에서도 또 다시 완벽한 승리를 거두었다.

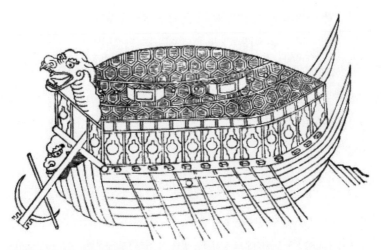

전라좌수영 거북선(출처: 『충무공 이순신과 임진왜란』, 문화재청 현충사관리소)

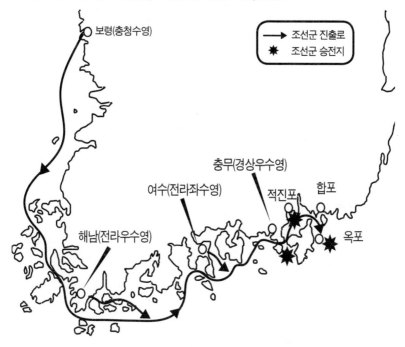

〈그림 2-7〉 조선 수군 1차 출정(옥포, 합포, 적진포 해전) 출진도

보령(충청수영)

조선군 진출로
조선군 승전지

충무(경상우수영)
여수(전라좌수영)
적진포
합포
해남(전라우수영)
옥포

* 조선군: 3,700명, 일본군: 6,940명

조선 수군은 옥포해전에서 승리를 거둔 후 거제도 북방 영등포까지 진출하여 숙영을 준비하고 있던 오후 4시경 적선 5척을 발견했다는 보고를 들었다. 조선 해군이 추격하자 적선들은 필사적으로 도주하다가 웅천 땅 합포에서 배를 버리고 육지로 도망갔다. 조선 수군은 포구 안으로 들어가 대포를 발사하여 대선 4척, 소선 1척 등 모두 5척을 불태워 수장시켰다.

다음 날인 5월 8일 적진포해전이 있었다. 이날 아침, 조선 수군은 척후장으로부터 정찰 보고를 받았다. 적군 13척이 적진포에 정박한 채 육지에 올라가 분탕질하고 있는 것을 조선 수군이 공격하여 대선 9척, 중선 2

척 등 모두 11척을 격파하였다. 적선 2척만이 필사적으로 도주하였다.

이렇게 조선 해군은 1차 출정, 3회의 해전에서 완승을 거두었다. 1차 출정에서 거둔 전과는 일본군 전선 42척 격파, 일본군 약 6,000명의 수장이다. 조선 수군은 거의 피해를 입지 않았다. 일본군에게도 약점이 있음을 알게 된 매우 소중한 경험이었다.

이러한 조선 수군의 압도적인 승리는 피난 길에 오른 조정에게도 힘을 불어 넣어주었고, 경상도와 전라도 지역의 고을 수령과 선비들로 하여금 군사를 모집하고 의병을 소집하는 자극제가 되었다. 이순신 역시 정3품에서 종2품 가선대부로의 품계가 승진되었다.

조선 수군의 2차 출동은 5월 29일부터 6월 10일까지로 사천해전, 당포해전, 진해해전, 당항포해전, 율포해전 등 5차례의 해전을 치른다. 이순신은 5월 29일 전라우수영 이억기 함대가 오면 뒤따라오게 하고 거북선을 포함한 판옥선 23척과 협선 15척을 거느리고 노량을 향해 항진하였다. 노량으로 향하던 중 경상우수영 함대 소속 판옥선 3척과 하동에서 합류하였다.

5월 29일 조선 수군은 사천해전을 치른다. 노량을 지나 사천으로 향할 때 만난 일본군 전선 1척을 일격에 침몰시켰다. 곧이어 사천만 입구에서 일본군 전선 12척을 만났다. 일본군 저항이 의외로 강해 전투가 격렬했고, 이순신은 이 전투에서 왼쪽 어깨에 관통상을 입었다. 조선 수군은 일본군 전선 13척을 모두 불태워 격침시켰다. 사천해전 이후 일본군 전함은 조선 수군의 함대를 보면 도망가기 바빴다.

6월 2일 조선 수군은 당포해전에서 승리하였다. 하루 전인 6월 1일 밤, 적선 20여 척이 당포에 있다는 척후보고를 받은 후, 2일 아침 전 함대가 출동하여 10시경 당포에 도착했다. 일본군 대선 9척, 중·소선 12척 등 21척의 적선이 정박해 있었고, 일본군 300여 명이 성 안과 밖에서 노략질

〈그림 2-8〉 조선 수군 2차 출정(사천, 당포, 진해, 당항포, 율포해전) 출진도

→ 조선군 진출로
★ 조선군 승전지

통영(경상좌수영)
여수(전라좌수영)
당항포
진해 사천
해남(전라우수영)
율포
당포

* 조선군: 3,970명, 일본군: 8,440명

을 하고 있었다. 조선 수군을 보자 일본군은 선상에서 조총을 쏘며 대항했다. 조선 수군은 거북선을 앞세워 일제히 돌격하여 적선 21척을 모두 침몰시켰고, 흩어지는 적군에게는 활을 쏘아 거꾸러트렸다. 잠시 후 척후선으로부터 적선 20여 척이 당포로 오고 있다는 보고를 받고, 넓은 바다로 나와 적선을 맞을 준비를 하자 오던 적선들은 뱃머리를 돌려 전속력으로 달아났다.

6월 4일 적을 찾다가 전라우수영의 이억기 함대를 만나 합류했다. 전라우수영 함대는 판옥선 25척이었다. 이로써 조선 함대는 전라좌수영 23척, 전라우수영 25척, 경상우수영 3척으로 판옥선만 모두 51척의 연합함대가 되었다.

6월 5일 조선 수군 연합함대는 진해해전을 치렀다. 조선 백성들이 작은 배를 타고 와 당포에서 달아난 적선들이 거제도를 지나 당항포에 있다고 알려 왔다. 전군을 이끌고 진해 앞바다에 이르니 육지에 함안군수 유숭인의 조선 기병 1,100명이 진을 치고 있었다. 조선 기병이 분탕질하고 있던 800명의 일본군 수병을 공격하니, 일본군이 진해에 정박해두었던 대선 4척, 소선 2척에 나누어 타고 바다로 나왔다. 조선 수군 연합함대는 이들을 일거에 격멸했다.

같은 날, 조선 수군은 당항포해전에서도 승리를 거두었다. 척후선의 안내로 거북선을 앞세운 조선 수군은 적선이 있는 당항포 안으로 쳐들어갔다. 포구에 일본군 대선 9척, 중선 4척, 소선 13척 등 26척의 적선이 정박하고 있었다. 연합함대가 포구를 둘러싸고 포위망을 좁히면서 공격을 가하자 적선도 대항해왔다. 조선 함대가 진용을 운용하기에는 비좁은 터라 이순신은 명령을 내려 전함들을 뒤로 물리면서 두 편으로 갈라 포위망을 열어주자 적선들은 빠른 속도로 탈출하기 위해 일제히 포구에서 나왔다. 그 순간에 이순신이 다시 명령을 내려 적선을 바다 한가운데서 포위하였다. 460문의 대포를 쏘고, 거북선을 앞세워 돌격하여 적선 1대를 제외하고는 모두 침몰시켰다. 다음날 새벽 어둠 속에서 빠져나오던 적선 1척마저 포격으로 부숴버렸다. 결국 발견된 일본군 선박 26척을 모두 침몰시키고, 선박을 운용하던 일본군 2,700명도 대부분 처단한 것이다.

6월 7일 조선 연합함대는 율포해전을 치렀다. 연합함대가 영등포 앞바다에 이르렀을 때, 척후선이 일본군 대선 5척, 중선 1척을 발견했다. 조선 함대가 전속력으로 뒤쫓자 적선들은 노략질한 물건들을 바다에 버리면서 도주했으나 조선 함대는 적군 대선 3척을 통째로 나포하고, 대선 1척과 중선 1척을 격파했다.

이후 조선 함대는 거제도 북단 송진포에서 숙영했다. 8일에는 부근 일대를 수색했고, 9일에는 가덕도까지 수색했으나 적을 발견하지 못해 10일 각자의 수영으로 개선했다. 조선 해군은 2차 출정에서 5차례의 승리를 통해 일본군 선박 72척을 격파하고, 적군 1만여 명의 손실을 안겨주는 전과를 거두었다. 하지만 조선군은 선박의 손실 없이 전사 11명, 부상 47명뿐이었다.

조선 수군은 5월과 6월에 있었던 두 번에 걸친 출정에서 일본군의 전선 104척을 격파하였고, 일본군 약 16,000명을 수장시켰다. 조선군은 선박 한 척도 잃지 않은 채, 전사 11명과 부상 47명만의 피해를 입는 완벽한 승리를 거두었다. 이로써 일본군은 나고야에 주둔하던 예비대를 남해와 서해를 통해 평양 이북으로 보내어 명나라를 공격하려던 계획에 차질이 생겼고, 병참보급에 문제가 생겨 전투력이 급격히 떨어지게 되었다.

조선 백성의 자발적 군대 조직

1592년 4월 13일 일본군이 부산성에 도착하여 부산성과 동래성을 점령한 후 양산, 밀양, 언양, 김해, 경주, 창원, 영천 등의 경상도 지역으로 진출을 확대하고 있을 무렵, 의령에서 곽재우*가 4월 21일 처음으로 거병하였다. 다른 의병 대장과 마찬가지로 곽재우도 우선 자신의 재산을 내어 군량과 무기를 마련하고, 60여 명의 친지와 사노비를 무장시켜서

---

* 곽재우(1552~1617): 경상도 의령에서 출생. 조선 중기의 무신이자 정치인·군인으로 34세에 급제하였으나 벼슬에 오르지 못하고 고향에 머물다가 임진왜란이 일어나고 관군이 왜군에게 전멸당하자 고향인 의령을 중심으로 의병을 조직하였다. 시간이 흐르면서 의병의 수가 2천 명에 달하였고 함안군을 수복하였으며, 이후 정암진 도하작전을 전개한 왜병에 맞서 싸워 대승을 거두었다. 각종 전투에서 홍의를 입고 선두에서 왜군과 대적해 홍의장군이라고도 불렸다. 1617년 노환으로 사망하였다.

모범을 보인 후, 지역 주민에게 호소하여 민병을 모집하고 군량을 마련하였다. 곽재우의 병력은 심대승 등의 장사 50여 명이 모였고, 지역 주민의 합류로 인해 눈덩이처럼 불어났으며, 급기야 인근 고을 수령의 관군까지 합세하여 4,000명까지 늘어났다.

곽재우의 거병에 이어 5월 8일 합천에서 정인홍* 역시 거병하였다. 초계의 이대기, 이대표, 이철제, 전치원, 이정 등이 병사를 모집하여 정인홍에 합류하였고, 합천의 손인갑*, 고령의 김응성뿐만 아니라 인근의 성주 지역의 관군과 의병도 정인홍 군대에 합류하였다. 정인홍 군대는 3,000명에 달한 것으로 알려져 있다.

고령의 전공조좌랑 김면* 역시 자신의 친인척과 지역 주민 700명을 모집하여 거병하였다. 곽준, 문위, 윤경남, 박정번, 유중룡을 참모로 삼고, 박성을 시켜 군량을 모으게 했다. 곳곳에 격문을 보내어 의병을 모으니 4~5일 만에 고령과 거창 등지에서 2,000명이 모였다. 김면은 곽준과 박정번을 참모장에, 박성을 군량담당 수속관에 임명하는 등 군대를 조직하여 전투 준비를 하였다. 김면 군대는 최대 5,000명에 이르기도 하였다. 이외에도 단성에서 권세춘이 500명을 모아 거병했고, 진주에서는 허

---

* 정인홍(1535~1623): 임진왜란이 일어나자 합천에서 의병을 일으켰으며, 관군 5천 명을 더 지원받아 2만여 명의 군사를 이끌고 경상도 전역에서 전투를 이끌었다. 성주성에 주둔하고 있는 일본군을 수차례 공격한 바 있고, 결국 일본군이 성주성에서 후퇴하도록 하였다. 왜란이 끝난 후 북인과 함께 정권을 잡았으며, 대북의 영수가 되었다.

* 손인갑(?~1592): 조선시대 의병장으로 1592년 전사. 선조 때 무과에 급제한 후 북보만호를 지냈으며, 1589년 가덕진 첨절제사가 되었다. 임진왜란 때 합천에서 김면·박성 등의 추대로 의병장이 되었고, 정인홍 부대에 속하여 무계에서 왜군을 격파하였고, 마진전투에서 전사하였다.

* 김면(1541~1593): 퇴계 이황 밑에서 성리학을 연마해 많은 제자들을 가르쳤으며 임진왜란이 일어나자 조종도·곽준·문위 등과 함께 거창과 고령 등지에서 의병을 모아 군사를 일으켰다. 우척현 전투에서 첫 승리를 거둔 뒤 김시민과 함께 지례 전투에서 왜군을 격퇴하는 공을 세웠다. 여러 차례의 승리로 합천 군수를 거쳐 경상우도병마절도사가 되었으며, 충청도와 전라도의 의병들을 모아 선산의 왜군을 공격하려 준비하던 도중 병사했다.

국주가 700명을 모았으며, 함안군수 유숭인도 피난했던 산에서 내려와 1,100기의 기병을 모아 전투 준비에 박차를 가했다.

충청도에서도 5월 초 내금위 선전관을 지낸 무관 조웅*이 충주 지역에서 거병하였다. 충주 지역에서 500여 명이 모였고, 시간이 경과함에 따라 탄금대전투에서 패배하여 흩어진 군대가 합류하니 군대 규모가 5,000명까지 이르렀다.

5월 21일 전 보은현감 문신 조헌*이 옥천을 중심으로 군대를 조직했다. 충청도 인근 지역인 공주, 온양, 정산, 홍주, 회덕, 보은 등 10개 읍에서 1,000명의 의병을 모집했다. 같은 시기 공주 출신 승려 영규*도 승병 500명을 일으켰다.

전라도에서는 5월 6일 전 수원부사 김천일*이 나주에서 송제민, 양산숙, 박환 등과 함께 의병 1,000명을 모았고, 충청도에 이르렀을 때는 군사가 수천 명이 되었다. 또한 수원에서 인천으로 향하면서 전라도 지역

---

* 조웅(?~1597): 충북 음성 출신으로 1591년 별시 무과에 급제하였고, 조헌의 천거로 내금위 선전관이 되었다. 이듬해 임진왜란이 일어나자 채유종·채유희·장춘범 등과 함께 의병을 일으켜 활약하였다.

* 조헌(1544~1592): 1567년 식년문과에 병과로 급제하였으며, 1591년 도요토미가 겐소 등을 사신으로 보내 명나라를 칠 길을 빌리자고 하자 일본사신의 목을 벨 것을 청하기도 하였다. 임진왜란 발발 후에는 옥천에서 이우·김경백·전승업 등과 함께 의병 1,600여 명을 모아 청주성을 수복하였다. 이후 영규와 함께 700여 명의 병력을 이끌고 일본군 2만여 명이 주둔하고 있는 금산성을 공격하다가 전사하였다.

* 영규(?~1592): 계룡산 갑사에 출가하여 휴정대사의 고제로 공주 청련암에서 수도하였으며 선장으로 무예를 익혔다. 임진왜란이 일어나자 500명의 승병을 모아 의병장 조헌과 함께 청주를 수복한 이후, 여세를 몰아 금산성에 주둔하고 있는 일본군을 공격하다 조헌 등 700 의사와 함께 순국하였다.

* 김천일(1537~1593): 나주 출생으로 임진왜란 시 나주에서 고경명·최경회·박광옥 등과 함께 의병을 일으킬 것을 호소하고, 의병들과 함께 평안도로 북진, 왜적과 전투를 벌이며 수원 행산고성을 거쳐 강화성 진입에 성공하였다. 그 공으로 판결사가 되었으며, 왜적에게 점령된 한성에 결사대를 잠입시켜 싸우고, 행주산성에서도 의병을 투입하여 전투를 벌였다. 1593년 6월 22일 일본군이 9만 3,000명의 병력으로 진주성으로 쳐들어오자 자발적으로 진주성에 들어가 조선군을 지휘하다가 끝내 성이 함락되자 아들 김상건과 함께 남강에 투신, 자결하였다.

에 구원병을 청하니 이광이 조방장 이유의와 진도군수 선거이* 등을 시켜 군사를 거느리고 달려가게 하였다.

6월에는 전 동래부사 고경명*이 고향인 광주와 장흥 등 전라도 20여 개 고을에서 의병을 모집했다. 6월 11일을 군사를 일으킬 기일로 정하였더니 많은 선비와 백성들이 응모하여 군사 6천여 명을 얻었고, 또 각 도에 격문을 돌리고, 또한 제주목사 양대수에게 격문을 보내어 말을 수집하였다. 고경명을 대장으로 하고, 학유 유팽로와 학관 양대박을 종사로 하며, 이대윤, 최장중, 양사형, 유학 양회적 등을 군량 조달책으로 삼았고, 그 외에 오자, 김인혼, 오유 등을 부장으로 삼았다.

이상과 같이 조선 백성은 임진왜란 소식을 듣고는 바로 고을마다 지역의 수령 및 사림들을 중심으로 군대를 조직했다. 경상도와 충청도, 전라도 지역에서 군대 조직화가 다른 지역보다 빠른 것은 이들 지역이 전쟁발발 소식을 다른 지역보다 빨리 접했기 때문이다. 이들은 일본군과의 효과적인 전투를 위해 대규모 군대조직을 자발적으로 결성하였고, 소규모 전투단위는 무관 출신들이 맡아 전투를 지휘하였다. 특히 1592년 6월 평양성이 함락된 후 국왕이 전국적으로 거병할 것을 호소하자 이들은 전국적으로 조직을 확산시켰고, 일본군에 적극적인 공세를

---

* 선거이(?~1598): 1570년 무과에 급제한 이후 1587년 녹둔도에서 이순신과 함께 여진족을 막는 공을 세웠으며, 거제현령, 진도군수를 역임하였다. 임진왜란이 발발한 후 전라도수군절도사로써 한산도해전에 참전하여 이순신과 함께 일본군을 무찔렀다. 이후 독산산성 전투에서는 권율과 함께 승첩을 올렸으며, 행주산성전투에 참가하여 권율이 적을 대파하는 데 공을 세우기도 하였다. 이후 한산도에 내려와서는 이순신과 함께 장문포 해전 승리에도 기여하였다. 이어 충청수사와 황해병사를 역임했다. 1598년 정유재란 때 제2차 울산성전투에서 전사하였다.

* 고경명(1553~1592): 전라도 광주에서 출생, 1558년 문과에 장원급제한 뒤, 공조좌랑 · 사가독서 · 서산군수 등을 거쳐 동래부사직 등을 역임하였다. 1591년 사직 뒤 고향인 광주로 돌아갔으나 이듬해 임진왜란이 발발하자 광주와 장흥 등을 중심으로 의병을 일으켰으며, 담양을 기점으로 하여 전주 · 여산 · 은진 등지에서 의병활동을 벌였다. 1592년 제1차 금산성전투에서 금산성에 있는 일본군을 곽영의 관군을 포함한 2,000명의 조선군을 이끌고 공격하다 작은 아들 고인후와 함께 전사하였다.

〈그림 2-9〉 조선 남부의 의병 거병 지역(1593년 5~6월 중)

〈그림 2-10〉 경상도 지역 전투(1593년 5~6월)

취했다.

유격전으로 일본군의 보급로를 차단한 경상도 지역 전투

경상도는 일본군이 가장 먼저 침공한 지역으로 그만큼 조선군의 재조직화도 빨리 이루어졌다. 가장 먼저 거병한 곽재우가 일본군을 공격하는 최초의 전투를 치렀다. 정암진전투로 불리는 지역단위 전투는 곽재우의 지휘로 5월 24일 경상도 의령에서 벌어졌다. 일본군은 전라도 지역을 담당한 고바야카와 다카카게(小早川隆景)의 휘하 부대 2,000명으로 알려져 있는데, 일본군을 공격한 곽재우 군대의 수는 정확하지 않다. 곽재우 군대는 100명에서 200명 정도로 추정된다. 일본군 2,000명은 5월 24일 정암진에 도착해 지역 주민을 동원하여 강을 건널 지점을 설정하고, 정찰대를 보내 통과할 지점에 나무 푯말을 꽂아 표시해두고 뗏목을 만들어 도하 준비를 하였다. 이날 밤 곽재우는 나무 푯말을 늪지대에 꽂아 두고 정암진 요소요소와 숲에 군사를 매복시켰다. 날이 밝자 일본군 선봉대가 도하를 위해 늪지대로 들어가자 곽재우 군대는 이를 공격하여 전멸시켰고, 일본 주력군 역시 뗏목을 타고 남강을 도하하려 했으나 매복에 걸려 크게 패퇴하였다. 이로써 일본군의 전라도 점령을 위한 첫 진군은 실패로 끝났다. 또한 곽재우군은 삼가, 합천 지역을 수복하였다.

6월 6일 손인갑이 이끄는 조선군과 함께한 정인홍이 경상도를 장악하고 있던 일본군 제7번대 모리 테루모토(毛利輝元)의 일본군과 무계전투를 벌였다. 무계는 현재 경북 고령군 성산면에 위치한 곳으로 부산에서 낙동강을 이용하여 상주까지 이어지는 보급로의 중심부이다. 선봉을 맡은 손인갑이 결사대 50명을 이끌고 일본군 진영에 야습을 감행했다. 일본군 진영 내에서 조선군은 일본군 30명을 죽였고, 결사대가 일본군 진영에 불을 지르고 나왔다. 이들 결사대를 추격하기 위해 진영 밖으로 일본군이 나오자 보루 밖의 조선군이 또다시 일본군을 공격하여 10여 명을 재차 죽였다. 그리고 일본군이 진영을 정돈하자 손인갑은 군사를 거두고 철수하였다.

무계전투에 이어 손인갑은 곧바로 마진전투를 벌였다. 낙동강과 황강이 합류하는 지점의 남쪽에 있는 마진나루터에서 일본군 수송선단을 기습한 것이다. 손인갑은 군대를 2개 진으로 나누어 적 수송선단이 1진 앞을 지나면 활을 쏘아 일본군 선박을 공격하고, 2진 앞에 다다르면 조선군 2진이 일본 선단을 공격하고, 1진은 다음 공격 준비를 하는 방식으로 일본군 선박을 반복적으로 공격했다. 이 전투에서 일본군 장수 1명을 쏘아 죽인 것을 포함하여 일본군 수송선 1척을 전복시켰고, 손인갑은 칼을 빼들고 강으로 뛰어들었다가 익사하였다.

이 무렵 일본군은 보급을 위해 낙동강 동쪽 현풍, 창녕, 영산성 등에 나누어 주둔하면서 낙동강을 이용하여 보급하는 수송선단 경비임무를 맡고 있었다. 낙동강 변에 있는 현풍, 거창, 합천, 고령 등에서 군사를 일으킨 곽재우, 정인홍, 김면 등의 군대는 낙동강 수로를 중심으로 매복 및 유격전을 벌이면서 일본군의 낙동강 보급로를 끊기 시작했고, 이에 따라 조선 8도에 주둔하고 있던 일본군 전체는 심각한 타격을 입었다.

조선군의 반격
제2기(1592. 6~1592. 10)

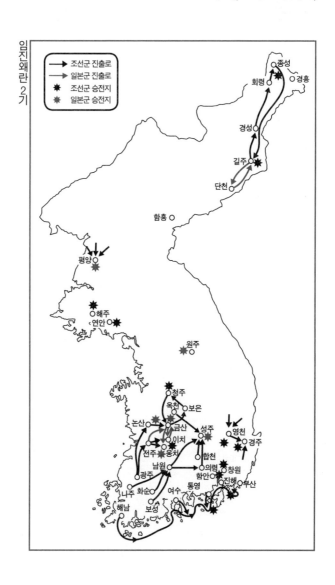

조선군 진출로
일본군 진출로
조선군 승전지
일본군 승전지

종성
경흥
회령
경성
길주
단천
함흥
평양
해주
연안
원주
청주
옥천
보은
논산
금산
성주
이치
영천
전주
웅치
경주
합천
남원
의령
광주
함안
창원
나주
화순
여수
통영
진해
부산
해남
보성

살고자 하면 죽을 것이나 죽기를 각오하면 살 것이다 · 이순신

일본군 조선 8도 점령 계획의 오판

평양성을 함락한 6월부터 일본군은 도요토미 히데요시의 작전명령에 따라 조선 전체를 경영하기 위해 각 부대를 조선 8도에 분산 배치하였다 (〈표 3-1〉 참조). 1592년 5월 13일 도요토미 히데요시가 일본군 장수들에게 조선의 각 도를 점령토록 하고 조세(군수물자)의 조달량을 할당하는 문서 하달에 따라[1] 일본군은 조선 8도에 각각 배치했다. 각 도에 분산배치된 부대에 조세 할당량이 정해졌고, 전체 조달량은 1,191만 6,186석이다. 이같이 한양성 점령 이후 일본군의 각 부대를 조선 8도로 배치하고 각 지역별 조달물량까지 정한 것은, 그가 한양성 점령 이후 조선 8도가 실질적으로 점령될 것이라고 생각했다는 것을 단적으로 보여준다.

〈표 3-1〉 조선 8도 지역별 일본군 배치 및 조세 조달량

지역	일본군 부대	일본군 병력 수	주요 도시	조달물량 할당량(석)
평안도	1번대	18,700	평양	1,794,186
함경도	2번대	22,800	길주, 함흥	2,071,028
황해도	3번대	11,000	황주, 용천	728,867
강원도	4번대	14,000	금화, 충천, 원주, 철원	402,289
충청도	5번대	12,400	죽산, 문경, 상주	987,514
충청도	6번대(5번대로 통합)	12,700	충주, 음성	
전라도	7번대 (6번대로 개칭)	15,700	(평산, 개성) 금산	2,269,379
경상도	8번대 (7번대로 개칭)	30,000	개령	2,887,790
경기도	9번대 (8번대로 개칭)	10,000	한양	775,133

자료: 參謀本部編, 1924, 『日本戰史 朝鮮役』, 村田書店, pp.65~73; 參謀本部編, 1924, 같은 책, p.71.

---

1) 이상훈, 2010, 「임진왜란 시 국내외 정세와 진주대첩의 배경」, 조원래 편, 『임진왜란과 진주성전투』, 국립진주박물관, p.16; 參謀本部編, 1924, 같은 책, p.71.

실제로 도요토미 히데요시는 조선을 영구히 지배하기 위해 조선 백성을 다루는 방법에 대한 지시도 하였다. 그는 조선 각 지역의 농민들을 마을로 복귀케 하여 안심하고 살게 할 것, 법규를 제정해줄 것, 군량을 점검하고 비축할 것 등 상당히 구체적인 지시를 한 것으로 기록되어 있다.

그러나 도요토미 히데요시의 조선 지배의 꿈은 조선 백성에 대한 무지로부터 비롯된 것이다. 조선 백성은 점령군에게 절대 복종하던 일본인과는 전혀 달랐다. 조선 백성은 수나라와 당나라 군대를 물리친 고구려백성 그리고 세계 최강 몽골 군대에 30년 이상 저항한 고려 백성처럼 침략군인 일본군에 대해 초기부터 저항하였다. 일본군은 조선 땅에서 명나라를 침공할 병력도 병량도 확보할 수 없었을 뿐만 아니라 주둔지에서는 조선 백성과 예상하지 못한 전투를 치러야 했다.

1차 평양성전투 이후 조선 조정의 적극적인 전쟁 지휘

6월 15일 평양성이 함락된 후 국왕인 선조 임금은 적극적으로 전쟁을 지휘하기 시작했고, 이에 따라 다음의 몇 가지 조처를 단행했다.

첫째, 종묘사직을 보존하기 위해 국왕인 선조와 왕세자인 광해군*으로 조정을 분조하였다. 선조와 광해군이 모두 왕권을 가지고 일본군의 침략에 대응하겠다는 의도로, 선조 임금이 사망하는 경우에는 광해군이 왕권을 이어받아 조선의 정통성을 유지하겠다는 것이다.

둘째, 선조 임금은 각 지역에서 벌어지고 있는 각종 전투에 대해 보고

---

* 광해군(1575~1641): 조선의 제14대 국왕인 선조의 둘째 아들로 임진왜란이 일어나자 평양에서 세자로 책봉되었고, 권섭국사의 직위를 맡아 분조의 책임자로 평안도·강원도·황해도 등지를 돌면서 수품과 의병을 직접 모집하는 등의 활동을 펼쳤다. 한양을 수복한 뒤 군사업무를 담당하여 수도 방위에도 힘을 기울이는 등 임진왜란 동안 세자의 몸으로 부왕을 도와 전쟁 승리에 적지 않은 공을 세웠다. 임진왜란 이후인 1608년 조선의 15대 왕이 되었다.

받고, 그에 따른 적절한 명령을 내렸다. 각종 전투결과에 대한 장계에 따라 승리한 장수에게는 관직을 높여주고, 전투에 대한 상황을 각 지역에 알려주는 등 전쟁을 직접 지휘하였다.

셋째, 선조 임금은 의주에서 전국 각 지역에 초유사를 파견하고, 전국 지역별로 서신을 보내 조선 백성들에게 거병할 것을 촉구했다. 선조의 명을 받은 초유사들은 전국에서 의병을 모집하고, 관군과 의병 간의 역할을 조정하였으며, 각 지역의 병력과 병량을 배분하였다. 경상도, 전라도, 충청도 3도에서 국왕의 생사와 왕명의 내용을 명확히 전달하기 위하여 대사헌 윤승훈을 바닷길로 호남에 보내 조정의 명령이 하달되도록 하였다.

넷째, 선조 임금은 자발적으로 봉기한 의병 부대를 국가의 정식 군대로 인정하고, 의병 부대장은 관직을 제수하였다. 이로써 전투경험이 있는 관군이 의병 부대에 편입되어 소규모 전투를 지휘하였고, 의병 부대가 관군으로부터 무기와 식량을 지원받았다. 심지어는 의병 부대가 해당 지역에서 조세를 징수함으로써 병량을 자체적으로 보급할 수 있게 하였다.

다섯째, 세자인 광해군은 조선 각지를 돌아다니면서 병사와 군량을 모집하였다. 또한 광해군은 실질적인 왕권을 행사하여 군대를 조직했다. 세자는 경기도와 강원도 일대를 돌아다니며 격문을 띄우고 백성들에게 거병하도록 했다. 광해군은 평양에서 임금과 작별하고 영의정 최흥원 등을 거느리고 영변을 들러 정주로 갔다. 이어 황해도를 지나 강원도를 향하여 가다가 이천에 머물렀다. 또한 이천에서 곡산, 강동, 성천을 거치고, 성천에서 영변으로 다시 되돌아오는 등 일본군 점령지를 뚫고 군대를 모으기 위해 힘썼다.

이러한 조처는 병농일치의 군사제도를 시행하는 조선의 당연한 결과였다. 이 같은 조정의 대책에 따라 각 지역의 조선 백성은 자발적으로 조선군과 의병에 참여하였다. 따라서 일본군에게 침략당하지 않은 지역의 고을 수령을 중심으로 관군이 재편되어 대일본군 항쟁이 지속되었으며, 전국의 백성들이 자발적으로 유격대를 편성하여 일본군에 항전하였다. 지역의 사족(士族)은 거느리던 가족과 노비 중심으로 거병하고, 개인 재산을 내놓아 병량을 마련하였으며, 인근 지역의 유력인사들에게 함께 의병을 규합하자는 통문을 돌림으로써 병력을 충원하고, 인근 지역민 및 유랑민, 유랑 군사를 병합함으로써 대규모 군대화하였다. 임진왜란은 이로써 조선 관군과 일본군의 전투로부터 전체 조선 백성과 일본군 간의 전투로 변화하는 양상을 보였다.

조·명 연합군의 반격과 정전협상

6월 15일 평양성 함락 이후 일본군은 평양성 이북으로 북상하지 못했다. 그 이유는 다음과 같은 것으로 판단된다.

첫째, 앞에서 밝힌 바와 같이 도요토미 히데요시의 최종 목표는 명나라 점령이었다. 조선과 전쟁을 한 것은 명나라를 공격하기 전에 군대와 병참의 보급로를 확보하기 위한 것이다. 고니시 유키나가가 평양에 이르러 조선 조정에 글을 보내어 "일본군 10만 명이 또 서해로 올 것이니 대왕의 행차는 여기서 어디로 가시렵니까?"라고 한 것에 잘 나타나 있다. 고니시 유키나가의 1번대는 평양성에서 나고야의 예비대가 남해와 서해를 통해 평양에 도착하고, 조선 전역에 파견된 일본군 각 부대가 담당 지역에서 징발한 군대와 병량이 모아지기를 기다린 것이다. 평양을 점령한 이후 1차 평양성전투에 함께 참여한 구로다 나가마사의 제3군이 담당 지역인 황해도로 철수한 것도 같은 이유에서다.

둘째, 조선군 및 백성의 끊임없는 항전으로 고니시 유키나가의 부대만으로는 더 이상 진격할 힘이 없었다. 고니시 유키나가가 평안도 지역을 점령하기 위해 소규모 부대를 평양 인근 지역에 보냈을 때 평안도에 있는 조선 관군과 의병에게 역습을 당해 살아 돌아온 자가 별로 없었다. 실제로 평안도에는 조선 관군과 의병이 상당한 기세를 떨쳤다. 대표적인 의병으로는 강동에서 귀양살이 하다가 소모관으로 제수받은 조호익, 중화의 김진수와 임중량, 평양의 양덕록, 양의직, 이덕암 등이 의병을 일으켜 평양성 밖으로 진출을 노리던 일본군을 토벌하였다. 또한 휴정이 묘향산에서 승병을 일으켜 평양성 수복을 도모하였다.

셋째, 이 무렵부터 이미 일본군은 병참보급에 문제가 발생하기 시작했다. 이순신을 위시한 조선 수군이 일본의 뱃길을 막아 남해와 서해를 이용한 병력과 무기, 식량을 차단하였고, 육로를 통한 먼 보급로도 원활하지 못했다. 또한 임진왜란 발발 1개월 후부터 조직된 경상도 조선군과 의병이 부산에서 한양을 잇는 보급로를 차단하기 시작했다. 평양성에 주둔한 일본군은 굶주림을 당하고, 탄약이 떨어지는 문제가 발생했다.

한편, 의주에 피난해 있던 선조 임금은 명나라에 사신을 파견해 원군을 요청하였다. 명나라 황제는 일단 요동 부총병 조승훈*에게 3,000명의 군사를 이끌고 조선을 응원하라고 명령했다. 당시 평양성에는 고니시 유키나가의 제1번대 병력 18,700명과 구로다 나가마사의 제3번대 일부 병력 5,000명이 있는데, 이 시기에 구로다 나가마사의 병력은 황해도로 철수하였다. 이를 본 척후장 순안군수 황원은 적의 주력이 빠져나가는 것으로 보고했고, 7월 17일 승군 600명을 포함한 조선군 3,000명과 명군 3,000명

---

* 조승훈(祖承訓, ?~?): 임진왜란 당시 명 우군 부총병으로 3,000명의 군사를 데리고 1차 원병 사령관으로 참전했다. 그러나 제2차 평양전투에서 일본군의 매복술에 크게 패했고 이후 겨우 수십 기의 병사만 데리고 요동으로 돌아갔다. 그러다가 제4차 평양전투에서 부총병으로 참전하였다.

등 도합 6,000명이 평양성을 공격했다. 이것이 제2차 평양성전투이다. 평양성의 문이 열려 있고 일본군들이 보이지 않자 명군의 선봉장 사유는 병력을 모두 평양성 안으로 진격시켰고, 길 양편에 매복하여 기다리고 있던 일본군의 조총 사격으로 사유와 부장 천총, 장국총 등이 전사하였다. 조선군과 명군은 전열을 잃고 우왕좌왕하다가 크게 패했다. 총병 조승훈은 부상을 입은 뒤 수십 기의 남은 병력을 이끌고 요동으로 돌아갔다.

제2차 평양성전투에서 조·명 연합군이 패전한 이후에는 평안도 의병이 나서서 일본군과 싸웠다. 중화군의 임중량, 윤봉, 차은진과 차은로 형제가 의병을 결성하여 일본군과 맞섰으나 일본군이 중화의병군을 선제공격하여 의병 대부분이 전사하였다.

8월 1일, 제3차 평양성전투가 이어진다. 조방장 김응서*, 별장 박명현 등이 용강, 증사, 강서 등 바닷가 여러 고을에서 군사 1만여 명을 모아왔고, 별장 김억추*는 수군을 거느리고 대동강 입구를 점거하는 등 평안도를 위주로 조선 각지에서 군사들이 모였다. 평양성의 일본군 병력의 세력이 약해졌을 것이라고 판단한 조선 조정은 2만 명의 군사를 동원하여 평양성을 탈환하려고 하였다. 순변사 이일이 5천 명의 병력으로 동쪽에서, 조방장 김응서가 1만 명의 군사로 서쪽에서, 순찰사 이원익이 5천 명의 병사로 북쪽에서 공격하기로 했다. 평양성 보통문 밖에 조선군이 이르자

---

* 김응서(1564~1624): 무과에 급제한 뒤 감찰이 되었으나, 집안 문제로 파직되었다가 임진왜란 때 다시 기용되었다. 평양 방위전에서 수탄장으로서 대동강을 건너려는 적을 막은 공으로 평안도방어사가 되었다. 왜란 발발 이듬해인 1593년 명나라 이여송의 군대와 함께 평양성을 탈환하였고, 1594년 경상도방어사로 전직되었다. 이때 도적이 횡행하자 권율의 명으로 도적을 소탕하고, 그 공으로 1595년 경상우도병마절도사에 승진되었다.

* 김억추(?~?): 전라남도 강진군 출생으로 1577년 무과에 급제하였다. 무이만호가 되어 북변에서 많은 공을 세웠으며 제주 판관·진산과 순창 등의 현감 등을 지냈다. 임진왜란 발발로 방어사로 임명되어 대동강을 지키는 임무를 맡게 되었으나 제1차 평양전투 패배의 책임으로 파면되었다. 그 후 다시 진주목사·고령진첨절제사를 지내며 일본군에 맞섰으며, 전라우도 수군절도사가 된 이후에는 통제사 이순신을 따라 어란포해전과 명량해전에 참전하였다.

일본군 50명이 공격을 해왔고, 이에 조선군도 활을 쏘아 20명을 사살했다. 사기가 오른 조선군은 성문을 향해 돌격을 감행했고, 이때 성 안에 있던 일본군 수천 명이 나타나 공격하면서 조선군은 둘로 갈라지며 전열을 잃었고, 훈련 한 번 제대로 받아 보지 못한 조선 군사들이 흩어졌다.

평양성에서 주둔하면서 전투에서 계속 승리한 고니시 유키나가도 8월 초 한양성에서 개최된 일본군 주요 지휘관 회의에 참석한 이후에 임진왜란 이전 도요토미 히데요시가 계획한 조선 점령이 성공하지 못하리란 것을 깨닫기 시작했다. 이에 따라 고니시 유키나가는 명나라에서 파견한 심유경*과 회담에 응했다. 9월 1일 고니시 유키나가와 심유경 간의 회담이 평양성의 북편에 있는 강복산에서 열렸다. 고니시 유키나가는 명나라에 대한 봉공과 대동강 이남의 조선 영역을 일본에 할양하라고 요구했다. 심유경은 고니시 유키나가가 요구한 명나라에 대한 봉공이 명나라 황제의 허가를 얻기 위해 50일이 필요하다고 하여 정전협정이 체결되었다. 이 정전협정은 50일 동안 평양성 서북쪽 10리 외곽에 금표를 세워 조선군과 일본군 모두 금표를 넘지 않는다는 내용으로 양측 모두의 이해관계가 맞아떨어졌기 때문에 성사되었다. 명나라 측에서는 명나라 군대 파병을 준비할 수 있는 시간을 번 것이고, 일본군 측에서는 지속적인 전투로 인한 병사의 휴식과 후방 보급을 위한 시간이 필요했던 것이다. 이 정전협정을 반대한 조선 조정에게는 심유경이 명나라에서 70만 대군을 파병할 준비를 하고 있다고 거짓 보고함으로써 동의를 구했다.

---

* 심유경(沈惟敬, ?~1597): 중국 저장성 가흥 사람으로 명(明)나라의 무장이다. 임진왜란 때 명나라 병부상서 석성(石星)이 비밀리에 파견한 인물이다. 그는 명나라의 유격장군을 가칭하고, 적정을 탐지한다는 평계로 조선에 파견되었다. 심유경은 선조를 만난 자리에서 명나라 70만 명을 파병 준비를 한다고 거짓으로 보고하였다. 평양성에 있던 일본의 고니시 유키나가와 강화 교섭을 체결하는 데 중심을 이뤘지만, 거짓된 외교로 삼국(三國)을 크게 혼란에 빠뜨렸다. 심유경은 일본으로 망명하기 위해 남쪽으로 도망가는 도중, 의령 부근에 도달하였을 때 명나라 장수 양원에게 체포되어 '나라와 황제를 기만한 죄'로 처형되었다.

일본군에 투항한 반란군 준동과 조선군의 협공, 함경도전투

　함경도 점령을 맡은 가토 기요마사가 지휘하던 일본군 제2번대 22,800
명은 황해도 금천, 평산을 거쳐 안성에 이르러 고니시 유키나가의 제1번
대와 헤어져 함경도로 향했다. 함경도감사 유영립은 남병사 이혼에게 군
사 1천 명을 주어 철령을 지키게 했다. 그러나 일본군의 군세에 조선군
이 흩어지는 바람에 별다른 저항도 못하고 현장을 이탈했으며, 이 소식
을 들은 함경도 수령들도 산 속으로 숨어버렸다.

　가토 기요마사는 함경남도 안변을 자신의 본영으로 삼고, 함흥을 나베
시마 나오시게의 본영으로 삼아 함경남도의 덕원, 문천, 영흥, 홍원 6개 지
역을 통솔하게 하였다. 일본군은 7월 중순 함경북도 성진 해정창에서 함경
북도 병마사 한극성의 6진 군대를 패퇴시키고, 한극함마저 경성에서 생포
했다. 회령으로 향하여 일본군과 내통한 회령부 아전 국경인의 도움으로
임해군*과 순화군을 포로로 잡는 등 가토 기요마사의 제3군은 함경도 전역
을 점령하였다.

　함경도에서 일본군에 대항하는 세력이 결집되기 시작한 것은 1592년
9월 중순이다. 9월 16일 함경북도 평사로 있던 정문부*는 이봉수, 최배
천, 지달원, 강문우 등과 함께 의병을 일으켰다. 정문부가 주장이 되고
종성부사 정현룡, 경원부사 오응태를 차장으로 삼아 1백여 명의 군사를

---

* 임해군(1572~1609): 선조의 장자이며 광해군의 형이다. 임진왜란 당시 함경도 지역에서 군
사를 일으키라는 선조의 명을 받고 동생인 순화군과 함께 함경도로 향하다가 국경인과 국세
필이 이끄는 반란군에 포박되어 가토 기요마사에게 넘겨졌다. 임해군은 몇 차례의 포로협
상 끝에 풀려났고, 이 이유로 선조의 장남임에도 불구하고 왕권을 광해군에게 넘기게 되었
다. 광해군의 즉위 후 유배지 교동에서 사망했다.

* 정문부(1565~1624): 1588년 문과에 급제하였고, 이후 여러 관직을 거쳐 북평사가 되었다.
임진왜란이 일어나자 길주에서 군대를 일으켜 지휘하였다. 이후 반란을 일으키고 일본군에
투항한 국경인 등을 평정하여 함경북도를 수복하였으며, 길주에 주둔한 일본군과 다수의 전
투에서 승리를 거두었다. 일본군은 길주성에서 후퇴하였고, 결국 정문부는 함경도 지역 대
부분을 수복하였다. 이때의 승전이 북관대첩비에 기록되어 있다.

모집했다. 정문부가 함경도 각 고을과 진보에 격서를 전하여 군사 3천여 명을 모았다. 길주의 허진, 김국신, 허대성도 군사를 모아서 정문부 부대에 합류하였다.

　정문부 부대는 먼저 군사 300명을 이끌고 국세필 반란군이 있는 경성으로 갔다. 정문부는 강문우에게 기병을 주어 경성과 길주 간의 소통을 끊었다. 정문부는 국세필의 권한을 인정하고 회유하여 경성에 입성한 후 의병을 훈련시켰다. 길주에서 온 일본군 순찰병 40명은 강문우의 기병에 의해 전멸되었다. 또한 경성과의 연락이 끊긴 것을 눈치 챈 길주의 일본군 92명이 경성으로 왔으나 국세필과 정문부 부대가 이들을 공격해 물리쳤고, 도망가던 일본군은 강문우의 기병대에 의해 모두 사살됐다. 이로

함경도를 수복하는 북관대첩을 그린 창의토왜도

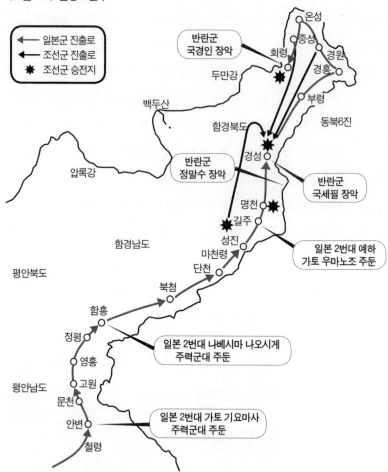

일본군 진출로
조선군 진출로
조선군 승전지

온성
반란군
국경인 장악
회령
종성
경원
두만강
경흥
백두산
부령
함경북도
동북6진
압록강
반란군
정말수 장악
경성
반란군
국세필 장악
명천
길주
일본 2번대 예하
가토 우마노조 주둔
함경남도
성진
마천령
단천
평안북도
북청
함흥
일본 2번대 나베시마 나오시게
주력군대 주둔
정평
영흥
고원
평안남도
문천
안변
일본 2번대 가토 기요마사
주력군대 주둔
철령

* 조선군: 3,000명, 일본군: 2,000명

써 경성이 조선군 수중에 들어왔다.

1592년 10월 정문부는 반란자 정말수 일당을 토벌하기 위해 명천으로 갔다. 회령에서 반란을 일으킨 국경인은 신세준에 의해 이미 살해당했고, 정말수는 국경인의 잔당세력을 이끌고 자신을 몰아내려는 농민의 봉기를 화포를 동원해 제압하고 회령을 점거하고 있었다. 정문부는 60명의 기병대로 명천을 습격하였고, 정말수는 기습공격을 받고는 산에 숨어 있다가 붙잡혀 처형당했다. 이후 정문부는 경성을 지배하던 국세필 일당을 처형하여 함경북도의 반란군을 모두 진압하는 동시에 일본군 세력을 몰아내는 데 성공하였다. 산으로 피신했던 조선 백성들이 돌아왔고, 정문부는 이들로부터 3,000여 명의 군사를 확보하게 되었다.

이후 정문부는 조직화된 군대를 이끌고 석성령전투와 길주전투 등을 비롯한 북관대첩을 적극적으로 이끌었다. 이외에도 함경도에서는 김응부, 유응수, 이유일, 박중립, 정해택 등이 의병을 일으켜 일본군과 대치했다.

관군 · 의병의 활약상이 돋보이는 황해도전투

임진강전투에서 패전한 이후 황해도로 진군하는 일본군을 방어할 조선군이 없었다. 그러나 황해도 내 여러 고을이 불태워지고 노략당할 때 이조참의를 지낸 황해도 초토사 이정암*이 흩어진 장수와 병사를 거두어 연안성을 지킬 계획을 세우고 군대를 편성했으며, 인근에 있는 곡식을 실어 들여 병량을 준비하였다. 9월에 일본군 3천 명이 연안성을 공격하였으나 이정암의 지휘로 4일 간의 전투에서 승리하였다. 이로써 황해도를 담당한 구로다 나가마사의 일본군 제3번대는 해주를 포기할 수밖

---

* 이정암(1541~1600): 1561년 식년문과에 병과로 급제한 뒤 성균관전적 · 공조좌랑 · 예조좌랑 · 병조좌랑 등을 역임하였다. 임진왜란이 일어날 때에는 이조참의였으며, 동생인 개성유수 이정형과 함께 개성을 수비하려 하였으나 임진강의 방어선이 무너져 실패하고 말았다. 이후 5백여 명의 군사를 모집하였고, 조정으로부터 초토사의 직함을 받은 뒤 연안성의 방어를 맡았다. 구로다가 이끄는 1천여 명의 일본군 선봉대에 맞서 수적 열세에도 불구하고 주야 4일간에 걸친 치열한 싸움 끝에 연안성을 지켜냈다.

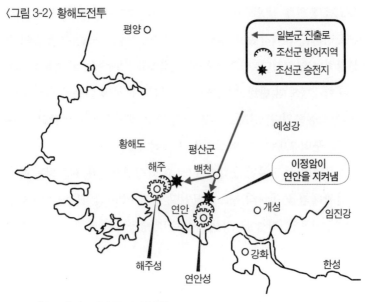

〈그림 3-2〉황해도전투

평양 ○

일본군 진출로
조선군 방어지역
조선군 승전지

예성강

황해도   평산군
            백천
해주 ○   이정암이
                  연안을 지켜냄
해주성   연안 ○ 개성
                  임진강
연안성   ○ 강화   한성

* 조선군: 미상, 일본군: 3,000명

에 없었다. 이정암 외에도 황해도에는 황주의 황하수와 윤담, 해주의 조
광정, 봉산의 김만수가 그의 아우 천수, 구수, 백수와 진사 최섭, 이응 등
과 함께 의병을 일으켜 일본군과 대치하였다.

관군·의병·승병이 펼쳐나선 강원도전투

강원도를 담당한 모리 요시나리의 일본군 제4번대는 금화, 금성을 지
나 6월 5일 선봉 4천 명이 회양성을 포위하여 회양부사 김연광이 지휘하
던 조선 관군을 물리쳤다. 이후 일본군 제4번대는 함경도 안변부에서 가
토 기요마사의 제2번대와 잠시 합류한 후, 군사를 돌려 동해안을 따라 남
하했다. 강원도 삼척과 묵호를 거쳐 태백산맥을 넘어 정선, 영월, 영주,
단양, 홍천, 평창 등지를 지나 원주를 향했다.

이때 68세의 원주목사 김제갑*은 원주에서 동쪽으로 30리 떨어진 치악산 남쪽 기슭 영원산성으로 군민 4,000명과 식량 한 달분을 가지고 들어갔다. 8월 23일 일본군은 3,000명의 병력으로 영원산성을 공격하였다. 그러자 김제갑은 백성들을 산 위로 피신시키고, 수백 명의 군사들과 영원산성을 지켜냈다. 김제갑은 선두에서 활을 쏘며 군대를 지휘하다가 일본군의 조총에 맞았고, 총을 맞은 상태에서도 계속 활을 쏘며 싸우다가 가까이 접근한 일본군의 총에 맞아 전사하였다. 이 전투 결과로 영원산성을 공격한 일본군도 전력이 반으로 줄어들었다. 이밖에도

〈그림 3-3〉 강원도전투

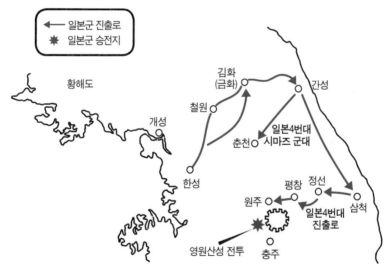

* 조선군: 1,000명, 일본군: 3,000명

---

* 김제갑(1525~1592): 1553년 급제한 뒤 홍문관정자·정언·창성부사 등을 역임하였으며 임진왜란 발발 전에는 충청도관찰사 겸 순찰사, 원주목사직을 맡았다. 임진왜란이 일어난 뒤 일본군이 원주 영원산성으로 쳐들어오자 관군과 의병을 이끌고 끝까지 항전하였으나 끝내 성이 함락된 후 아들 김시백·부인 이씨와 함께 전사하였다.

금강산에 있던 승려 사명대사 유정*은 승병들을 모집하여 일본군과 전투를 벌였다.

한편, 유종개도 강원도에서 의병을 일으켰다. 당시 경상좌도의 산골 10여 고을은 전란과 조금 멀리 떨어져 있었다. 유종개는 맨 먼저 의병을 일으켜서 고을의 수백 명을 모아서 산중에 진을 쳤다. 강원도에서 일본 군이 횡행하여 못된 짓을 하다가 광비촌을 지나가려 한다는 소문을 듣고 장령 윤흠신, 윤흠도 등과 함께 군사를 거느리고 전진하였다. 일본군의 선봉이 변장을 하고 몰래 다님에도 불구하고 이들의 척후병이 그것을 알 아차리지 못해 유종개 부대는 갑작스럽게 일본군의 습격을 당했으나 일본군에 대항해 용감하게 싸우다가 결국 모두 전사했다.

의병의 유격전이 두드러진 경기도전투

경기도에서는 홍언수가 그의 아들 홍계남*과 함께 수원에서 군사를 일으켜 일본군을 토벌한 공적으로 수원판관에 임명되었고, 홍계남은 안성에서 승리하여 경기도 조방장에 임명되었다. 홍언수가 나가 싸우다 죽자, 홍계남은 통문을 돌려 의병을 모집하였고, 양천과 안산 등 두 고을을 수복하였다. 교동 향리였던 고언백은 양주에서 일본군을 습격하는 등의 공로로 양주목사에 임명되었다. 우성전은 강화와 인천 등지에서 의병을 일으

---

* 사명대사 유정(1544~1610): 1561년 승과에 급제하고, 1575년에 봉은사의 주지로 초빙되었으나 사양하고 묘향산 보현사 휴정의 법을 이어받았다. 임진왜란이 발발하자 승병을 모집, 휴정의 휘하로 들어갔다. 이듬해 승군도총섭이 되어 명나라 군사와 협력, 평양을 수복하고 도원수 권율과 의령에서 왜군을 격파, 전공을 세우고 당상관의 위계를 받았다.

* 홍계남(?~?): 수원 출신으로 임진왜란이 일어나자 아버지를 따라 안성에서 의병을 일으켜 싸우다가 아버지가 전사하자 대신 의병을 지휘해 여러 곳에서 승리하였다. 그 공으로 경기도 조방장이 되고, 수원판관을 거쳐, 이듬해 충청도 조방장으로 영천군수를 겸임하였다. 진주·구례·경주 등지의 싸움에 참전했다. 1596년에는 의병을 이끌고 이몽학의 난을 평정하는 데 공을 세웠다.

켜 창의사 김천일과 합세한 바 있으며, 군세가 2,000명에 이르는 등 매우 세력이 컸으나 병에 걸려 특별한 공적이 없었다. 강원도 방어사 원호는 강원도에서 여주로 와서 군사를 모으고, 여주의 구미포에서 일본군을 습격하여 50여 명을 섬멸하는 등의 공로를 세웠고, 김화전투를 이끌었다.

원균의 아우인 진사 원정이 의병을 일으켜 적을 토벌하였고, 전 부사 김적은 삭녕에서 군사를 일으켰으며, 진사 이로가 고양에서 의병을 일으켰다. 이산휘는 계략을 써서 많은 적군을 사로잡기도 했다. 이외에도 장숙하, 수원의 최휼, 전목사 남언경, 김탁, 전정랑 유대진, 충의 이질, 왕옥 등이 모두 의병을 일으켜서 적을 토벌하였다.

의병장 고경명과 700의사의 충정, 충청도전투

충청도에서 벌어진 조선군과 일본군의 첫 전투는 동래부사를 지내다 고향인 광주에 내려가 있던 고경명이 일본군과 7월 9일부터 10일 간 격돌한 제1차 금산전투이다. 고경명은 선조의 의주 피난 소식을 듣고 광주에서 거병하여 남원, 김제, 임피 등의 군량과 군사를 모아 여산에 모여서 평양으로 진군하던 중 일본군이 금산에 있다는 소식을 들었다. 전주에 있던 전라감영 방어사령부에서 보낸 곽영이 고경명에게 금산에 있던 일본군이 웅치와 이치를 공격하고 있다는 사실을 알렸다. 고경명은 일본군의 배후인 금산성을 공격하기 위해 연산에 진을 쳤다. 그리고 고경명은 7월 8일 연산을 떠나 9일 이치와 금산 사이의 진산에 도착했다. 이어 제1차 금산성전투가 벌어진다. 이에 대해서는 전라도전투에서 후술한다.

충청도 각지에서도 일본군에 대항하여 여러 지역에서 동시다발적으로 의병을 조직하였다. 1592년 7월 초 조헌은 옥천에서 거병하여 보은에 진

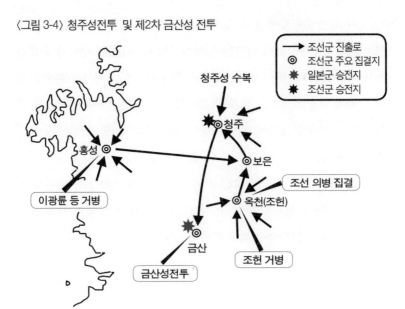

〈그림 3-4〉 청주성전투 및 제2차 금산성 전투

청주성 수복

조선군 진출로
조선군 주요 집결지
일본군 승전지
조선군 승전지

청주

홍성

보은

조선 의병 집결

이광륜 등 거병

옥천(조헌)

금산

조헌 거병

금산성전투

* 청주성 전투- 조선군: 2,600명, 일본군: 1,000명
금산성 전투- 조선군: 700명, 일본군: 10,000명

출하였고, 홍성에서 전 참봉 이광륜, 장덕익, 신난수, 고경우 등이 조직한 의병과 합류하여 1,600명의 군사로 청주로 향했다. 공주에서 기병한 의승군장 기허와 영규의 승군 1,000명이 합세했다. 임진왜란 초 청주를 잃고 연기에 진을 치고 있던 충청도방어사 이옥의 병력이 합류하여 청주성 탈환 계획을 하였다.

8월 1일 조선군은 일본군 제5번대 산하 1,000명이 주둔하고 있던 청주를 공격하였다. 조헌이 청주 서문으로 쳐들어갔고, 청주성에 있던 일본군이 성문을 열고 나와서 싸웠다. 조헌군이 전투에서 승기를 잡았고, 일본군은 청주성으로 퇴각했다. 조헌은 곧바로 군대를 지휘하여 청주성에 올라갔는데 갑자기 소나기가 쏟아져 사방이 어두워졌고, 이 틈에 일본군은 진영을 비우고 달아났다. 청주성 탈환의 공로로 조헌은 종4품 봉상시

첨정, 영규는 당상관의 벼슬과 단의가 내려졌다.

일본군은 청주성을 잃게 되면서 김해에서 창녕, 금산, 추풍령을 넘어 영동과 청주, 용인을 잇는 우로의 보급선이 끊어지게 되었다. 개전 3개월 만에 좌우 보급로가 끊긴 일본군은 보급로를 부산에서 대구, 상주, 문경, 조령을 넘어 충주와 용인을 잇는 중로 외길에 의존하는 실정에 놓이게 되었다.

청주성을 함락시킨 후 조헌과 영규는 8월 18일 곧바로 금산성을 공격한다(제2차 금산성전투). 금산성전투에 앞서 조헌의 부장과 영규는 병력이 적으니 군대를 정비하자는 의견을 제시하였으나, 불의를 참지 못하는 조헌의 충의에 감동하여 전투를 벌이게 된다. 당시 조헌과 영규, 온양현감 양응춘이 이끄는 조선군은 700명이었고, 금산에 주둔하고 있던 고바야카와 다카카게의 일본군 제6번대의 병력은 1만 명 정도였다. 압도적인 수적 열세에도 불구하고 조선군은 공격을 감행하여 세 번의 전투에서 승리했으나 일본군에 포위되어 전멸된다. 하지만 조선군의 끈질긴 공격에 위협을 느낀 일본군 제6번대는 지속적인 조선군의 공격을 견디지 못하고 9월 17일 금산을 포기하고 경상도 성주로 철수했다.

이외에도 충청도에서 의병을 일으킨 사람은 토정 이지함의 서자 이산겸, 한산의 전참의 신담, 신수경, 조대곤, 조웅, 박춘무, 조덕공, 이봉, 김홍민 등이 있다.

의병 · 관군이 합세한 전라도전투와 의병 출정의 거점, 전라도전투

전라도 지역을 담당한 일본군 제6번대의 전투 기록은 또 다른 의미를 시사한다. 일본군 6번대는 한양성을 함락한 이후 영동과 무주를 거쳐 금산성(錦山城, 현 충남 금산)에 본부를 주둔시켰다. 이 부대는 1592년 7월

부터 웅치와 이치를 넘어 전라도 전역을 장악하기 위해 전주성으로 향하였다. 충청도 금산에서 전주로 가려면 웅치 또는 이치 고갯길을 넘어야했다. 전주로 향해 가던 일본군은 두 부대로 나누어 한 부대는 용담과 진안을 거쳐 웅치를 향했고, 다른 한 부대는 진산을 거쳐 이치를 넘으려 했다. 웅치를 향하던 일본군은 1만 명으로 제6번대 총 1만 5,700명 가운데주력이었고, 이치를 향하던 일본군은 2천에서 3천 명으로 추정된다.

이때 광주목사 권율이 용인전투에서 보전하고 있던 군사 1,500명을 이끌고 전주 감영으로 들어와 일본군 응전을 지휘하였다. 화순의 동복현감황진이 편장 위대기, 공시억과 함께 군사를 이끌고 뒤따라 전주에 왔다. 해남현감 변응정*, 나주판관 이복남*, 김제군수 정담* 등도 군사를 이끌고 합류했고, 전주 의병장 황박도 참여했다. 임시 도절제사를 맡은 권율은 정담을 웅치로 파견하고, 황진을 이치로 보내 방어진지를 구축했다. 적의 진출이 예상되는 길목에 함정을 파고 방어책을 설치하였으며, 참호도 파서 전투 준비를 하고 적을 기다렸다.

웅치와 이치전투에 파견된 조선군 규모는 알려져 있지 않다. 권율의군대와 다른 군현의 군대, 의병군, 전주감영의 주둔군을 감안하면 총 병력 7천에서 8천 명 정도로 추산된다. 따라서 각 고갯길을 지키던 조선군

---

* 변응정(1557~1592): 선조 때 무과에 급제하여 월송만호·선전관 등을 역임하였으며 임진왜란이 일어나자 해남현감으로서 전공을 세우고 수군절도사가 되었다. 금산에 포진한 적군을 김제 군수 정담과 공동작전으로 급습하여 큰 전과를 올렸으나 적의 야습을 받아 전투 중 전사하였다.

* 이복남(1555~1597): 강원도 강릉에서 태어나 무과에 급제한 뒤 임진왜란이 일어나자 나주판관으로서 웅치전투에 참여하여 일본군과 싸우다 주장인 김제군수 정담이 전사하고 화살이떨어져 후퇴하고 말았다. 이후 남원부사·전라도병마절도사를 거쳐 1595년 나주목사 등을 역임하고 다시 전라도병마절도사가 되어 1597년 정유재란을 맞았다. 1597년 정유재란 시남원성전투에서 전사하였다.

* 정담(?~1592): 무과에 급제한 뒤 여러 보직을 거쳐 1592년 김제 군수가 되었는데 임진왜란이발발하자 군대를 모집해 나주 판관 이복남과 의병장 황박 등과 함께 웅치전투에 참전하여일본군과 싸우다 전사하였다.

은 2천에서 3천 명 정도로 추산된다.

웅치를 방어하기 위해 조선군은 전면 제1저지선에 의병장 황박 군대, 제2저지선에 나주판관 이복남 군대, 제3저지선인 고개 마루에 김제군수 정담이 지켰다. 7월 7일 오후 늦게 일본군은 공격을 시작하다가 밤이 되어 물러났다. 8일 아침부터 일본군이 공격했다. 오전 중에 조선군 제1저지선과 제2저지선이 무너지고, 정오에 제3저지선도 위험에 처했다. 결국, 정담과 그의 종사관 이봉, 비장 강운과 박형길이 전사했고, 변응정은 중상을 입었다. 나주판관 이복남이 남은 군대를 이끌고 후퇴하여 전주 근교 안덕원으로 물러났다. 이날 저녁 일본군은 웅치를 돌파하고 전 전적 이복남이 지키고 있던 전주성 앞까지 도착했다.

또한 7월 8일 이치에서도 전투가 벌어졌다. 권율과 황진의 정예 조선군이 용감하게 싸웠다. 황진이 적탄에 맞고 후송되는 등 격전을 치르면서 마침내 조선군은 이치를 지켰다.

7월 8일 저녁 전주성에 도착해 있던 일본군과 이치에서 전투를 벌이고 있던 일본군이 금산성으로 퇴각했다. 금산성에 있는 일본군 제6번대 본대를 고경명이 이끄는 의병이 접근하고 있었기 때문이다.[2] 금산성이 조선군에 점령당한다면 일본군 6번대는 조선군에 의해 포위되기 때문에 일본군은 후퇴할 수밖에 없었다.

전술한 바와 같이 고경명은 광주에서 거병하여 남원, 김제, 임피 등의 군량과 군사를 모아 여산에 모여서 평양으로 진군하던 중 금산에 주둔하

---

2) 관련 내용은 조선왕조실록의 기록에서 볼 수 있다. "비변사가 아뢰기를, 신들이 듣건대 전일 금산(錦山)에 들어왔던 왜적의 수가 거의 만여 명에 이르는데 사납고 용감함이 비길 바가 없었다고 합니다. 그런데 전라도의 병력은 다른 도와는 달라 웅치(熊峙)의 싸움과 이치(梨峙)의 공수(攻守)에서 맹장(猛將)과 경졸(勁卒)이 많이 전사하였는데도, 퇴각(退却)하지 않고 끝내 조헌(趙憲)·고경명(高敬命) 등의 의병과 연합하여 왜적을 무찔러 일시에 섬멸하였으니, 그 충성과 용맹이 가상합니다."(조선왕조실록, 「호남으로 진격하려는 왜적에 대한 대책을 논의하다」, 『선조 40권』, 26년(1593 계사년 7월 5일(정사) 2번째 기사)

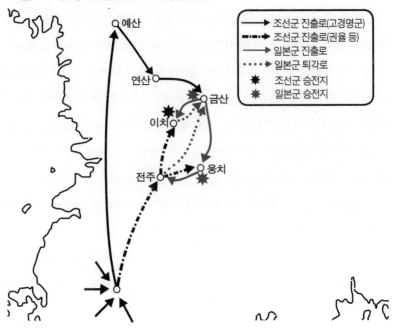

〈그림 3-5〉 웅치, 이치전투와 제1차 금산성전투

凡例:
→ 조선군 진출로(고경명군)
▬▪▬▪▶ 조선군 진출로(권율 등)
→ 일본군 진출로
▸▸▸▸ 일본군 퇴각로
✹ 조선군 승전지
✹ 일본군 승전지

예산
연산
금산
이치
전주
웅치

* 웅치전투- 조선군: 1,000명, 일본군: 3,000명
  이치전투- 조선군: 1,500명, 일본군: 3,000명
  금산성 전투- 조선군: 7,000명, 일본군: 13,000명

던 일본군이 전라도를 공격하고 있다는 소식을 듣고 금산성을 공격하기
위해 연산에 진을 쳤다. 이때 전주에 있던 전라감영 방어사령부에서 보
낸 곽영이 고경명에게 금산에 있던 일본군이 웅치와 이치를 공격하고 있
다는 사실을 알렸다. 고경명은 7월 8일 연산을 떠나 9일 이치와 금산 사
이의 진산에 도착했다. 진산에서 방어사 곽영과 영암군수 김성헌이 거
느린 관군과 합류했고, 금산성을 포위했다. 금산성을 포위한 조선군은
7,000명 정도이고, 전주와 이치에 있다가 돌아온 일본군과 본대에 주둔
하고 있던 일본군은 총 1만 3,000명으로 추정된다.

7월 10일 제1차 금산성전투가 벌어졌다. 고경명이 먼저 기병 1백여 명

을 보내어 서문을 공격하였다. 일본군이 서문으로 나와 조선군과 백병전
이 벌어졌다. 고경명을 포함하여 둘째 아들 고인후*, 종사관 유팽로 등이
전사하면서 조선군이 무너졌다. 고바야카와 타카가게가 지휘한 일본군
제6번대는 고경명 군대와의 제1차 금산성전투와 전술한 조헌과 영규의
제2차 금산성전투에서 승리하였지만, 지속적인 조선군의 공격에 9월 17
일 전라도 점령을 포기하고 성주성으로 철수했다.

이로써 전라도는 조선군과 의병의 활약으로 일본군의 침략으로부터
벗어날 수 있었고, 전 지역에서 조선군과 의병은 지속적으로 조직을 확
장하여 전투가 빈번하게 벌어지고 있는 경상도 지역으로 출정을 하였다.
전술한 바와 같이 김천일은 전라도에서 거병하여 경기도에서 전투를 벌
이고 있었고, 1593년 6월 진주성에서 전투를 지휘하다 전사했다. 전사한
고경명의 맏아들 고종후*는 제1차 금산성전투 이후 복수의병군을 편성
해 전장을 누비다 다음해 김천일이 지휘한 진주성전투에서 전사했다.

전 진보현감 임계영*은 7월 20일 보성에서 거병하여 낙안, 순천, 구례
를 경유하며 군사를 모집하였다. 남원에 이르러 1,000명의 의병을 규합
하여 전라좌의병이라 칭하였고 장수, 거창, 합천, 성주, 개령, 진주, 고

---

* 고인후(1561~1592): 고경명의 아들이자 권율 휘하의 장수였다. 1577년 17세의 나이로 진사
가 되었으며, 1589년 문과에 급제하였다. 1592년 임진왜란이 일어나자 종군하여 수원에서
권율 장군의 휘하로 들어가게 되었으며, 이후 금산성전투에서 선두에 나서 왜군과 맞서 싸
우다가 아버지인 고경명과 함께 전사하였다.

* 고종후(1554~1593): 의병장이자 학자인 고경명의 아들로 1577년 문과에 급제하였으며, 임
진왜란이 발발하자 아버지와 함께 의병을 일으켰다. 1592년 아버지 고경명과 동생 고인후
가 제1차 금산 전투에서 전사하자 스스로를 복수의병장이라 부르며 각지에서 의병을 일으
켰다. 1593년 제2차 진주성 전투 당시 진주성이 위급해짐을 듣고 의병을 이끌고 진주성에
들어가 김천일 · 최경회 등과 함께 성이 함락될 때까지 싸우다 전사했다.

* 임계영(1528~1597): 임진왜란이 발발하자 보성에서 의병을 일으켰으며 이후 전라좌도 의병장
이 되어 전라우도 의병장 최경회와 함께 장수 · 거창 · 합천 · 성주 · 개령 등지에서 왜군을 무
찔렀다. 1593년 제2차 진주성전투 당시 자신의 휘하 부장이던 장윤에게 군사 300명을 이끌고
먼저 성에 들어가게 하고, 자신은 밖에서 곡식과 무기를 조달하다가 성이 왜군에 의해 포위당
하는 바람에 성 진입에 실패하였다. 1597년 정유재란 때 다시 의병을 일으켰고, 객사했다.

성, 거제 등지에서 일본군과 전투를 벌이는 등의 공적을 세웠다. 또한 전 담양부사를 지내고 고향인 화순에 거주하던 최경회*는 7월 26일 광주에서 거병하여 담양, 순창을 거쳐 남원에서 2,000명의 의병을 모아 출정하였다. 최경회는 이들을 전라우의병이라 칭하였고 금산에서 퇴각하는 일본군을 추격하여 우지치에서 크게 격파하였다. 1592년 10월 제1차 진주성전투 때 진주성 외곽에서 일본군과 치열한 전투를 벌였으며, 제2차 진주성전투에서 경상우병사로서 김천일과 함께 군대를 지휘하다가 전사했다.

이외에도 남원의 전 참봉 변사정은 흩어진 군사 2,000명을 모아 적개의병을 조직하였다. 그리고 정염은 남원의 백성들과 흩어진 군사를 불러모은 향병을 지휘하였으며, 순천무사인 강희열은 처음에는 고경명을 따라 군사를 일으켰는데 금산에서 패하자 고향으로 돌아가 군사를 다시 조직하였다. 해남의 진사 임희진과 영광의 첨정 심우신, 태인의 민여운*이 각각 군사를 모집하여 영남으로 출정하였고, 이들 모두가 제2차 진주성전투에서 전사하였다. 해남의 임시 장군 성천기, 임피의 진사 채겸진과 이이남도 의병을 일으켰고, 처영은 호남에서 승군을 조직하는 등 지속적으로 의병을 조직하여 일본군과 싸웠다.

한편, 권율은 8월에 나주목사로 승진하였다가 승첩의 보고가 들어가자 전라감사로 승진되었다. 황진은 익산군수로 승진되었다가 또 충청도

---

* 최경회(1532~1593): 1567년 식년문과에 을과로 급제한 후 영해군수 등을 지냈다. 1592년 임진왜란 당시에는 화순에서 형 경운·경장과 함께 의병을 모집하였다. 전라도에서 의병을 모집하여 전투가 벌어지고 있는 경상우도로 가 각종 전투에 참가하였으며, 진주대첩에서는 2,000명의 병력을 이끌고 외원하였다. 이 공으로 경상우병사에 임명되었다. 1593년 일본군이 진주성을 다시 공격해오자 김천일 등과 함께 진주성에 들어가 군사를 지휘하다 성이 함락되자 남강에 투신했다. 논개의 지아비로 알려져 있다.

* 민여운(?~1593): 임진왜란이 발발하자 태인에서 의병을 일으켜 함안 등지에서 전과를 올렸으며 1593년에는 제2차 진주성전투에 참가하여 전사하였다. 왼손이 잘리고 오른팔이 부러졌는데도 계속 군사를 독려하다가 전사한 것으로 알려진다.

조방장으로 승진되었다. 이복남은 당상관으로 승진되었다. 권율은 9월 전라도 각지의 수령과 승장 처영과 함께 군사 2만을 거느리고 국왕을 도우러 북진하였다. 10월에는 권율이 수원에 진을 치고 경기도에 주둔하던 일본군과 대치하였다.

각계각층이 다발적으로 반격을 가한 경상도전투

상대적으로 일찍 자발적으로 군대가 조직된 경상도에서는 5월 곽재우의 정암진전투를 계기로 의병의 조직화에 탄력이 붙었다. 1592년 6월 말이 되면서 의병의 수가 곽재우 군 2,000명, 김면 군 5,000명, 정인홍 군 3,000명이 되었다. 그리고 단성에서 권세춘이 500명, 진주에서 허국주가 700명의 의병을 모았다. 이외에도 김치원, 이대기 등도 의병을 모집하였다. 이렇게 의병의 활동이 빈번해지면서 초기 전투에서 패배한 관군들이 다시 모이기 시작했다. 의병들은 일반 백성들과 관군의 지원을 받으며, 지역의 지형지물을 잘 알고 있는 장점을 이용하여 매복과 습격 등의 유격전을 통해 일본군을 섬멸해나갔다. 또한 경상도 조선 관군의 활동 역시 활발하였다. 함안군수 유숭인은 일찍이 기마병을 운용하여 창원과 진해 등 해안가에서 전투를 벌여 승전한 공으로 경상우병사가 되었다. 진주목사를 대리하던 판관 김시민은 곤양군수 이광악*과 함께 경상우도 전 지역을 다니며 전투를 벌였다.

---

* 이광악(1557~1608): 1584년에 무과 급제 후 선전관을 거쳐 1592년 곤양 군수가 되었다. 임진왜란이 일어나자 김시민과 함께 영남 지방의 선봉에 나서서 왜군과 싸웠고, 진주대첩에서도 김시민을 도와 승리했으며, 김시민이 전사하자 진주관군을 통솔했다. 1594년에는 의병장 곽재우의 부장으로 동래 전투에 종군했고 그 후 100차례에 달하는 전투에 참여했다.

경상도는 부산에서 대구를 거쳐 한양으로 이어지는 보급로가 있었던 까닭에 주둔하던 일본군의 수도 많았고, 일본군 병력과 병량이 지속적으로 이동하고 있던 터라 조선군과의 전투가 빈번했다. 특히 일본군 병참 수송선박이 낙동강 수로를 이용하여 부산에서 대구를 지나 상주로 빈번하게 오르내리는 터에 현풍, 창녕, 영산 등 낙동강 인근 지역은 일본군이 방어해야 하는 요충지로서 경상도 조선군과 일본군의 치열한 전투가 벌어졌다.

곽재우 의병군이 정암진전투를 시작으로 소규모 전투에서 연승을 거두자 오운과 박사제의 의병군까지 합세하여 규모가 4,000명이 넘었다. 초유사 김성일은 곽재우에게 민간 양곡 통제권까지 주어 군수조달 염려 없이 전투에만 몰입하게 하였다. 7월 들어 곽재우는 이 병력으로 현풍성을 공격하여 수복하였고, 곧바로 창녕성까지 함락했다. 현풍성과 창녕성에 있던 일본군은 영산성으로 퇴각했다. 곽재우는 김성일에게 요청해 의령, 초계, 고령 등 군현의 군사들까지 모두 출동시켜 영산성을 에워싸고 밤낮없이 공격했다. 3일간의 공방전 끝에 일본군은 성을 버리고 성주성으로 물러났다. 이로써 곽재우 의병군은 낙동강 서쪽 경상우도 지역 대부분을 일본군 점령으로부터 수복하였다.

곽재우가 영산성을 공격하고 있을 무렵, 정인홍 군대의 선봉장 김준민은 무계를 공격하기 시작했다. 무계는 현풍 서쪽 낙동강변으로 일본군이 낙동강 수로 경비를 위해 보루를 쌓고 방어하던 곳이다. 정인홍 군대는 일본군과 9월까지 지속적인 전투를 벌였고, 9월 11일 일본군은 마침내 보루를 불태운 후 성주성으로 철수했다.

일본군 제6번대가 금산성에서 고경명 의병군과 전투를 벌이고 있던 7월 10일, 경상도 금산에 주둔하고 있던 일본군 별동대 1,500여 명이 소백산맥 남쪽 기슭을 따라 거창과 안의를 지나 육십령을 넘어 전라도 장수로 진격하기 위해 금산과 거창 중간 지점인 지례 우척현 고개에 이르렀다. 고갯마루 양쪽에 김면 의병군과 조선 관군이 매복하고 있다가 일본군이 고갯마루에 들어오자 기습하여 대승을 이끌었다.

김면 의병군은 우척현전투 이후 거창에 주둔했고, 김성일은 김면에게도 거창과 안음의 식량 통제권을 부여하고 거창, 함양, 산청, 합천의 군사를 주어 병력이 3,000명에 이르렀다. 일본군 병력이 재침의 기미를 보이자 김해부사 서예원과 금산 의병장 성균관 박사 이여노가 합세했고, 진주판관 김시민이 군사 1,000여 명을 이끌고 합류했다. 8월 3일 일본군 6번대 병력이 지난번 패배를 만회하고자 우척현을 넘어 거창까지 쳐들어와 김면 연합군과 사랑암에서 전투를 벌였다. 김면의 지휘와 김시민의 용전으로 일본군을 격퇴하였고, 일본군은 우척현을 넘어 지례로 도주했다.

낙동강 서쪽의 경상우도 거의 전역을 조선군이 일본군으로부터 수복하고 있던 7월에는 일본군에 의해 완전히 장악되었던 경상좌도에서도 조선군의 반격이 이루어지기 시작했다. 전 훈련봉사 권응수*가 신녕(영천)에서 의병을 일으키자 초유사 김천일이 그를 의병 대장으로 삼았다. 하양, 청송, 의흥 등 여러 고을에서 장정들이 모여 들었고, 군수 김윤국이 가세하여 군사수가 3,560명에 이르렀다. 권응수는 김윤국을 별장으로 하고 정대임과 정세아, 신해 등을 의병장으로 하여 영천성을 공격했다. 영천성을 관할하고 있던 일본군은 신녕, 의흥, 의성, 안동 일대를 관할하고 있었다.

---

* 권응수(1446~1608): 안동에서 1584년 무과에 급제한 뒤 훈련원부봉사로 북방 수비에 종사하였다. 임진왜란 발발로 박홍의 휘하에 있다가 고향으로 돌아가 의병을 일으켰으며, 영천성을 탈환하여 병마우후가 되었다. 경주성 탈환에 실패한 뒤 문경의 당교 전투에서 왜군을 격파하는 공을 세웠으며 이후 경상도병마절도사 겸 방어사로 특전하였다. 1597년 정유재란 당시에는 경주를 방어하기도 하였다.

권응수 의병군은 7월 14일 박연, 22일 소계와 사천에서 적의 소부대를 기습하면서 영천성으로 접근하여 24일 추평에 진을 치고 영천성을 공격하였다. 권응수는 영천성을 굽어볼 수 있는 마현산 기슭 주변에서 마른 풀과 나뭇잎, 나뭇더미를 쌓아 화공을 준비하면서 인근 남천 숲 속에 복병을 배치하였다. 25일 새벽부터 26일 밤까지 성 밖으로 진출한 일본군과 백병전을 벌였고, 27일 그간의 교전으로 사기가 오른 조선군은 총공격을 감행했다. 조선군은 준비해놓은 나뭇더미와 풀에 불을 질러 일본군의 시야를 가리며 성벽을 넘어 공격했고, 일본군은 상주로 후퇴하였다. 영천성 탈환으로 인근 신녕, 의흥, 의성, 안동 지역이 차례로 수복되었으며, 일본군의 경상좌도 보급로가 차단되었다. 경상좌병사 박진이 즉시 장계(狀啓)를 올렸고, 조정은 권응수를 통정대부 방어사로, 정대임을 예천군수로 임명했다.

8월 김면과 정인홍이 이끄는 의병군을 중심으로 한 조선 연합군이 성주성을 공격했다. 성주성 공격에는 경상도 의병뿐만 아니라 구례현감 이원춘이 이끄는 관군 5,000여 명, 최경회가 지휘하는 전라좌의병, 임계영의 전라우의병까지 합류했다. 조선군의 총 규모는 2만여 명에 달했다. 성주성을 방어하던 일본군의 규모도 2만여 명에 달했다. 당시 경상우도 일대를 점령하고 있던 일본군이 패퇴하여 대부분 성주성에 모여 있었다.

8월 21일 조선 연합군의 성주성 공격이 감행됐다. 조선군이 합천 해인사에서 작전회의를 한 후 고령을 거쳐 성주성을 포위하는 진영을 갖추고 있자 일본군이 조선군의 후방을 공격한 것이다. 조선군은 혼란에 빠졌지만 포위를 풀고 퇴각함으로써 제1차 성주성전투는 조선군의 실패로 끝났다.

9월 11일 성주성 공격이 다시 재개됐다. 김면과 정인홍 부대가 합동작

전을 하였고, 합천군수 배설*과 합천가장 김준민*이 참전했다. 성주성 5
리 밖에 지휘부를 두고 하루 종일 공격했으나 일본군은 성 안에서 조총
만을 난사할 뿐 대항하지 않았다. 김면과 정인홍이 다음날 11일 성을 공
격하기 위한 무기를 챙겨 공격 준비를 하고 있던 차에 금산에 있던 일본
군 응원군이 후방을 급습하였고, 때를 맞춰 성주성 안에 있던 일본군도
성문을 열고 공격하였다. 조선군은 앞뒤로 협공을 당했고, 결국 많은 희
생자를 낸 채 패퇴하였다.

　7월 경상좌병사 박진이 안강에서 경상좌도 장군회의를 열고, 16읍의 군
사를 이끌고 경주성을 탈환하기 위해 병력을 편성하였다. 권응수, 경주판관
박의장 등을 선봉으로 군사를 거느리고 경주
를 공격하였다. 그러나 제1차 경주전투는 선
안의 일본군이 우회하여 기습함으로써 500
명의 군사만 잃고 후퇴했다. 한 달 후 박진은
군사를 재정비하여 다시 제2차 경주전투를
치렀다. 이때 신예무기 비격진천뢰 등을 사
용해 경주성을 탈환하는 데 성공하였다. 일
본군은 상주나 서생포로 퇴각하였고, 이로서

비격진천뢰(출처: 『충무공 이
순신과 임진왜란』, 문화재청 현
충사관리소)

---

* 배설(1551~1599): 임진왜란 때 합천군수로 재직했고, 부산첨사 · 진주목사 · 밀양부사를 거
쳐 선산부사가 되어 금오산성을 쌓았다. 1597년에는 경상우수사가 되었다. 부산에 정박 중
이던 왜선 600여 척이 웅천을 거쳐 가덕도로 향하려 하자, 통제사 원균의 명에 따라 한산도
본영에서 수백 척의 전함을 거느리고 웅천을 급습하여 선전하였으나 많은 병사가 전사하고
군량 200석, 전함 수십 척을 잃게 되었다. 이후 왜군의 대선단이 원균의 주력부대를 집중 공
격하여 전세가 불리해지자, 전세를 관망하다 원균의 명령을 어기고 12척을 이끌고 도망쳤
다. 이순신이 다시 수군통제사가 된 뒤 지휘한 12척의 함선이 이것이다. 1599년 선산에서
권율에게 참형되었다.

* 김준민(?~1593): 조선 중기의 무신으로 임진왜란 발발 시 거제현령직을 맡았으며, 관군이 패
하여 흩어지자 의병을 이끌고 무계현에서 왜군인 모리의 부대를 격파하였다. 1593년 제2차
진주성 전투에서 진주성의 동문을 고수하다 전사하였다.

〈그림 3-6〉 1592년 6~10월 경상도 지역 전투

★ 조선군 승전지

성주성전투
(정인홍, 김면, 이원춘,
최경회, 임계영)

상주

지례

영천성전투(권응수)

우척현전투(김면)

대구

경주성전투(박진)

성주

경주

사랑암전투(김면, 김시민)

무계전투(정인홍)

현풍성전투(곽재우)

정암진전투(곽재우)

영산성전투(곽재우)

창원전투(유숭인)

부산

진해전투(유숭인)

동부 영남 지역 중심부 수십 개의 읍을 수복하였다. 박진은 이 공으로 9월 선조로부터 양가죽 옷을 특별히 하사받았고, 종2품 가선대부로 승진했다.

1592년 6월부터 10월까지 경상도에서는 곽재우의 기강 및 정암진전 투,[3] 현풍성전투, 김면의 거창 우척현전투,[4] 정인홍의 무계전투, 조선 관 군과 경상·전라도 의병 연합군의 성주성전투, 권응수의 영천성전투, 김

---

3) "재우(再祐)는 4월 24일에 의병을 일으켜 왜적들을 토벌하였다. 김천일(金千鎰) 등이 뒤에 비록 창의사(倡義使)로 이름하였지만 가장 먼저 의병을 일으킨 사람은 실제로는 재우이며 왜적들이 감히 정암진(鼎巖津)을 건너 호남(湖南)으로 가지 못하게 한 것도 바로 재우의 공이다." (조선왕조실록, 「경상우도 초유사 김성일이 의병이 일어난 일과 경상도 지역의 전투 상황을 보고하다」, 『선조 27권』, 25년(1592 임진년) 6월 28일(병진) 4번째기사)

4) "김면은 무장 김세문의 아들이다. 적을 거창 우척현에서 막아 여러 번 패퇴시켰다"(유성룡 (이연도 역), 2010, 『징비록』, 두산동아, p.90.). "왜병이 지례(知禮)에서 거창(居昌)에 침범 하자, 의병장 김면(金沔)이 격퇴시켰다."(조선왕조실록, 「왜병이 거창을 침범하자 의병장 김면이 격퇴시키다」, 『선조수정실록』 26권, 25년(1592 임진년 7월 1일(무오) 6번째 기사.

〈그림 3-7〉 1592년 6~10월 경상도 지역 일본군 점령 도시 및 조선군 수복 도시

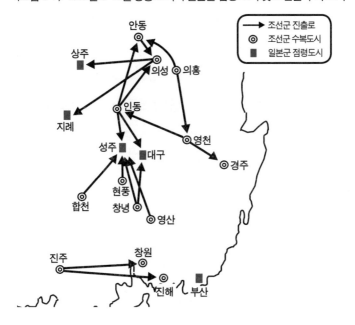

면과 김시민의 거창전투, 경상좌병사 박진의 경주성 탈환 등으로 경상도 지역 대부분을 수복하였다. 특히 낙동강 서쪽 경상우도는 일본군의 공격을 모두 막아내어 조선 백성이 정상적인 농사를 지을 만큼 안정되었다.

경상우도의 조선군과 의병의 활약으로 1592년 10월 1차 진주성전투 당시 경상도에 주둔하고 있던 일본군이 장악한 지역은 함창(상주군 함창읍), 상주, 지례(금릉군 지례면), 선산 등으로 한정되었고,[5] 진주 부근의

---

5) "진주판관 김시민 등은 관군과 전 군수 김대명 등이 모집한 병사들을 거느리고 고성, 진해의 적을 방어하고 있고, 함안군수 유숭인과 칠원현감 이방좌, 사천현감 정득렬, 곤양군수 이광악 등은 각기 함락된 성에 돌아가서 싸워 지킨 공이 많습니다. 그리하여 함창, 상주, 개령, 기만, 지례, 선산, 김해, 창원, 진해, 고성 바깥의 적들이 감히 침범하지 못하고 있습니다."(김성일이 8월 9일에 올린 장계(狀啓)의 내용이다. 본 장계는 조선왕조실록에는 수록되어 있지 않고, 임진왜란 당시 경상우도 초유사(招諭使) 김성일(金誠一)의 부하였던 이로(李魯)의 용사일기(龍蛇日記)에 수록되어 있다.(김준형, 1995, 「진주 주변에서의 왜적방어와 의병활동: 제1차 진주성전투 이전」, 『경남문화연구』, 제17권, 경상대학교 경남문화연구소, p.113. 참조).

조선군과 의병이 동원되어 고성, 진해, 창원 지역의 일본군을 부산 지역으로 몰아내어 경상우도 지역은 조선군 및 의병의 관할 지역이 된 것이다. 이렇게 경상우도에서는 실질적으로 조선 관군 및 의병이 일본군을 물리침으로써 조선 전역을 분할 점령하려던 일본군의 계획은 차질을 빚게 되었을 뿐만 아니라, 부산에서 대구와 한양을 거쳐 조선의 중부와 북부를 잇는 일본군의 보급로가 명맥만을 유지하는 데 급급하기에 이르렀다. 조선군이 일방적인 패퇴를 거듭하던 국면이 반전되어, 조선군 및 의병이 전국적으로 일본군과 대항하여 일본군 점령지를 활발하게 수복한 것이다.

한산대첩을 비롯한 해전을 통한 제해권 완전 장악

육지에서와는 달리 일본 수군의 연패 소식에 도요토미 히데요시는 대노한 것으로 알려졌다. 바다를 완전히 장악한 것으로 간주하고 수군까지도 지역 전투에 참여시킨 도요토미 히데요시는 대규모 해전을 준비시켰다. 6월 28일 조선 수군과의 일전을 위해 일본 수군의 각 부대도 합류하였다. 일본 수군의 해상활동이 활발해졌고, 그에 대한 첩보가 조선 수군에 수집되었다.

조선 수군이 3차 출동을 하였다. 7월 4일 전라우수영 이억기 함대와 여수 전라좌수영에서 만나 작전 협의를 마치고 6일에 여수를 출항하여 노량진에 이르러 경상우수사 원균과 합류하였다. 7일 조선 수군은 고성의 당포로 이동했는데, 일본 선박 70여 척이 견내량에 머물러 있다는 소식을 들었다. 일본 수군도 이날은 조선 수군과의 일전을 준비하고 있었다. 조선 수군은 전라좌수영 24척, 우수영 25척, 경상우수영 7척으로 판옥선 56척, 거북선 3척 출동이 출동했다. 이에 맞선 와키사카 야스하루가 지휘하는 일본군 함대는 대선 36척, 중선 24척, 소선 13척 모두 73척이었다.

7월 8일에는 역사적인 한산대첩이 견내량에서 시작됐다. 견내량은 통영과 거제도 사이의 폭 300~400m, 길이 약 4km 정도로 함포사격을 통해 해전을 치르기에는 좁았다. 이순신은 판옥선 5척으로 일본 적후선을 쫓아 견내량으로 들어가 적 함대를 유인하였다. 일본 함대가 출동하자 이순신은 배를 후퇴시켰고, 일본 함대는 빠른 속도로 추격했다. 결국 조선 수군과 일본 수군은 견내량의 입구 넓은 한산도 앞바다에서 마주쳤다.

일본 함대는 육지에서의 전투대형과 마찬가지로 열을 맞추어 종대로 밀집하여 공격해 들어왔고, 조선 함대는 학이 날개를 펴듯 횡대로 전투대형을 전개시켰다. 학익진이다. 한산도 앞 넓은 바다에서 열과 오를 맞추어 밀집대형으로 공격해 오는 일본 함대에 대해 넓게 포위한 조선 함대는 지자총통, 현자총통, 승자총통 등을 발포하였다. 밀집대형으로 공격해 오던 일본 함대는 조선 함대의 함포 사격을 받고 오와 열이 흩어졌고, 포위망을 좁혀오면서 거북선을 필두로 돌격해 들어가는 조선 함대에 의해 궤멸되었다. 한산대첩에서 일본군 전선은 59척이 격파되거나 조선 수군에 나포되었고, 도주한 일본 선박은 14척이었다. 일본군 선박 1척에 평균 100명이 승선했다고 계산하면 6,000명 정도가 사망했을 것으로 추정된다. 이에 반해, 조선 수군의 함대는 단 1척의 손상도 없었고, 다음에 있을 안골포해전까지 포함하여 조선 수군은 전사 19명, 부상 119명에 그쳤다.

일본군은 전시상황을 빠르게 인식하고 있었다. 전투가 벌어지면 주변에서 발 빠르게 응원군을 보내던 일본군이 한산대첩 이후에는 응원군을 보내 전투를 치르지 않고, 오히려 조선 수군을 피해 다녔다. 7월 8

〈그림 3-8〉 학익진

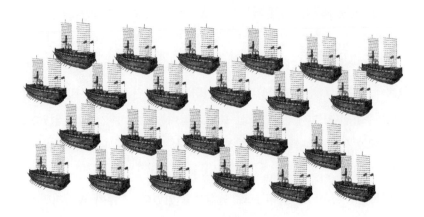

〈1도〉 조선 전함과 일본 전함의 배치도: 조선 함대는 횡대(학익진), 일본 함대는 종대로 편성

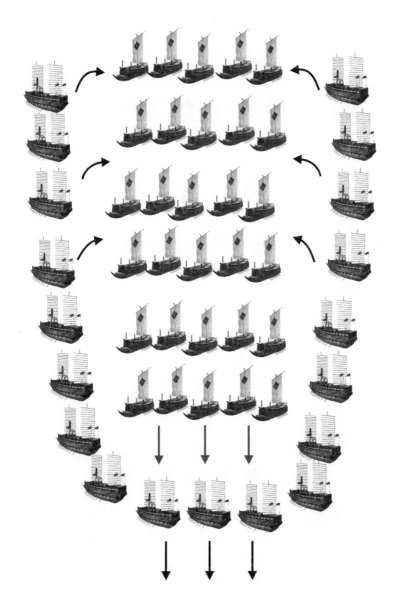

〈2도〉 조선 함대와 일본 함대의 진출로: 전진하는 일본 함대 전면의 조선 함대는 후진, 좌우의 조선 함대는 전진하며 포위망 구축

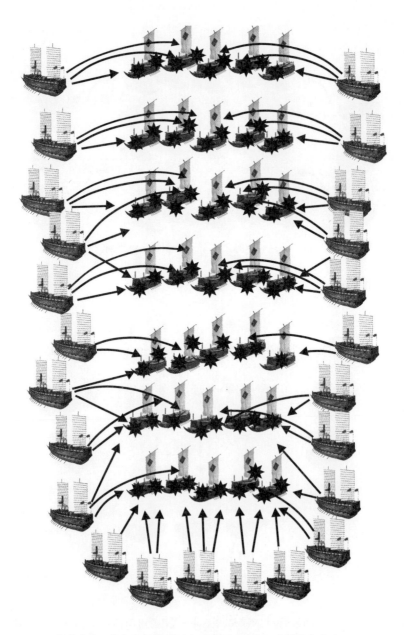

〈3도〉 조선 함대의 포위와 함포 사격: 일본 함대를 포위한 조선 함대의 발포

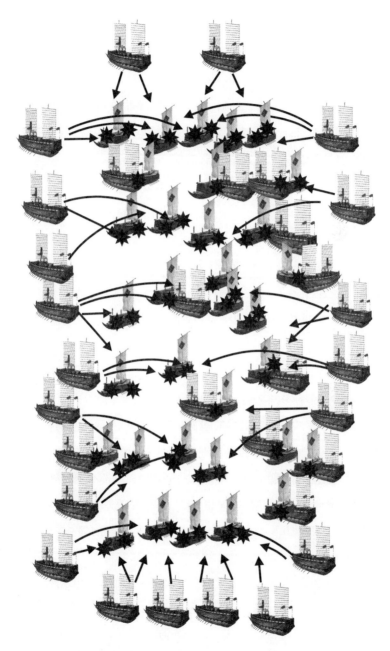

〈4도〉 조선 함대의 접근전: 조선 함대의 함포 사격을 받고 격파되고 오와 열이 흩어진 일본 함대에 돌격하여 일본 함대를 궤멸시킴

일 견내량에서 밤을 보낸 조선 수군함대는 9일 부산 앞바다에 있는 가덕도까지 진출을 하였고, 일본군 선박 40척이 안골포에 있음을 알게 되었다.

7월 10일, 조선 함대는 둘로 나뉘었다. 전라우수영 이억기 함대는 가덕도 주변에 배치하고, 전라좌수영 이순신 함대를 필두로 경상우수영 원균 함대가 안골포로 향해 나갔다. 안골포에는 일본군 대선 21척, 중선 15척, 소선 6척 등 42척이 선창 깊숙이 정박해 있었다. 안골포는 수심이 얕고 물길이 좁아 조선의 판옥선이 진입하기 어려운 점을 이용해 일본 수군이 조선 함대를 피해 대피한 것이었다. 이억기 함대까지 합류하게 된 조선 수군은 교대로 일본 수군을 향해 포격을 가한 끝에 일본군 선박 20척을 부셨다. 조선 수군은 날이 어두워지자 함대를 물려 넓은 바다에서 밤을 보낸 후 11일 새벽 다시 공격해 들어갔으나 일본 함대는 어둠을 틈타 모두 도주하였다.

안골포해전이 있은 후 전체 조선 바다를 조선 수군이 장악했다. 부산에서 진해까지 육지는 일본군이 장악했지만 조선 수군이 부산 앞바다까지 진출하여 육지를 향해 차례로 함포사격을 가하는 등의 무력시위를 했다. 조선 연합함대는 7월 12일 한산도로 이동하여 하루를 쉬고, 13일 각자의 수영으로 개선했다. 7월 6일부터 13일까지 7일 동안 한산대첩과 안골포해전에서 조선 함대는 일본군 전선 79척을 격파하고, 7,000여 명의 일본군을 수장시켰다. 이순신은 이에 대한 공로로 8월 1일 3도 수군통제사가 되었다.

이 시기 일본 수군은 조선 수군의 전투력이 강하다는 것을 확실히 인식하였다. 도요토미 히데요시는 일본 수군 장수들에게 해전을 중지하고 거제도에 성을 쌓아 조선 수군의 공격에 대해 방어할 것, 지시가 있을 때까지 조선 수군과 전투하지 말며 상대가 접근해 오더라도 뒤쫓아가지 말 것 등을 지시하였다.[6] 자기의 군대의 강점을 극대화시키고, 약점을 최소화시키며, 상대방의 강점을 피하고 약점을 공격하는 일본군의 치밀함을 알 수 있다. 따라서 조선 함대의 3차 출동 이후 일본 수군은 조선 수군을 보기만 하면 달아났고, 내륙 깊은 곳으로 피신하여 선박의 피해를 최소화하려 노력했다.

3차 출동 이후 조선 수군은 꾸준히 전투력을 보강했다. 전함과 화포를 보강하고 군사들을 꾸준히 보강했다. 조선 수군 4차 출동에 전라좌·우수영 판옥선 74척, 경상우수영 판옥선 7척으로 판옥선이 모두 81척이었다. 판옥선 25척이 새로 증강된 것이다. 협선은 전라수영 92척, 경상수영 7척으로 99척이었고, 조선 수군의 규모는 14,000명에 이른다. 부산 앞바다로 4차 출동을 하기 전 이순신은 전라우수영 이억기 함대를 여수로 불러 8월 1일부터 23일까지 합동훈련을 반복했다.

이순신 함대는 8월 24일 여수를 출발하여, 25일 통영에서 원균의 경상도 함대와 합류하였다. 조선 함대는 26일 견내량을 통과하였고, 27일 창원에서 보냈다. 28일 가덕도 장항포에서 척후선을 보내 일본군의 동태를 살폈고, 29일 낙동강 하구쪽에 있는 장림포(부산 사하구)에서 일본군 대선 4척, 소선 2척을 격파했다. 9월 1일 아침 8시경 몰운대 앞에서 일본군의 대선 5척, 다대포 앞에서 대선 8척, 서평포 앞에서 대선 9척, 송포 앞에서 대선 2척 모두 24척의 일본 수군 전선을 차례로 격파하

---

6) 히데요시는 와키사카나 가토 등에게 해전을 중지하고 거제도에 성을 쌓고, 해안선을 따라
조선 수군과 싸울 것, 부산포에서 경상남도 해안에 걸쳐 보급로를 유지할 것, 히데요시의
지시가 있기까지 조선 수군과 전투하지 말며 상대가 접근해 오더라도 뒤쫓아가지 말 것, 수
군은 휴식을 취할 것 등을 명하지 않을 수 없었다(기타지마 만지, 2008: 115).
도요토미 히데요시가 도도 다카도라(藤堂高虎)에게 1592년 7월 16일 보낸 서신에 따르면
도요토미 히데카츠를 대장으로 하여 거제도 성을 튼튼히 방어하고, 구키 요시타카, 와키사
카 야스하루, 가토 요시아티, 스가다이라 우에몬, 기이국(紀伊國) 사람들 등의 선박을 차례
로 배치하여 적의 공격에 대비할 것, 적선(판옥선)보다 큰 선박을 만들 것, 또한 배 둘레도
튼튼히 방비할 것, (일본에서 보낸) 대포 3백 정을 대선에 골고루 배치할 것과 화약도 동일
하게 준비할 것 등을 지시했다.

였다.

9월 1일 조선 척후선으로부터 일본 함대 470여 척이 부산진성 동쪽 3 곳에 집결해 있음을 알려왔다. 부산 앞바다에서 달려드는 일본군 대선 4척을 격파하고, 부산진성 앞바다에 포진해 있는 일본군 선단을 공격하였다. 조선 함대는 오후 4시부터 3시간 동안 일본 수군과 전투한 결과 대선 34척을 격파하였고, 정박해 있던 일본 선박을 함포사격에 의해 파괴했다. 8월 24일부터 9월 2일까지 8일간 파괴된 일본 선박은 약 100척에 달했으며, 일본 수군 약 3,000명이 수장됐다. 조선 함대의 4차 출동에서 조선 수군은 선박의 손실은 없었고, 사상자는 정운 장군을 포함 31명이었다.

조선군의 반격과 일본군의 위기감

1592년 6월 조선의 중앙군을 격파하면서 평양성을 함락한 후 일본군이 조선 8도로 나뉘어 조선 전체를 점령하려고 하던 시기, 각 지역별로 분산된 중·소규모의 일본군은 조선의 각 지역의 고을에 있는 조선군 그리고 의병군과 새로운 전투를 벌이게 된다. 2만 명 단위의 군단급 전투에서 승승장구하던 일본군이 1~2천 명 단위로 분산되자 조선군은 지역 사정과 지형지물의 이점을 이용하여 일본군에 대해 역습을 가하기 시작한 것이다. 고니시 유키나가의 제1번대와 함께 조선에 와서 각종 전투를 참관한 포르투갈인 프로이스는 그의 저서에서 다음과 같이 기록하고 있다.

> 일본군은 부산성에서 한양성까지의 진로에 12km에서 16km까지의 거리마다 성을 축조하고 병력을 주둔시켰다. 이 진로에 축조한 성은 18개에 이른다. 이런 식으로 하루 거리마다 성을 축조했다. 그런데 이외의 지역은 모두 조선인들이 차

〈그림 3-9〉 조선 수군 3차 출정(한산대첩, 안골포해전) 출전로

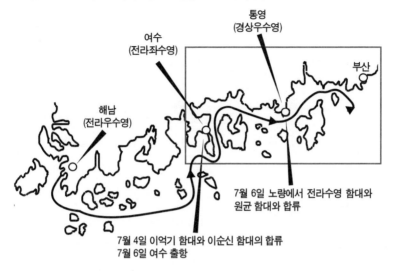

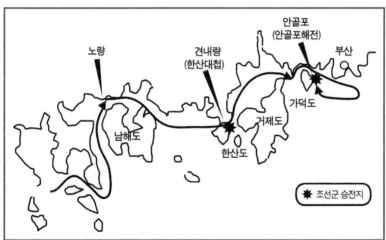

* 조선군: 8,260명, 일본군: 16,040명

지하고 있었고 이들은 여러 지역을 몰려다니며 일본군을 공격하며 노략질 했다.
그래서 부산포에서 한성까지의 여정에는 최하 300명 이상의 병력으로 이동해야
만 했고, 한양에서 평양까지는 최하 500명 이상의 병력으로 이동해야만 했다.

프로이스의 기록은 유성룡의『징비록』에서도 확인할 수 있다.

> 일본군이 부산에서 한양까지 10리(4km)에서 30리(12km)마다 군영(요새)을 만
> 들어 군사를 주둔시키고 있었는데, 각 군영의 왜군은 많아야 1천 명이고 적으면
> 수백 명이다. 각 군영은 개미처럼 서로 왕래하고 있었다.

프로이스의 기록을 볼 때, 임진왜란 전황이 급변하였음을 알 수 있다. 그는 조선 백성이 처음에는 일본군을 아주 두려워하고 무서워했으나 복종할 기미는 전혀 보이지 않았고, 오히려 매우 격렬하게 저항했다고 하였다. 이는 전쟁 초기 전투 경험이 없던 조선 백성들이 산 속으로 피난을 갔지만, 전쟁이 지속되며 일본군이 물러갈 기미가 보이지 않자 적극적으로 일본군에 대항하기 시작했다는 것을 의미한다. 또한 전쟁이 오래 지속되면서 일본군에게는 다음과 같은 커다란 문제와 어려움이 발생했다.

첫째, 일본군은 서로 먼 지역에 분산 배치되어 있었기 때문에 수로를 통해 일본에서 수송되는 식량을 보급받으려면 많은 병사를 동원해 군수품과 식량을 가지러 가야만 했다. 그런데 조선군과 각지에서 전투를 치러야 했기 때문에 보급품을 수송하는 데 많은 군대를 동원하기 어려웠다. 또한 긴 보급로에서 자국의 지리를 매우 잘 알고 있는 조선 병사들이 여러 지역에 매복해 있다가 습격해 이들 일본군을 죽이고 군수품을 탈취하였다. 조선 전역에서 식량을 자체 보급받기 위해서 일본군은 소규모의 군대를 분산 배치해야 했으며, 이들도 조선군과의 전투를 치러야 했기 때문에, 식량 보급에 큰 어려움을 겪게 된 것이다.

둘째, 조선 수군과의 해전에서 연전연패함에 따라 수로를 통한 보급에 차질이 발생했다. 일본 수군은 임진왜란 초기 경상도에 있는 조선 수군의 자멸에 의해 남해안을 따라 약탈이 용이했지만, 전라좌·우수영의

조선 수군의 경상도 해안에 대한 적극적인 공세로 인해 재해권을 뺏김으로써 해안 고을의 약탈이 불가능해졌을 뿐만 아니라 해로를 통한 일본으로부터의 보급을 차단당했다.

일본군은 낯선 조선 땅에서 한편으로 지역 사정에 밝은 조선군의 매복과 습격 등 공세에 시달려야 했고, 다른 한편으로는 보급품과 식량 부족으로 많은 병사가 죽어갔다. 따라서 7월 말 조선 봉행으로 한양에 도착한 이시다 미쓰나리(石田三成)* 등이 8월에 한양에서 일본군 주요 지휘관회의를 소집해야만 했다. 이 회의에서는 조승훈의 명군을 평양성전투에서 물리쳐 사기가 올라 있던 고니시 유키나가의 반대로 일본군의 발빠른 철수가 단행되지는 않았지만, 조선에 주둔하고 있던 일본군 진영에서 전쟁 수행이 그들의 의도대로 되지 않고 있다는 위기감이 감돌고 있었다.

---

* 이시다 미쓰나리(石田三成, 1561~1600): 임진왜란 때 조선을 침범하여 우키다 히데이에를 도와 벽제관전투 승리에 공헌하였지만 행주산전투에서 권율 장군에게 대패하였고 이후 고니시 유키나가와 함께 명나라와 화평 교섭을 벌였다. 정유재란 때 다시 조선을 침범하였지만 1598년 도요토미 히데요시의 사망 후 철군 명령을 받고 일본으로 돌아갔다.

진주대첩과 그 후의 조선군 공세

제3기(1592. 10~1593. 6)

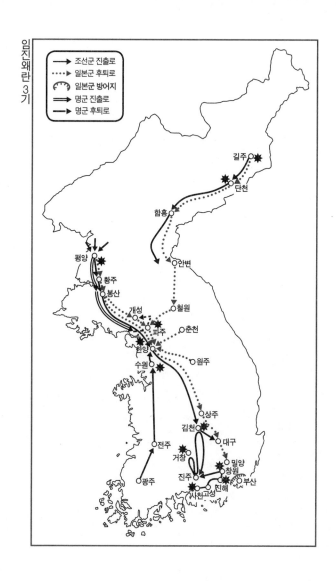

백성들은 안심하고 나를 따르라 내가 왜적을 물리칠 것이다 · 김시민

준비된 명장, 김시민 목사

김시민은 1554년 충청도 목천현(현재 천안시)에서 태어나 1578년에 24세의 나이로 무과에 급제하였다. 1583년 여진족 이탕개가 회령(會寧) 지방에서 소란을 일으키자 정언신의 부장으로 출정하여 토벌하였고, 그 공으로 훈련원 판관이 되었다. 이때 그는 군대 개혁 및 강화에 대한 건의를 병조에 제출하였으나 평화로운 시기에 군기를 강화할 필요가 없다며 받아들여지지 않고 오히려 질타하자 젊은 혈기에 분개하여 사직한 바 있다.

김시민은 1591년 진주판관이 되었고, 1592년 임진왜란이 일어났을 때 진주목사 이경이 병사함에 따라 초유사 김성일의 명에 따라 그 직을 대리하였다. 김시민은 진주목사로서 지리산으로 피난갔던 군대와 성민을

김시민 장군 동상(진주성 소재)

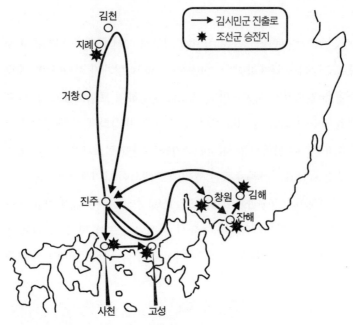

〈그림 4-1〉 김시민 목사의 출정로

김천
지례
거창
진주
창원 김해
잔해
사천 고성

→ 김시민군 진출로
★ 조선군 승전지

* 조선군: 1,000명, 일본군: 1,000명

안심시켜 진주성으로 함께 돌아와 성채를 보수하고, 군사체계를 갖추어 군사를 훈련시키고 각종 무기를 준비하였다.

김시민은 진주에만 머무르지 않고 경상좌도의 전 지역을 대상으로 군사를 출동시켜 일본군을 토벌한다. 5월 말 일본군이 사천을 점령하고 진주를 침범하려 하자 곤양군수 이광악, 상주판관 정기룡*, 의병장 곽재우와 이달 등과 합세하여 일본군을 도중에서 습격하였고, 패주하는 일본군을 추격하여 고성과 창원을 수복하였다. 6월 말에서 7월 초까지 고성

---

* 정기룡(1562~1622): 1586년 무과에 급제한 뒤 신립의 휘하에 들어가 훈련원 봉사가 되었다. 임진왜란 때 별장으로 승진하여 우방어사 조경을 따라 종군, 거창에서 일본군을 격파하고 금산 싸움에서 포로가 된 조경을 구출한 뒤 곤양의 수성장이 되었다. 유병별장을 거쳐 상주판관으로 왜군과 격전 끝에 상주성을 탈환하였으며, 1593년 회령부사에 승진하고 이듬해 상주목사로 통정대부에 올랐다.

에 있는 일본군과 전투를 벌였고, 그 결과 사천, 고성, 김해 지역을 회복하였다.[1] 김시민은 이러한 공으로 1592년 7월 26일 종5품 판관에서 정3품 진주목사로 파격적으로 관직이 승진되었다.[2] 9월 8일 김시민은 의병장 김면의 요청을 받아 1천 명의 군사를 이끌고 김산 서쪽에 진을 쳤고, 9월 16일 사랑암에서 일본군 수백 명을 사살하는 전과를 거두었다. 이 전투로 인해 일본군이 김산과 지례에서 물러났다. 또한 김시민은 9월에는 진해로 출동하여 적을 물리치고 적장 평소태(平小太)를 사로잡아 행재소(行在所)로 보낸 공로로 당상관인 통정대부 또는 경상우병사로 임명되었다.[3] 즉, 임진왜란이 발발한 지 한 달 후인 5월부터 9월까지 김시민은 진주에만 머물지 않고 고성, 사천, 진해, 거창, 김산, 지례 등 경상우도 전 지역에서 전투를 벌였고, 낙동강 건너 영산전투에 참전한 기록도 있다.[4] 이러한 전공으로 판관에서 목사를 거쳐 경상우병사가 됨으로써 실질적인 경상우도 전체의 조선군 작전권을 갖게 된 것이다. 특히 김시민이 진주에서 직선거리 약 150km나 떨어져 있는 김산(金山)까지 출격했다는 것은 잘 훈련된 기마병을 적절히 이용한 것으로 이해된다.[5] 김시민은 진주판관으로 임명된 이후부터 전투 준비를 철저히 하였을 것으로 판단된다.

---

1) 김준형, 1995, 같은 논문, pp.113~114.

2) "김시민을 진주 목사에, 이상신(李尙信)을 동지사 서장관(冬至使書狀官)에, 김홍미(金弘微)를 경상좌도 도사(慶尙左道都事)에, 이천(李薦)을 영흥 부사(永興府使)에 제수하였다."(조선왕조실록, 「김시민·이상신·김홍미·이천 등에게 관직을 제수하다」, 『선조 28권』, 25년 (1592 임진년 7월 26일(계미) 9번째 기사)

3) 박성식, 1992, 「진주성전투」, 『경남문화연구』, 제14호, 경상대 경남문화연구소.

4) 김준형, 1995, 같은 논문, p.113.

5) 실제로 김시민은 1차 진주성전투에서 500기의 기마병을 전술에 이용했다는 기록이 있다. 이 사실만으로도 김시민은 전투에 대한 준비를 충실히 한 것으로 볼 수 있다. 또한 신립이 탄금대전투에서 배수진을 친 이유도 조선의 주력인 8,000명의 기마병 중심의 군대를 이용하여 일본군을 무찌르려 한 사실로 보아 일본의 침략에 많은 준비를 했음을 알 수 있다.

보급로 확보를 위한 일본군의 제1차 진주성 공격

일본군이 1592년 10월 진주성을 공격한 이유는 명백하다. 당시 경상도 내 일본군 점령 지역은 부산에서 양산, 밀양, 언양, 김해, 문경, 성주, 상주 등 경상좌도이다. 일본군은 낙동강 서쪽의 경상우도 진출을 여러 차례 시도했지만 번번히 실패하였고, 일본군은 부산에서 진해와 창원, 고성 지역으로 점령지를 넓혀 가다가 유승민과 김시민을 비롯한 조선 관군의 반격을 받고 패퇴하여 물러났다. 일본군은 임진왜란 초 일시적으로나마 진출하였던 김산, 지례, 거창, 합천, 의령, 현풍 등에서의 전투에서 조선 관군 및 의병과의 전투에서 패배함으로써 이들 지역을 내주었을 뿐만 아니라 경상좌도까지 위협당하고 있는 실정이었다. 또한 낙동강 수로를 통한 보급로가 조선 의병에게 번번이 점령당함으로써 부산에서 대구로 이어지는 보급로가 차단되기에 이르렀기 때문에 경상우도의 중심부인 진주성에 주둔하고 있는 조선 관군의 주력을 제거함으로써 경상도 전체를 점령함과 동시에 일본군 보급로의 안전을 확보하려 했던 것이다. 『일본전사』에 따르면, 도요토미 히데요시는 1593년 9월 27일 고바야카와 다카카게(小早川隆景)에게 부산성과 한양성 보급로를 위협하는 조선군[6]을 진압하라고 명령을 내렸다.

이는 1차 진주성전투에 참여한 일본군 주요 지휘관이었던 가토 미츠야스(加藤光泰), 나가오카 다다오키(長岡忠興), 하세가와 히데카즈(長谷川秀一), 기무라 시게코레(木村重茲) 등의 작전회의 기록을 보면 알 수 있다. 이들은 토론 끝에, "경상우도 병마의 주력이 진주성에 있는 듯하니, 이에 뿌리를 먼저 뽑아버린다면 다른 지방에서 시끄럽게 움직이는 조그마한 군사들은 싸우지 않고서도 스스로 흩어지고 소산될 것이니 먼저 이

---

6) 『일본전사』에는 폭도(暴徒)로 표현되어 있다.

성을 대병력으로 일거에 함락하는 것이 최선의 방책이 될 것이다"라고 결론내린 바 있다.[7] 또한 1차 진주성전투가 있기 전까지 진주목사 김시민의 활발한 전투 활약을 일본군도 알고 있었을 것으로 판단된다. 일본군의 진주성 공격은 도요토미 히데요시의 명령에 의해 시작되었다.[8]

진주대첩 참전 일본군 수

1차 진주성전투를 위해 일본군은 대규모 병력을 동원하였다. 당시 상황으로 미루어볼 때 도요토미 히데요시의 직접적인 명령 없이 수행될 수는 없고, 진주대첩 8개월 후 제2차 진주성 전투에서 도요토미 히데요시가 진주성 점령을 위해 조선에 주둔하고 있는 일본군 전병력을 동원한 것으로도 미루어 짐작할 수 있다. 당시 일본군 1번대에서 9번대(후에 8번대로 개칭)까지의 1차 파견병력 이외에 나고야에서 주둔하고 있었던 것으로 알려진 10번대에서 16번대까지의 예비병력 대부분이 경상도 지

---

7) 김준형, 1995, 같은 논문, p.116.

8) 일본은 제1차 진주성전투가 누구의 명에 의해 시작되었는지에 대해서는 공식 기록을 남기지 않고 있다. 일본참모본부가 1924년 발간한『일본전사 조선역』의 기록에 따르면 나가오카 다다오키(長岡忠興), 하세가와 히데카즈(長谷川秀一), 기무라 시게코레(木村重玆)의 세 장수가 김해에 머무르면서 "경상도 토적의 주력은 진주에 있는 것과 마찬가지이므로 만약 그곳을 토벌하면 기타 지역이 연달아 무너지게 되어 있다"고 하여 휘하 13장수의 군사를 합하여 2만여 군사로 하여금 진주성을 점령하게 하였다는 기록이 있다(參謀本部編, 1924, 같은 책, p.208). 그런데 사료로서 신뢰성을 인정받는 일본 기록인『다이코기(太閤記)』에서는 다음과 같이 기록하여 도요토미가 진주성 진격명령을 내렸음을 시사하고 있다. "모쿠소(もくそ) 혹은 모쿠소 판관(木曾判官)의 나라(김시민 목사의 나라, 즉 경상도를 일컬음)에서 반란이 일어나 부산포와 수도 사이의 통로를 방해했으므로 호소카와 엣추노카미 3,000여 명, 하세가와 도고로 3,000여 명, 기무라 히타치노스케 2,000명, 오노키 누오도노스케·마키무라 보무노타이·가스야 나이젠노쇼·오타 히다노카미·아오야마 슈리노스케·오카모토 시모즈케노카미 병사 5,000명 도합 그 세력 13,000여 명으로 하여 목소판관의 진주성을 평정하라는 뜻을 명령하셨다"(최관, 2003,「일본에서의 김시민 장군」, 제2회 충무공 김시민 장군 선양 국제학술심포지엄 자료집. 무공김시민장군기념사업회, p.108). 모쿠소란 牧使를 의미하는데, 유성룡의『징비록』이 일본에 전해져 간행된 1693년 이전까지 임진왜란 당시 조선군 장수의 명칭을 알지 못하였기 때문에 김시민 장군을 모쿠소라고 칭한 것으로 이해할 수 있다(최관, 2003, 같은 논문, p.111).

역에 주둔한 기록은 이 지역에서 조선군과 일본군 간에 전투가 얼마나 치열했는지를 잘 대변한다.

〈표 4-1〉은 경상도 지역에 주둔하고 있었던 총 일본군 병력 수를 추정한 것이다. 여기에서 문경과 함창에 주둔했던 5번대 초소카베 모토치카(長宗我部元親)로부터 청도와 동래, 부산에 주둔하고 있던 9번대 하시바 히데카츠(羽柴秀勝)까지 7명이 이끌던 일본군 병력은 주둔지와 지휘관 병력 수가 『일본전사』에 명확히 기록되어 있다. 일본군 1차 파견병력인 1번대에서 9번대까지의 병력 중에서 경상도에 주둔하고 있던 일본군 병력의 총수는 41,000여 명이라고 『일본전사』에서는 밝히고 있다. 그런데 이들 1차 파견병력 이외에도 『일본전사』를 보다 구체적으로 살펴보면, 이보다 많은 병력이 경상도 지역에 주둔하고 있었던 것을 확인할 수 있다. 즉, 밀양과 양산, 기장에 주둔하고 있는 것으로 기록되어 있는 3명의 지휘관이 이끌던 1,676명은 명백하게 경상도에 주둔하고 있었다(밀

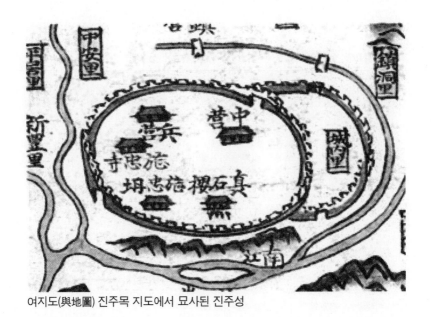

여지도(與地圖) 진주목 지도에서 묘사된 진주성

양에 주둔하고 있던 병력 수는 기록되어 있지 않음). 또한 1차 진주성 공격을 담당한 것으로 나타난 10번대 나가오카 다다오키(長岡忠興), 11번대 기무라 시게코레(木村重茲), 15번대 가토 미츠야스(加藤光泰) 등 3명의 병력 수가 추가되어야 한다. 이렇게 기록상 확실히 나타난 경상도 지역에 배치된 일본군 지휘관과 소속 부대병력을 합하면 62,326명이다. 그리고 일본군이 전라도 진출의 길목인 진주성 공격 작전을 준비하기 위해 진주성으로 보낸 서울 지역에 주둔하고 있던 일부 병력 7,500명을 더하면 진주성을 공격하기 위해 동원할 수 있는 병력은 약 7만 명이다.

〈표 4-1〉 경상도 지역 주둔 일본군

주요도시	부대	지휘관	병력 수
문경, 함창	5번대	초소카베 모토치카(長宗我部元親)	3,000
상주	5번대	도다 카츠타카(戶田勝隆)	3,900
선산	10번대	미야베 나가히로(宮部長熙)	2,000
개령	7번대	모리 데루모토(毛利輝元)	30,000
인동	10번대	기노시타 시게카타(水下重賢)	850
대구	14번대	아바나 사다미치(稻葉貞通)	1,400
청도, 동래, 부산	9번대	하시바 히데카츠(羽柴秀勝)	8,000
밀양	미상	벳쇼 요시하루(別所吉治)	미상
양산	미상	다니 모리토모(谷衛友)	340
기장	미상	가메이 코레노리(龜井眞矩)	1,336
창원	11번대	하세가와 히데카즈(長谷川秀一)	4,000
미상	10번대	나가오카 다다오키(長岡忠興)	3,500
미상	11번대	기무라 시게코레(木村重茲)	3,000
미상	15번대	가토 미츠야스(加藤光泰)	1,000
합계			62,326

자료: 參謀本部編, 1924, 『日本戰史 朝鮮役』, 附記, 村田書店의 기록을 재구성.

물론 이 병력 모두가 진주성을 공격한 것으로 볼 수는 없다. 주요 도시에 주둔하고 있던 일본군 병력은 제외되어야 할 것이다. 즉, 일본군 5번대와 같이 거점 지역에서 조선 관군 및 의병과 일상적인 전투를 벌인 병력은 진주성 공격에 참여하지 않았을 것이다. 또한 10번대부터 15번대까지의 병력 중에서 선산, 안동, 양산, 대구, 청도 등에 주둔하고 있던 병력 역시 제외하는 것이 타당할 것이다. 또한 밀양, 양산, 기장 등 소수 병력으로 지역을 지키던 부대도 제외시킬 필요가 있다. 이러한 기준으로 1차 진주성전투에 참여 가능한 일본군은 모리 데루모토(毛利輝元)의 7번대 3만 명, 미야베 나가히로(宮部長熙)의 10번대 2,000명, 아바나 사다미치(稻葉貞通)의 14번대 1,400명, 하세가와 히데카즈(長谷川秀一)의 11번대 4,000명, 나가오카 다다오키(長岡忠興)의 10번대 3,500명, 기무라 시게코레(木村重茲)의 11번대 3,000명, 가토 미츠야스(加藤光泰)의 15번대 1,000명 등이 동원 가능하다. 이들 병력의 총수는 약 4만 5,000명이다.

한국의 사료에 따르면, 1차 진주성전투에 참여한 일본군의 수는 적게는 13,000명 그리고 최대 30,000명으로 추정되고 있다. 최관(2003)은 일본측 사료를 바탕으로 13,000명의 일본군이 동원되었다고 주장하였고, 강성문(2010)은 2만 명 정도로 예측하고 있으며,[9] 김성일은 『학봉집』[10]에서 3만 명 정도로 추정하고 있다. 그러나 당시 일본군의 전투단위인 1개 번대가 기본적으로 15,000명 내외로 구성되어 있다는 것을 생각하면, 진주성을 1개 번대가 공격했을 때 15,000명 정도이고, 2개 번대가 공격했을

---

9) 강성문, 2010, 「진주대첩을 통해서 본 김시민의 전략과 전술」, 조원래 편, 『임진왜란과 진주성전투』, 국립진주박물관, p.277.

10) "김해(金海)에 머물러 있던 적 3만여 명이 한꺼번에 진격하였는데, 9월 24일에는 세 부대로 나뉘어 노현(露峴)에 있던 군대를 습격하고, 27일에는 또 창원부(昌原府)를 침범하였습니다."(김성일, 1649, 「진주성(晉州城)을 지켜 승첩(勝捷)한 것을 치계(馳啓)하는 서장」, 『학봉집』, 제3권 狀)

때 30,000명, 3개 번대가 공격했을 때 45,000명 정도로 공성(攻城) 병력 규모를 예상할 수 있다.

일본군에게 진주성은 경상우도의 중심부로 인식되고 있고, 진주성을 중심으로 한 경상우도의 조선군과 의병의 활동이 경상우도에 그치지 않고 점차 경상좌도로 확대되어 부산성과 한양성으로 이어지는 일본군의 보급로를 위협하고 있었다.

이에 따라 도요토미 히데요시가 전략적으로 공격 명령을 내렸고, 나고야에 주둔하고 있던 일본군의 예비병력이 대부분 부산과 김해 지역에 도착한 점을 감안하여 진주성을 공격한 일본군 수를 추정할 수 있다. 또한 당시 진주성을 공격한 일본군은 부산과 동래 등에 주둔해 있다가 김해를 거쳐 3개 제대로 분할하여 진격한 사실과 일본군 1개 번대 편성이 약 15,000명 정도였다는 것을 감안하면 참전 가능한 일본군 공격군의 총수는 45,000명 정도로 추정할 수 있다. 임진왜란 때 주요 전투를 치른 일본군 수를 감안하면 김성일의 추정이 타당해 보인다. 또한 일본 사료에 따르면 1차 진주성 공격 일본군 수가 20,000명으로 되어 있으나, 일본군은 패전을 기록하지 않을 뿐더러 전투 결과를 확대 및 축소하는 성향을 감안할 필요가 있다. 따라서 진주성전투에 참여한 일본군 수는 3만 명 정도로 판단된다.

〈표 4-2〉주요 전투에 동원된 일본군 수

전투	병력 수
부산진성전투, 동래성전투, 탄금대전투	18,700명 (1번대)
한양성전투	52,500명 (1, 2, 3번대)
평양성전투	23,700명 (1, 3번대)
진주성전투	30,000명 (추정)

조선군의 진주성전투 준비

대규모 일본군에 맞서 진주성을 방어하던 조선군의 수에 대해서는 대부분의 사료가 3,800명 정도로 기록하고 있다.[11] 진주목사 김시민은 진주성전투를 착실히 준비해왔으며, 전투를 오랫동안 함께한 진주 관군을 중심으로 전투를 치르겠다는 확고한 의지가 있었던 것으로 판단된다. 김시민은 진주성전투에 진주성 주둔군 3,700명과 이광악 곤양군수의 100명으로 수성군을 편성했다. 3,000명 이상의 경상우도 및 전라도, 충청도 의병이 진주성을 돕기 위해 진주성 주변으로 출동했지만, 김시민은 이들 의병을 진주성 내부로 미리 불러들이지 않았다. 이것은 김시민 본인이 훈련시키고 함께 전투한 경험이 있는 진주성 주둔군만으로 전투를 치르는 것이 효과적일 뿐만 아니라, 이들이 그 동안 치렀던 전투경험과 준비를 감안할 때 충분히 전투에 승산이 있다고 보았기 때문일 것이다. 진주성전투가 임박했을 때 경상우병사 유숭인의 진주성 입성을 거부한 것도 김시민 본인이 준비한 전술로 일사분란한 전투를 치르기 위한 것으로 판단된다.[12]

김시민은 초유사 김성일의 명에 따라 진주목사를 대리하기 시작한 1592년 5월부터 언젠가는 일본군이 진주성을 공격할 것임을 알고 진주성에서 일본군을 맞아 싸울 준비를 한 것으로 보인다. 진주성이 성 남쪽

---

11) 오종록, 2010, 「진주성전투의 지휘체계와 전투과정」, 조원래 편, 『임진왜란과 진주성전투』, 국립진주박물관, p.98; 최효식, 2010, 「1, 2차 진주성전투의 전황과 승패의 요인」, 조원래 편, 『임진왜란과 진주성전투』, 국립진주박물관, p.113; 박성식, 「1, 2차 진주성전투의 실상과 그 영향」, 조원래 편, 『임진왜란과 진주성전투』, 국립진주박물관, p.135 등.

12) "이튿날에 선봉 천여 기(騎)가 진주 동봉(東峯) 위에 달려왔다가 돌아가다. 병사(兵使) 유숭인(柳崇仁)이 싸움에 패하여 단기(單騎)로 달려와서, 성에 들어가 함께 지키기를 원하니 목사 김시민(金時敏)이 생각하기를, '병사가 성에 들어오면 이는 주장(主將)을 바꾸는 것이니, 반드시 통솔하는 방법이 어긋나서 서로 합하지 못할 것이다' 하고, 거절하여 들이지 않으며, '적병이 이미 어울렸으므로 성문을 엄하게 경계하는데, 만약 조금이라도 열고 닫으면 갑자기 침입할 염려가 있으니 주장은 밖에서 응원을 함이 옳습니다' 하다"(조경남, 1593, 『난중잡록[亂中雜錄]』, 권2, 1592년 10월 2일자).

은 험준한 절벽 아래 남강이 흐르고, 서쪽은 절벽이며, 북쪽은 3개의 인공 해자(垓字)로 형성되어 있다는 지리적 이점을 가지고 있으며, 임진왜란이 발생하기 1년 전부터 경상도관찰사 김수의 지휘로 진주성을 확장한 것도 김시민이 진주성에서의 전투 준비를 하게 한 원인이 되었을 것이다.[13] 김시민이 진주목사로서 전투 지휘권을 갖게 된 이후 성민을 안심시키고, 피난했던 성민을 귀향시켰으며, 성채를 보수하고, 관군에 대한 군사훈련을 시킴으로써 진주성 수성을 위한 준비 기록은 여러 곳에서 볼 수 있다. 특히 1차 진주성전투에 500기의 기마병으로 조선 관군의 위용을 보인 것은 김시민이 전투 준비를 치밀하게 했다는 것을 보여준다.[14] 또한 진주성전투에 앞서 고성, 창원, 거창뿐만 아니라 멀리 김산(金山, 현 경북 김천)까지 출격하여 각종 전투에서 승리했다는 것은 김시민이

남강 너머로 보이는 진주성곽과 촉석루

---

13) 강성문, 2010, 같은 책, p.286.

14) "목사(牧使)는 성중(城中)에 명령을 내려 적을 보아도 못 본 체하게 하고 탄알 한 개나 화살 한 대라도 함부로 허비하는 것을 허락하지 않았습니다. 그러면서 단지 성 안의 기병 500여 명으로 하여금 적이 보이는 곳에서 힘차게 돌진하게 하였습니다"(김성일, 1649, 같은 책).

전투 준비를 위해 군대의 체계를 확립하고 강군을 위한 훈련에 많은 힘을 기울였다는 점을 보여준다.

　김시민은 진주성전투를 준비하면서 수성의 강점을 살리기 위한 무기도 마련하였다. 대형 화포인 현자총통 170여 대를 만들고, 시한폭탄인 비격진천뢰를 준비하고, 염초 510근을 만들어 놓는 등 진주성전투를 적극적으로 준비했다.[15] 성을 수비하는 군대가 대형 화포로 무장되고 현대의 수류탄과 같은 무기가 있다면 임진왜란 당시 성을 공격하는 부대는 막대한 희생을 치를 수밖에 없기 때문이다. 뿐만 아니라 질려포, 대기전, 화철, 능철, 궁노, 대궁 등을 사용했다는 기록[16]이 있다.

　김시민은 진주성 내에서 가능한 모든 인원과 물자를 동원했다. 노약자들과 여자들에게는 남자 옷을 입혀 군사의 위용을 높임으로써 일본군에게 심리적 압박감을 주었다. 또한 화구를 미리 준비하고 화약을 종이에 싸서 다발로 묶은 후 풀 속에 넣어두고, 성 위에 대포와 대석을 나누어 설치하게 하였으며, 가마솥을 비치하고 물을 끓여 대기시켰다. 그리고 이들 동원 가능한 인원 모두에게 지휘에 따라 행동하도록 철저한 훈련을 시켰다.

진주성 밖의 조선군 및 의병과의 연합작전을 펼치다

　김시민이 진주성전투를 진주성 수성군 중심으로 치렀지만 진주성 밖에 있는 경상우도와 전라도에 있는 조선군 및 의병 병력과도 유기적인 관계를 맺고 있었다. 1차 진주성전투가 발발하고 있던 시점에 진주성 주

---

15) "목사는 변란이 일어난 뒤로 국사에 온 마음을 다하여 염초(焰硝) 150근을 미리 구워서 만들었으며, 대충 왜국의 제도를 모방하여 총통(銃筒) 170여 자루도 주조하였으며, 별도로 재간이 있는 경내의 사람들을 뽑아서 항상 총쏘기를 연습시켰습니다. 그러므로 싸움에 임하여서는 화약 쓰기를 물 쓰듯이 하면서 섶이나 짚에 싸서 성 밖에 던지기까지 하였으며, 잇달아 철환을 터뜨려 대적을 겪을 수 있었던 것입니다"(김성일, 1649, 같은 책).

16) 김성일, 1649, 같은 책.

변에는 진주성 수성군 이상의 조선 전투 병력이 진주성 외곽에 배치되어 있었다는 점이 이를 뒷받침해준다. 〈표 4-3〉은 진주성 주변에 배치되어 있었던 조선 외원군이다. 그러나 김시민은 이들 외원군에게 진주성에 들어와서 함께 수성하자고 하지 않고, 외부에서 후원해줄 것을 기대했다. 이것은 김시민의 진주성 공성전의 전략을 엿볼 수 있다. 진주성 공성전은 잘 훈련되고 지휘체계가 정비된 진주성 수성군 중심으로 벌이는 한편, 진주성전투 도중에 일본군의 집중력을 분산시키고, 전투가 종료된 후 물러가는 일본군을 효과적으로 섬멸하여 경상도 지역 전체를 탈환하려고 하였을 것으로 판단된다.

〈표 4-3〉 제1차 진주성전투 외원군(外援軍)

방면	주장	직위	병력	최근접지	비고
동면	윤탁	삼가의병장	200여 명	마현	
	정언충	초계가장	100여 명	마현	윤탁 군과 합세
	심대승	선봉장	200여 명	향교후산	곽재우 군
서면	최경회	전라우의병장	100여 명	살천장/단성	
	임계영	전라좌의병장	1,000여 명	함양	
	신열	승의장		단성	
	정기룡	진주한후장		살천	조경형과 동행
남면	조응도	고성가현령	500여 명	진현	정유경 군과 합세
	정유경	진주복병장	500여 명	사천	
	최강	고성의병장		망진산	
	이달	고성의병장		두골평	
북면	김준민	합천가장	500여 명	단계-단성	전인홍 휘하, 중위장 정방준과 동행
계			3,100여 명		

자료: 지승종, 2010, 「16세기말 진주성전투의 배경과 전투 상황」, 조원래 편, 『임진왜란과 진주성전투』, 국립진주박물관, p.43.

진주성 외원군 역시 진주성을 돕기 위해 필사적인 노력을 하였다. 진주성으로 대군의 일본군이 몰려간다는 것을 확인한 전라도와 충청도 관군과 의병들이 먼 길을 마다하지 않고 진주성 주변까지 몰려왔다. 당시 조선의 네트워크가 잘 발달하여 조선 관군과 의병들 간에 시시각각 정보를 주고받고 있었음을 보여준다. 각지의 조선 관군과 의병들은 일본군이 진주성에 진출한 10월 5일 이전에 진주성 주변으로 몰려왔고, 진주성전투가 본격적으로 벌어진 10월 6일부터 일본군이 물러난 10월 10일까지 진주성 외곽에서 조선 의병과 일본군 간의 산발적인 전투가 벌어진 바 있다. 고성의 최의도와 진주의복병장 정유경의 군사 500명, 정인홍과 합천가장 김준민 그리고 중위장 정방준의 구원병 500명, 전라우의병장 최경회의 2,000명, 정기룡과 조경형의 군사 등은 일본군을 후방에서 견제했을 뿐만 아니라 실제로 전투도 벌인 바 있다. 즉, 1차 진주성전투의 승리는 김시민의 진주성 수성군의 공로뿐만 아니라 경상우도와 전라도 의병의 협력에 의해 이루어낸 성과라고 말할 수 있다. 진주성 공성전투는 외원군에 의지하지 않고 김시민의 지휘로 진주성 관군과 백성들이 혼연일체가 되어 준비한 결과이다.

6일 간의 전투

1차 진주성전투는 1592년 10월 4일 일본군이 진주성을 포위하기 시작한 이후 10월 10일까지 7일 동안 탐색전을 벌였고, 6일간 전투가 지속되었으며, 총 10여 회의 회전이 있었다. 당시까지 모든 전투에서 항상 철저하게 준비한 끝에 승리를 거듭해온 일본군은 처음으로 전투준비를 완료한 조선 관군을 진주성에서 만난 것이다.

10월 5일에는 실제 전투는 없었다. 일본군은 진주성 동쪽 10리 밖에 진을 구축했다. 진주성 안에 있는 조선군과 백성의 기를 죽이기 위해 일본군은 기마병 1,000여 명이 성 주위를 돌면서 군세를 과시했다. 김시민은 이에 대응하지 말라고 훈령을 내리며, 화살 하나라도 아끼도록 지시했다. 또한 성에 있는 노약자를 모아 남자 복장을 갖추게 하여 성 안에 있는 군세가 크다는 점을 일본군에게 과시했다. 이날 진주성 밖에 있던 윤탁과 정언충이 이끄는 조선군이 진주성을 응원하기 위해 마현까지 진출하여 일본군과 접전을 펼쳤으나 패배하여 물러났다.

10월 6일 이른 아침, 일본군은 적극적 공격을 위해 3개 부대로 공격대를 나누어 편성했다. 그리고 일본군 조총수 1,000여 명이 성 밖 민가의 문짝과 판자 등을 가지고 나와 성으로부터 100보쯤에 늘어놓고 판자 뒤

〈그림 4-2〉 진주성 외원군 배치도

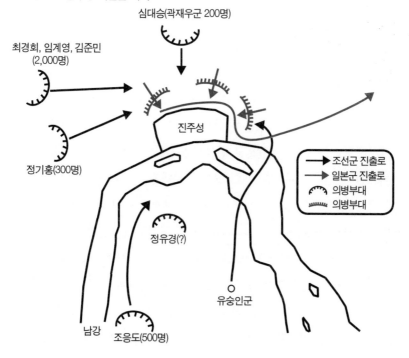

에 엎드려 일제히 사격했고, 3만여 명의 적이 일시에 고함치면서 위협했다. 총소리는 밤새도록 끊이지 않았다. 또한 일본군은 성 밖에 있는 집을 뜯어 화살 공격에 대한 방패를 만들고, 대나무로 사다리 만드는 등 공성 준비를 하였다.

김시민은 전투심리 측면에서도 치밀하게 준비되어 있었다. 김시민은 일본군이 총과 화살을 쏠 때 일체의 반응을 하지 말도록 하여 희생자가 나오지 않게 하는 동시에 탄알과 화살을 아끼도록 하였다. 그러다가 일본군 기세가 꺾일 때 조선군은 북을 치며 함성을 지르면서 대응하도록 하였다. 또한 성 밖에서 보이는 곳에 조선군 기병 500기로 무력시위를 벌였다. 이날 밤 곽재우가 심대승에게 군사 200명을 보내 진주성 배후에 있는 뒷산에서 횃불을 들고 호각을 불며 진주성을 응원하였다. 성 안에서도 호각을 불며 같이 호응함으로써 쉬고 있던 일본군을 위협하였다.

10월 7일 일본군은 하루 종일 조총을 사격하고, 활을 쏘며 공격해왔다. 성 안에 있는 진주성 수성군은 적을 내려다보면서 효과적으로 대응한 끝에 일본군의 공격을 잘 막아냈다. 일본군은 진주성 주변 10리 내에 있는 모든 민가들을 불태워 잿더미를 만들었다. 주간 전투가 끝나고 밤이 되자, 김시민은 악공을 시켜 문루에서 피리를 불게 하여 성 안이 안정되어 있다는 모습을 보였다. 일본군 진영에 있는 조선인 아동들이 성 주위를 돌아다니면서 "서울이 함락되고 8도가 무너졌는데 바구니만한 작은 성을 어찌 지키겠는가? 오늘 저녁에 개산 아버지가 오면 너희 세 장수의 머리는 마땅히 깃대 위에 달릴 것이다"라며 외쳤고, 이에 성 안에 있는 관군과 백성들이 격분해서 꾸짖으려 했다. 그러나 김시민은 일본군의 심리전에 넘어가지 않게 하기 위해 그들과 말하지 못하게 하였다. 이날 밤 달이 지자 일본군이 대나무로 엮어 만든 높은 가건물을 동문 밖에 세우고 흙을 쌓아 높은 언덕을 만들기 시작했다. 성 아래에서 위를 쳐다보며 공격이 여의치 않자 새로운 공격방법을 생각해낸 것이다.

10월 8일 일본군은 나뭇가지와 짚더미로 성 밖의 해자를 메웠고, 대나무 가건물에 바퀴를 달아 밀고 들어오면서 조총과 화살 공격을 하였으며, 흙 둔덕에서 총을 쏘았고, 대나무 사다리 수천 개를 만들어 성벽에 기어올랐다. 조선군도 그 동안 사용하지 않았던 무기로 대응했다. 총통(대포)을 쏘아 대나무 가건물과 흙 둔덕을 파괴하였고, 현자총통(玄字銃筒)[17]을 쏘아 가까이 몰려온 일본군을 사살하였고, 성 위로 올라오는 일본군에게 진천뢰(震天雷)[18]와 질려포(蒺藜砲)[19], 바윗돌을 굴렸다. 또한 미리 준비해놓은 화약을 짚더미에 싸서 불을 붙여 던졌다. 조선군은 자루가 긴 낫을 이용하여 대나무 사다리를 이용하여 성 위로 올라오는 적을 공격했다. 돌을 던지고, 가마솥에 있는 끓는 물을 퍼붓기도 하였다.

일본군은 사상자가 많이 발생하자 퇴각하였다. 조선군은 일본군이 공격하지 않을 때에는 화살을 쏘지 않는 등 물자를 효과적으로 사용하였다. 이날 밤 고성 가현령 조응도와 진주복병장 권유경이 500명의 군사를 거느리고 남강 건너 고개 위에서 십자 횃불을 들고 열을 지어 서서 날라리('태평소'를 달리 이르는 말)를 불었다. 성 안에서도 북을 울리고 날라리를 불어 응답함으로써 일본군을 혼란에 빠트렸다. 김시민은 밤낮으로 전투를 지휘하면서 군사들에게 한마음으로 같이 죽자며 군사들의 사기를 북돋웠다. 또한 그는 몸소 물과 먹을 것을 가지고 다니면서 군사들의 허기와 목을 채워주었다. 그는 성을 보전하지 못하면 성 안에

---

17) 임진왜란 때 쓰던 작은 대포의 한 가지로 차대전(次大箭)이란 화살 끝에 화약 주머니를 매달아서 쏘는 것이다. 현자총통은 보통 철환 100발을 한 번에 발사하는 것으로 가까운 곳에서는 산탄 효과가 매우 커서 큰 위력을 발휘한다.

18) 선조(宣祖) 때 이장손(李長孫)이 발명한 폭탄으로, 화약, 철편(鐵片), 뇌관을 속에 넣고 겉을 쇠로 박처럼 둥글게 싸서 대완구(大腕口)로 쏘아 목적지에 투하하는 것이다. 비격진천뢰(飛擊震天雷)라고도 한다.

19) 탄환에 마름쇠를 넣어서 쏘는 화포로, 고려 말기에 최무선(崔茂宣)이 처음으로 만들었다.

있는 모든 조선 백성들은 일본군의 칼에 의해 죽임을 당할 것이니 성을 사수해야 하고, 죽을 각오로 싸운다면 이길 것이라며 전의를 불태웠다.

10월 9일에도 전날과 같이 공격을 반복했다. 이날에는 진주성 외곽에서 조선군이 일본군을 공격했다. 김준민이 단성현 쪽에 있는 일본군을 기습하였고, 한후장 정기룡과 조경형의 군대가 살천 방향에 있는 일본군을 공격했다. 김성일의 응원 요청을 받고 달려온 전라도 의병장 최경회와 임계경의 군사 2,000여 명이 성을 포위한 일본군의 후면을 압박했다.

10월 10일 새벽 일본군은 여기저기 모닥불을 붙여 환하게 밝힌 가운데 군막을 철거하고 모든 자재들을 수레에 실어 퇴각하는 척하며 몰래 동문 가까이 접근하였다. 일본군들은 긴 사다리를 이용하여 성벽에 기어올랐고, 일본 기병들은 뒤에서 성을 향해 총을 쏘아댔다. 김시민과 판관 성수경*이 나뉘어 군대를 지휘하며 격전을 치렀다. 동시에 일본군 다른 부대가 북문을 공격하였다. 전만호 최덕량과 군관 이눌, 윤사복이 이를 막아냈다. 형세가 급박해지자 성 안에 있던 노인과 여자들도 돌을 던지며 방어를 도왔다.

동녘이 밝아 오자 일본군의 공세가 점차 누그러졌다. 이때 김시민이 왼쪽 이마에 총을 맞고 쓰러졌고,[20] 곤양군수 이광악이 목사를 대리하여 군대를 지휘했다. 오전 9시경 일본군이 물러갔다. 『일본전사』에는 1차 진주성전투에 대한 구체적인 언급이 없이 가토 미츠야스(加藤光泰) 등이 10월 5일 진주성을 포위했다가 10월 11일 포위를 푼 것으로만 기술하고 있다.

---

20) 1차 진주성전투가 종결될 무렵 김시민은 이마에 총탄을 맞고 쓰러졌고 후에 사망했다. 만일 김시민이 전투 후반에 쓰러지지 않았다면 김시민은 후퇴하는 일본군을 추격하여 더 큰 전과를 거두었을 것으로 판단된다.

* 성수경(?~1593): 문신으로 임진왜란이 일어나자 초유사 김성일에 의하여 발탁되었으며, 군무를 맡아 성벽을 개수하고 무기를 수선하는 등 전비를 갖추는 한편 충의지사를 부르는 격문을 붙였다. 진주판관으로 재임 중 제2차 진주성전투에서 의병장 고경명·김천일 등과 함께 전사하였다.

〈표 4-4〉 5일 간의 전투와 10여 회의 회전

10월 5일	· 일본군, 기마병 1,000여 명으로 군세 과시 · 일본군, 진주성 동쪽 10리 밖 진 구축 · 김시민 목사, 화살 하나도 아끼도록 지시. 성 안의 노약자를 모아 남복을 입혀 군세 과시 · 윤탁, 정언충 부대, 마현 진출 및 접전. 전투 패배

10월 6일	· 일본군, 이른 아침, 공격을 위한 3개 부대 편성
	· 일본군, 조총수 1,000여 명의 일제 사격
	· 일본군, 화살 공격. 3만의 병력 모두가 함성
	· 일본군, 초가와 대문을 뜯고, 대나무로 사다리 만드는 등 공성 준비
	· 진주성군, 일본군 기세가 꺾일 때 함성과 북치며 대응. 성 안의 기병 500기의
	  무력시위
	· 곽재우가 심대승(200명)을 보내 향교 뒷산에서 호각을 불고 횃불을 듦. 성 안
	  에서 호각을 불며 호응.

10월 7일	· 일본군, 조총수 1,000여 명의 일제 사격 · 일본군, 불화살 공격. 진주성 내 민가 불태움 · 일본군, 항복 종용 · 일본군, 공성을 위한 성밖 토루, 산대, 사다리 제작 · 진주성군, 현자총통으로 산대 공격 · 진주성군, 저녁에 악공에게 거문고와 퉁소 연주 · 고성 가현령 조응도, 진주복병장 정유경(500명), 남강 건너 진현에서 호각을 붊. 성 안에서 호응
10월 8일	· 일본군, 나뭇가지와 짚더미로 성 밖 해자를 메움 · 일본군, 3층 높이 산대에 바퀴를 달아 밀고 들어오며 조총과 화살 공격 · 일본군, 수천 개의 대나무 사다리를 이용, 성벽에 오름 · 진주성군, 총통으로 산태 파괴 · 진주성군, 화약을 이용 성벽 아래의 나뭇가지와 짚더미에 불 붙임 · 진주성군, 기어오르는 일본군에 화살, 끓는 물, 돌, 낫, 진천뢰, 질려포 공격 · 합천가장 김준민, 정기룡, 조경형 성 밖에서 전투
10월 9일	· 일본군, 흙으로 성 밖에 가산을 만들어 공격 · 일본군, 공성을 위한 기구를 만들어 공격 · 진주성군, 현자총통으로 공성기구 파괴 · 복병장 정유경(300명), 성 밖에서 군세 과시. 남강 건너의 일본군과 전투
10월 10일	· 일본군, 새벽에 퇴각하는 척하다 동문 공격 · 일본군, 주력부대의 북문 공격 · 진주성군, 성민과 함께 모든 수단을 동원하여 공방전 · 김시민 목사, 이마에 총상 · 10월 10일. 일본군, 진시에 패주

전투가 끝날 때 고성의병장 최강, 이달 등이 군사를 영솔하고 진주성을 구원하러 왔다. 곽재우도 군사를 보냈고, 정인홍도 가장 김준민, 정방준 등에게 500명의 군대를 이끌고 진주성을 구원하도록 하였다. 김준민은 진주성으로 오던 중 일본군과 싸워 수급(首級) 수십 급을 베었다.

진주대첩의 의의와 성과

진주대첩은 도요토미 히데요시의 조선점령 전략을 무력화시킨 분수령이 된 역사적 사건이다. 진주대첩은 목사인 김시민의 완벽한 전투 준비와 리더십, 진주 관군과 백성과 합심, 전라도 및 경상도 의병의 긴밀한 협력체계에 의한 협력 그리고 효율적인 무기 사용으로 최신 무기로 무장하고 전쟁터에서 평생을 단련한 일본군을 완벽하게 제압한 전투이다. 전투에 참전한 병력 수만을 보더라도 3,800명의 조선군이 3만 명이 넘는 일본군을 5일 동안 10회의 전투에서 모두 승리한 전투이다. 무엇보다도 전투 준비를 완전히 갖춘 일본군의 대규모 주력부대가 육상 전투에서 패배했다는 점에서 매우 큰 의미를 갖는다.

〈표 4-5〉 일본군의 병력 손실

- 1일 병력의 손실을 수비군의 수로 계산: 3,800명 × 3일 = 11,400명
- 공격한 일본군 총 수의 1/3이 손실된 것으로 계산: 30,000/3 = 10,000명
- 일본군 주요 지휘관의 병력 손실로 추정 계산: 30,000명 × 37% = 11,100명

진주성전투에서 일본군의 사망자가 얼마인지를 추정하기는 쉽지 않

다. 일본은 1차 진주성전투에 대해 기록하고 있지 않기 때문이다. 다만 2차 진주성전투의 승전을 다루면서 김시민 목사의 존재와 1차 진주성전투의 패배를 암시하고 있다. 일부 사료에는 일본군의 말을 언급하면서 1차 진주성전투에서의 일본군 피해에 대해 지휘관급 3백 명, 병사가 3만여 명에 달한다[21]고까지 한 기록도 있다. 이 사료를 전적으로 믿기는 어렵지만, 당시 공성전에서 발생할 수 있는 사망자를 추정하면 〈표 4-6〉에서 보는 바와 같이 진주성전투에서 발생한 일본군 사망자는 최소한 1만 명이 넘는다.

〈표 4-6〉 1차 진주성전투 참전이 확인된 일본군 주요 지휘관별 소속부대의 사망자

지휘관 성명	참전 병력 수	잔여 병력 수	사망자 수(%)	소속 부대
나가오카 다다오키(長岡忠興)	3,500	2,296	1,204 (34.40)	9번대
기무라 시게코레(木村重玆)	3,000	1,823	1,177 (39.23)	11번대
하세가와 히데카즈(長谷川秀一)	4,000	2,470	1,530 (38.25)	12번대
합계	10,500	6,589	3,911 (37.20)	

주: 참전 병력은 도요토미 히데요시의 작전명령서 상의 인원(1)이고, 잔여 병력은 2차 진주성전투를 위해 도요토미 히데요시가 발령한 작전명령서 상의 진주성 공격 인원(2)으로 (1)과 (2)의 차이를 사망자 수로 추정함.
자료: 參謀本部編, 1924, 『日本戰史 朝鮮役』, 村田書店, pp.65~73 및 pp.257~262.

또한 일본군 사료를 통해 1차 진주성전투에서 발생한 일본군 사망자를 추정정할 수 있다. 〈표 4-6〉은 진주성전투에 참전이 확실한 일본군 지휘관과 병력 수이다. 이 표에 있는 일본군 지휘관 이외에도 일본군 15번

---

21) "갑오년 강화 때 왜적이 말하기를 '진주의 싸움에서 그들의 將官 죽은 자가 3백 명, 군사 죽은 자가 3만 명이므로 반드시 그 보복을 한 뒤에야 강화를 논의할 수 있다'라고 하였다". 김시양(金時讓)이 1612년(광해군 4년)에 쓴 『부계기문(涪溪記聞)』에서 인용된 글이다(박용국, 2011, 「임진왜란 시 진주 지역 남영학파의 의병활동」, 남병학 제6집, p.344).

대 소속 가토 미츠야스(加藤光泰)의 참전이 확실하지만 1592년 4월에 기록된 참전 병력 수는 1,000명인 반면, 1593년 6월에 기록된 잔여 병력 수가 1,097로 오히려 늘어났다. 이 때문에 계산에서 제외했다.[22] 1차 진주성 전투에 참여가 확실한 지휘관의 소속 병력의 참전 병력 수는 총 10,500명이고, 이 중에서 사망자는 3,911명으로 사망률이 37.20%이다. 1차 진주성전투에 참여한 일본군 소속이 임진왜란 초기에는 나고야에 주둔하고 있던 예비병력인 10번대에서 15번대 병력이고, 이들이 부산과 김해로부터 진주성으로 공격해 왔다는 점을 감안하면 이들은 1차 진주성전투 이전에는 중요한 전투에 참여하지 않은 것으로 판단할 수 있다. 그리고 이들은 1차 진주성전투 참여 이후에는 전투에서 입은 피해로 인해 부산 지역으로 물러나 대규모 전투에는 참여하지 않았을 가능성이 높다. 즉, 1차 진주성전투에 참여한 일본군의 전체 인원 중에서 약 37%가 사망한 것으로 추정할 수 있다. 이것을 근거로, 1차 진주성전투에 일본군 참여 병력이 30,000명이라고 가정하면, 일본군은 이 전투에서 약 11,100명이 사망한 것으로 추정할 수 있다. 이것은 앞에서 언급한 사료의 추정치와 일치한다.

　1차 진주성전투는 3,800명의 조선 관군이 30,000명 이상의 일본군을 상대로 한 5일 동안의 주야에 걸친 전투로서 1/3 이상의 일본군 병력을 잃게 만든 김시민과 진주성 수성군의 확실한 승리였다. 이 승리는 도요토미 히데요시의 조선 정복을 위한 전략에 막대한 차질을 빚게 한다. 즉, 도요토미 히데요시의 조선 정복 1차 목표인 조선 8도 경영은 앞에서 언급한 바와 같이 조선인의 국가통합에 의한 지속적인 항전으로 분쇄되었고, 나고야에 주둔하고 있던 약 12만 명의 예비병력이 수로를 통해 평양

---

22) 가토 미츠야스(加藤光泰)의 소속 부대원의 수가 증가한 것은 다른 부대인원을 편입했기 때문으로 판단된다.

성 이북에 상륙하여 조선을 완전히 점령하려 한 계획은 이순신의 수군에 의해 좌절되었다.[23] 나고야에 있던 예비병력은 끝내 부산 지역 해안을 통해 조선으로 들어왔지만 경상우도 조선 관군과 의병의 활약 그리고 진주대첩으로 인해 전라도 진출이 막혀 북상에 실패했다. 진주대첩으로 인해 12만 명의 일본군 예비병력은 경상도 지역에 머무를 수밖에 없게 된 것이다. 또한 부산에서 한양에 이르는 일본군 보급로도 실질적으로 막히게 되었다.

이러한 일본군 보급로의 차단은 결국 한양 이북에서의 일본군 전투력에 차질을 빚게 하였다. 일본군이 1593년 1월 4차 평양성전투 이후 평양에 있던 군대뿐만 아니라 함경도, 황해도, 경기도, 강원도 등에서 활약하고 있던 전체 일본군을 후퇴시킬 수밖에 없게 된 것이다. 따라서 진주대첩은 경상우도 및 전라도 도발을 막은 전술적 의미의 전투일 뿐만 아니라, 임진왜란 전체의 전투 상황의 틀을 바꾼 전략적 의미를 갖는 전투로 해석되어야 할 것이다. 물론 1차 전투성전투의 승리는 8개월 후 도요토미 히데요시의 명령에 의해 2차 진주성전투가 발생한 직접적인 원인이 되기도 한다.

진주대첩 이후의 일본군 상황

진주대첩은 앞에서 살펴본 바와 같이 일본군의 경상도 점령에 항쟁하고 있던 가장 큰 세력인 진주성을 일본군이 공격한 것이다. 만일 일본군

---

23) 1592년 여름 평양성에 주둔하고 있던 고니시 유키나가가 조선 조정에 보낸 서신에서 "일본 수군 십여 만 명이 서해를 따라 올라올 터인데, 대왕의 어가는 어디로 가시겠습니까?" 하며 협박하는 문서를 보낸 바 있다. 유성룡은 이순신의 해전 승리로 인해 일본군의 서해로의 기동은 좌절되었다고 적고 있다(유성룡(이연도 역), 2010, 『징비록』, 두산동아, p.79).

이 진주성을 점령하였다면 경상우도의 조선군 세력이 무력화되었을 것이고, 경상우도뿐만 아니라 전라도까지 일본군의 점령지가 되었을 가능성이 높다. 그러나 진주성에서 패주함으로써 경상도 내의 일본군 전투력은 약화되었다. 이 결과 경상도 내 조선군은 수세에서 공세로 바뀌고, 일본군은 공세에서 수세로 역전되었다. 진주성전투의 승리는 조선군이 전투에서 일본군을 이길 수 있다는 의식의 전환을 조선 전역에 가져왔다. 뿐만 아니라 경상도 내 일본군의 보급로를 차단함으로써 조선 전역의 일본군은 무기와 식량의 보급 없이 전투에 임하게 되었다. 일본군의 경상도 보급로의 차단은 조선 전역에서 벌어지고 있던 전반적인 전투에 치명적인 영향을 미친 것이다.

임진왜란 초반 각종 전투에서 승승장구하며 한양성과 평양성을 점령할 때까지만 해도 일본군이 조선 8도를 점령하고, 전쟁 참여자들에게 영지를 나누어주겠다는 도요토미 히데요시의 공언이 가능할 것으로 보였으나 전쟁이 장기화되면서 일본군은 낯선 땅에 들어와 언제 공격당할지 모르는 운명에 처하게 되었다. 특히 전쟁이 시작된 지 6개월이 지나면서 식량 부족과 추위로 많은 병사가 죽어갔다. 부산에서 한양성 그리고 각 지역으로 이어지는 보급로가 끊어져 일본에서 오는 병량의 전달이 원활하지 못했고, 조선군의 지속적인 일본군 성채에 대한 공격으로 현지에서의 식량 확보는 엄두를 내지 못했다. 특히 따뜻한 남쪽에 살던 일본군이 전쟁의 조기 종결을 예상하고 전혀 추위에 대한 대비를 하지 않았던 것은 당시 일본군의 참혹상을 쉽게 예상할 수 있다.

임진왜란을 연구하고 있는 일본인 기타지마 만지(기타지마[北島萬次], 2008: 127)는 1593년 1월 당시의 일본군 상황을 다음과 같이 기록하고 있다.

줄어드는 것은 쌀과 소금과 술과 생선, 겨우 남아 있는 것은 좁쌀과 수수, 이제 말까지 없다면 어떻게 할 것인가

또한 임진왜란을 참관한 포르투갈인 프로이스(2008: 118-119)도 1593년 1월 평양성 내부 사정을 다음과 같이 전한다.

병사들은 이미 지쳐 있으며, 사상자 수가 많고 군수품은 모두 떨어졌다. 더욱이 무기들은 파손됐으며 보루 밖에 있던 일부 식량 창고들은 불에 탔다. 이런 상황에서 중국군이 충분히 승산이 있다고 보고 내일이라도 재공격을 감행한다면 우리는 전멸을 면하지 못할 것이다. 더욱 걱정스러운 점은 평양과 서울 사이에 있는 일본군 성채들이 조선군의 계속 퍼부어대는 공격과 습격에 대비해 방어할 병사들만 겨우 유지하고 있는 상태이므로 원조를 곧바로 받을 수 있다는 희망도 없다는 사실이다.

이상의 기록으로 1592년 10월 진주대첩 이후 1593년 6월까지 일본군이 처하게 된 상황은 다음과 같이 정리할 수 있다. 첫째, 조선군이 조선 전 지역에서 일본군을 공격하였고, 점령지를 수복하였다. 둘째, 조선군에 의해 일본군의 보급로가 끊겼다. 셋째, 일본군의 무기와 식량, 의복이 바닥났다. 넷째, 한양성 이북의 일본군은 한양성으로 퇴각하지 않을 수 없는 상황에 직면했다. 이로써 일본군은 평양성이 함락된 직후 한양성 이북에 있는 전 병력이 한양성으로 후퇴했고, 이어 한양성에서 부산 지역으로까지 퇴각해야 했다. 다섯째, 일본군의 조선 전 지역에 대한 점령에 실패했고, 남부 지역만이라도 점령하기 위해서는 새로운 전략이 필요했다.

진주대첩에서 제4차 평양성전투 이전까지의 전투 상황

일본군에 의해 평양성이 함락되던 시기인 1592년 6월부터 조선 전역에서 일본군의 진출을 막으려는 조선군의 반격이 시작된 이후, 조선군은 전투경험이 쌓이면서 일본군과의 격렬한 전투를 벌이기 시작했다. 특히 진주대첩 이후 결정적으로 부산성에서 한양성으로 이어지는 일본군 보급로가 차단됨으로써 일본군의 전투력은 급격히 상실됐다. 1592년 10월 진주대첩 시기부터 1593년 1월 명나라 군대가 파견될 때까지 기록이 남아 있는 대표적인 전투는 북관대첩, 제3차 성주성전투 그리고 독성산성전투이다.

북관대첩은 1592년 9월 함경도에서 의병이 조직되어 정문부를 의병장으로 추대하자 지역의 관군이 합세하여 경성과 길주 등지에서 반란을 일으켜 일본군의 함경도 점령을 도운 국경인, 국세필, 정말수 등을 처단하고, 가토 기요마사의 일본군 2번대를 함경도에서 몰아낸 전투를 말한다. 북관대첩에서 정문부 군대는 경성부사 정견룡, 경원부사 오응태, 경흥부사 나정언, 고령첨사 유경천, 군관 오대남 등이 합류한 3,000명의 조직화된 군대였다. 정문부 군대는 일본군에 가담한 국경인, 국세필, 정말수 등이 장악하고 있던 길주성 이북의 명천, 경성, 회령, 경원 등을 우선 수복하여 세력을 확장했다.

1592년 10월 25일 정문부는 본격적으로 길주성을 포위함으로써 일본군과 대치했다. 이 과정에서 10월 30일 명천 인근에서 민가를 약탈한 후 석성령을 넘던 일본군 1,000명을 정문부 휘하의 원충서, 한인제 등의 조선군이 추격과 퇴각, 매복 등의 작전으로 괴멸시키는 등의 전과를 올리기도 하였다. 11월 1일 정문부는 길주성을 공격했다. 초기 직접적인 공성전에서 피해를 본 조선군은 길주성 주변에 군대를 매복시키고 길주성

〈그림 4-3〉 1592년 9-12월 동안의 주요 전투(북관대첩, 제3차 성주성전투, 독성산성전투)

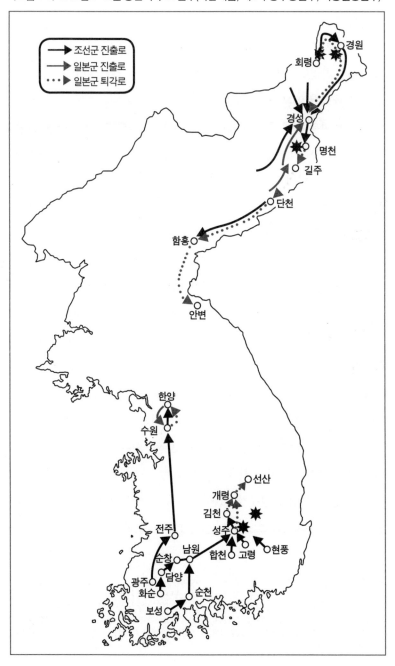

인근에 있는 영동에서 민가를 약탈하는 일본군을 우선 공격하여 괴멸시켰다. 또한 강문우, 유경천 등의 조선 장수는 길주성에서 빠져나와 조선군을 공격하려던 일본군을 압박했다. 결국 가토 기요마사는 11월 23일 길주성을 지키던 일본군에게 단천으로 퇴각 명령을 내렸다. 그러나 길주성이 포위되어 일본군의 퇴각이 어렵게 되자 1593년 1월초 가토 기요마사는 정예병을 길주에 보내 길주성 철수를 감행했고, 이에 따라 조선군과의 격전 끝에 일본군은 큰 피해를 보면서 후퇴했다. 2월 4일 일본군은 함흥으로까지 병력을 철수시켰고, 이후 가토 기요마사가 주둔하고 있던 함경도 안변으로 집결하여 2월 말 한양성으로 후퇴하였다. 이 과정에서 일본군 2번대는 전체 병력 22,800명 중에서 39%인 8,864명이 사망 또는 실종되었다.

3차 성주성전투는 1592년 12월 7일 시작됐다. 성주성전투는 경상도 의병도대장 김면과 의병대장 정인홍이 지휘하였다. 또한 전라도 우의병장 최경회와 전라도 좌의병장 임계영이 전투에 참여하였다. 경상·전라 연합 의병군은 7일 동안 주야로 성주성을 공격했다. 일본군도 성문을 열고 나와 야전에서 전투를 벌이기도 했다. 전라도 의병부장 장윤*은 개령에 주둔하던 일본군이 성주성 일본군을 돕기 위해 출동하는 것을 개령과 성주 사이에서 매복하고 있다가 기습함으로써 성주성을 고립시켰다. 12월 14일 조선 연합 의병군이 최후 공격을 가했지만 결국 성주성을 함락시키지는 못했다. 그러나 성주성 일본군은 성 안에만 주둔하고 있다가 1593년 1월 15일 개령으로 철수했고, 김산에 주둔하고 있던 일본군과 함께 선

---

*장윤(1552~1593): 전라남도 순천 출생으로, 1582년 무과 병과에 급제하여 1591년에는 사천 현감에 임명되었다. 이듬해 임진왜란이 일어나자 의병들을 모집하고 그들의 활동을 지원했으며 이후 좌의병부장을 겸하게 되었다. 성산·개령 등지에서 일본군에게 승리를 거두고 성주성을 탈환하기도 하였다. 1593년 제2차 진주성전투 당시 성 안으로 들어가 일본군에 맞서 싸우다 전사했다.

산 방면으로 철수했다.

독성산성전투는 1592년 12월 11일 전라감사 권율이 경기도 오산의 독성산성에서 경기도 지역의 일본군을 물리친 전투이다. 웅치와 이치전투로 일본군의 전라도 진출을 방어해낸 권율은 휘하 장수 선거이, 소모사 변이중*, 조방장 조경, 의병장 임희진과 변사정, 승병장 처영 등을 비롯한 1만여 명의 군사를 이끌고 북상하다 수원 인근의 독성산성에 주둔했다. 일본군은 한양성의 후방 연락망과 보급로 문제를 의식하고 2만 명의 군사를 뽑아 오산, 관천, 용인 등지로 들어가는 길을 차단하고 공격을 개시했다. 권율은 소수 병력을 타격조로 편성해 수시로 일본군의 측면을 교란시켰고, 일본군은 직접적인 공격 대신에 성 안으로 들어가는 물줄기를 막아 조선군을 압박했다. 조선군은 야간에 제방을 막고 있던 일본군을 기습하여 급수원을 확보하였고, 전라도 도사 최철견이 의병을 모집해 독성산성에 있는 조선군을 응원하였다. 일본군은 지속적인 조선군의 습격과 장기전의 부담감으로 산성에서 철수하였다. 이로써 조선군은 경기도 일부를 수복하였고, 한양성에 주둔하고 있는 일본군을 후방에서 압박하였다.

평양성을 재탈환한 제4차 평양성전투

1592년 1월 6일부터 9일까지 조·명 연합군과 일본군 간에 평양성에서 전투가 벌어졌다. 이 전투에 참여한 조선군은 도원수 김명원, 우방어

---

* 변이중(1546~1611): 문신으로 임진왜란 당시 화차를 제조해 조선 과학사에 큰 업적을 남겼다. 임진왜란이 일어나자 전라도 소모사가 되어 병마와 군기를 수습하고 수원에 주둔하면서 독성산성전투에서 공을 세웠다. 화차 300량을 제조하여 순찰사 권율에게 주어 행주대첩 승리에도 크게 기여하였다.

사 김응서, 좌방어사 정희현, 황해도 방어사 이시언, 황주 판관 정화 등이 이끄는 조선 관군 8,000명과 서산대사와 사명대사가 이끄는 승군 2,200명으로 총 1만 200명이다. 명군은 총사령관인 경략 송응창*, 제독 이여송*, 중협대장 이여백, 좌협대장 양원, 우협대장 장세작, 선봉장 사대수 등이 이끄는 4만 3,000명이 참여했다. 반면, 일본군은 고니시 유키나가가 이끄는 1번대 1만 8,000명이다. 당시 일본군은 병량의 보급에 문제가 있었고, 오랜 전투로 인해 피로와 추위에 지쳐 있었다. 더욱이 조·명 연합군의 위세에 짓눌려 고니시 유키나가가 황해도 봉산에 주둔하고 있던 오오토모 요시무네(大友吉統)에게 구원을 요청했으나 거절당하여 일본군의 사기가 크게 저하되었다.

1월 6일 조·명 연합군이 평양성을 포위하였다. 일본군은 성에 올라가 방어하였고, 모란봉 주변에 1천 명의 조총수를 배치하여 사격을 가하였다. 첫 전투에서는 명나라 부총병 오유충*과 조선 승병부대가 공격을 시작하다가 퇴각하는 척하자 일본군이 성을 넘어 쫓아오는 것을 다시 반격하여 승리했다.

1월 7일 오전에 명군이 3개 진영으로 나뉘어 보통문을 총공격했다. 일본군이 성문을 열고 나와 명군을 기습하고 백병전을 치렀으나 패하여 성

---

* 송응창(宋應昌, 1536~1606): 명나라의 장수로 임진왜란 당시 명군의 지휘부, 경략군문 병부시랑을 직으로 이여송(李如松)과 함께 4만 3천 명의 명나라 2차 원군의 사령관으로 참전하였다. 조선의 김응서(金景瑞)와 함께 제4차 평양전투에서 평양성을 탈환한다. 이여송이 벽제관전투에서 대패하자 명나라 요동으로 가 형식상으로 지휘를 하였다.

* 이여송(李如松, 1549~1598): 명나라 말기의 장수로 임진왜란 때 파견된 명나라 장군의 한사람으로 요동(遼東) 철령위(鐵嶺衛) 출생이다. 임진왜란이 일어나자 명나라의 방해어왜총병관으로 임명되어 4만 3천 명의 병력을 이끌고 압록강을 건너 한반도에 들어왔다. 1593년 1월 조선군과 합세하여 일본군을 대파하여 평양을 탈환하였다. 평양을 탈환하고 그 길로 남진하여 한양으로 향하던 도중 벽제관전투에서 매복한 일본군에게 기습 공격을 당해 패한 후로는 기세가 꺾여 더 이상의 진격을 중지하고 후퇴하여 평양성을 거점으로 화의 교섭 위주의 소극적인 활동을 하다가 그 해 말에 철군하였다.

* 오유충(吳惟忠, ?~?): 임진왜란 당시 1593년에 파병된 명나라 우군 유격장군으로, 제4차 평양전투에서 부총병으로 활약하였으며, 정유재란에는 충주를 지키는 임무를 맡았다.

정희현과 김응서의 기병대가 일본군을 유인하였으나 일본군이 응하지 않았다.

1월 8일 조선군은 이여백과 함께 남쪽 성을, 명군은 서쪽 성을 공격하기로 하고 총공격하였다. 명군은 대장군포, 위원포, 자모포, 연주포, 불량기포 등 수많은 대포들을 평양성에 집중사격하고 평양성 서남쪽 함구문은 명군의 조승훈과 조선의 이일, 김응서의 8,000명의 군사, 칠성문은 장세작, 보통문은 양호, 모란봉은 오유충과 사명대사의 승병 2,200명이 공격했다. 이여송이 먼저 성에 오르는 자에게 은 50냥을 주겠다고 하자, 남방장수 낙상지가 먼저 성벽을 오르고 그의 군사가 뒤따라 올랐다. 이에 일본군은 더 이상 지탱하지 못하고 내성으로 물러났다.

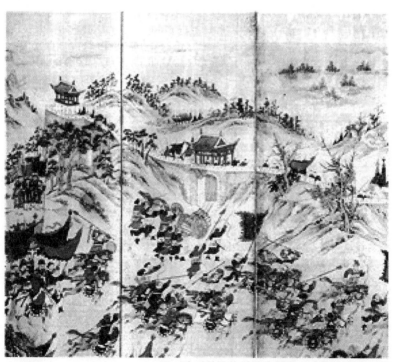

조·명 연합군의 평양성 탈환 모습을 묘사한 병풍

조·명 연합군이 외성과 읍성을 함락시키고 중성으로 돌입해 일본군을 만수대와 을밀대로 압박했고, 일본군은 풍월정 아래에 굴을 파고 격렬히 저항했다. 고니시 유키나가는 연광정 토굴에 있었다. 양측에서 사상자가 속출하자 이여송은 군사를 물리고 고니시 유키나가에게 협상을 제의했다.

　이여송은 고니시 유키나가에게 "우리 병력으로 너희들을 모조리 없애버릴 수 있으나 사람의 목숨을 차마 그렇게 할 수 없어서 너희들의 살 길을 열어주려 하니 물러나라"는 뜻의 편지를 전달했고, 고니시 유키나가는 "반드시 물러갈 터이니 뒷길을 차단하지 말라"고 요구했다. 이여송은 이 제안을 받아들였고, 조선 측에도 일본군의 퇴로를 끊지 말라는 명을 전달했다. 이에 고니시 유키나가의 1번대는 1월 9일 새벽에 퇴각했다. 이 전투에서 조·명 연합군은 일본군 1,285명을 참획하고, 포로 2명, 불타 죽은 자 수백 명의 전과를 올렸다. 동시에 조선인 포로 1,285명을 구출하고, 말 2,985필과 군량미 3천 석을 노획했다. 조·명 연합군 측도 1천여 명의 전사자가 발생했다. 또한 황해도 방어사 이시언은 퇴각하는 일본군을 공격하여 60여 명을 참살했고, 황주판관 장엽은 90여 명의 수급을 베었다.

　평양성전투 이후 평안도를 점령하고 있던 일본군 1번대와 황해도를 점령하고 있던 일본군 3번대 그리고 개성과 고양 등 경기도 북부를 점령하고 있던 일본군 6번대는 모두 빠르게 한양성으로 철수했다. 한양성으로 퇴거할 당시까지 일본군 1번대는 전체 병력 18,700명 중에서 65%인 12,074명이 사망 또는 실종되었고, 황해도를 점령하고 있던 구로다 나가마사의 일본군 3번대는 전체 병력 11,000명 중에서 54%인 5,918명이 사망 또는 실종되었다.

일본군의 전면적 후퇴

평양성에서 패전한 고니시 유키나가의 일본군 1번대는 1월 9일 새벽 평양성을 빠져나와 황주까지 휘퇴하여 구로다 나가마사의 2번대와 합류하였다. 이때 황해도 봉산에 주둔하고 있던 오오토모 요시무네는 이미 봉산에서 한양성으로 철수하였다. 1월 12일 일본군 1번대와 2번대는 함께 황주에서 후퇴하였고, 1월 14일 개성, 1월 16일에 파주를 거쳐 1월 17일 한양성으로 빠르게 후퇴했다. 강원도에 주둔하고 있던 모리 요시나리(毛利吉成)가 지휘한 일본군 4번대가 한양성으로 철수한 것도 이때이다.

함경도를 점령하고 있던 가토 기요마사 역시 1월 초 정예병을 길주에 보내 길주성에 포위되어 있던 일본군의 후퇴를 지원했고, 이 과정에서 조선군의 지속적인 공격으로 큰 피해를 보면서 남쪽으로 후퇴했다. 2월
！함흥 북부에 주둔하고 있던 일본군 2번대는 함흥으로까지 병력을 철수시켰고, 이후 가토 기요마사가 주둔하고 있던 함경도 안변으로 집결하여 2월말 한양성으로 후퇴하였다.

또한 경상도 성주성에서 지속적인 조선군의 공격을 막아내고 있던 일본군도 1월 15일 개령으로 철수했고, 이후 김산에 주둔하고 있던 일본군과 함께 선산 방면으로 철수했다. 조선 전 지역에 분산 배치되어 있던 일본군이 한양성과 부산성을 중심으로 합류한 것이다. 이것은 일본군 대병력이 주둔하고 있던 한양성과 부산성 이외의 지역은 모두 조선군이 활발하게 활동하였기 때문에 일본군에게는 위험 지역이 되었다는 의미이다.

명군의 벽제관전투 패배

후퇴하던 일본군을 따라 조·명 연합군도 빠르게 남하했다. 조·명 연

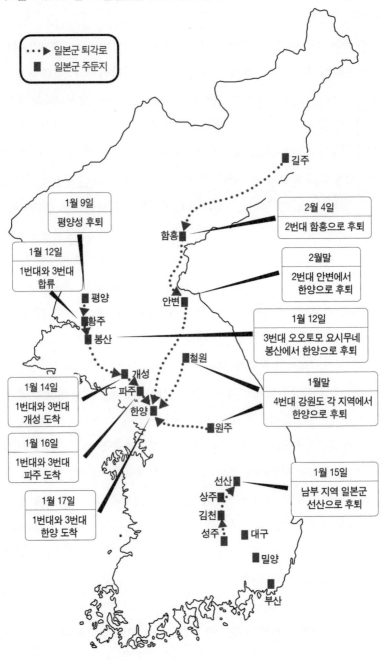

〈그림 4-4〉 1593년 1-2월 일본군 후퇴로 및 주둔지

- •••► 일본군 퇴각로
- ■ 일본군 주둔지

1월 9일
평양성 후퇴

1월 12일
1번대와 3번대
합류

2월 4일
2번대 함흥으로 후퇴

2월말
2번대 안변에서
한양으로 후퇴

1월 12일
3번대 오오토모 요시무네
봉산에서 한양으로 후퇴

1월 14일
1번대와 3번대
개성 도착

1월말
4번대 강원도 각 지역에서
한양으로 후퇴

1월 16일
1번대와 3번대
파주 도착

1월 17일
1번대와 3번대
한양 도착

1월 15일
남부 지역 일본군
선산으로 후퇴

길주
함흥
안변
평양
황주
봉산
철원
개성
파주
한양
원주
선산
상주
김천
성주
대구
밀양
부산

합군은 1월 19일 개성에 들어갔다. 조 · 명 연합군은 한양성 탈환을 논의하였고, 속전속결론과 신중론이 엇갈리는 가운데 대부분의 명군 장수들은 여세를 몰아 속전속결을 주장했다.

〈그림 4-5〉 벽제관전투 경로

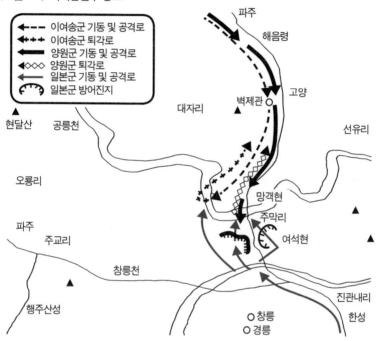

한편 일본군 수뇌부에서도 한양성 조기 포기와 역습 이후 후퇴에 대해 논의하였다. 일본군 사령부는 승리에 도취된 명군이 무리한 진격을 할 것이라는 점을 노리고 역습하기로 결정했다.

1월 27일 새벽 명군 부총병관 사대수와 조선군 경기도 방어사 고언백*

---

* 고언백(?~1609): 무과에 급제한 뒤 임진왜란이 발발하자 영원군수로 대동강 등지에서 왜군과 맞서 싸웠다. 이후 왜군을 참살하는 공을 세우며 양주목사가 되었다. 이천에서 적군을 격파한 뒤에는 경기도방어사가 되어 명나라 군사를 도와 한양 탈환에 공을 세웠으며, 이어 경상좌도 병마절도사로 승진하여 양주 · 울산 등지에서 왜군을 물리치는 공을 세웠다.

이 군사 1천 명을 이끌고 해음령을 넘어 벽제관 일대를 정찰하였고, 정찰대는 일본군 정찰대와 창릉 일대에서 마주쳤다. 교전을 벌인 끝에 조·명 정찰대가 60여 명의 일본군을 사살했고, 이 소식을 이여송에게 보냈다. 이여송은 명군 본진에게 뒤따라 출동하라고 명령을 내리고, 자신은 친위대를 포함한 기병 1,000여 기를 이끌고 긴급히 벽제관으로 출동했다.

이여송이 해음령을 넘어 벽제관을 지나 여석령에 도착하니 일본군 500명이 있었다. 이여송는 여석령을 향해 진격 명령을 내렸다. 그러나 여석령 뒤에는 일본군 병력 2,500명이 기다리고 있었고, 계속하여 고바야카와 다카카게가 이끄는 일본군 6번대 본진 8,000명 그리고 또 다른 일본군 병력 4,000명이 속속 도착하여 명군과 일본군 간에 접전이 벌어졌다. 이여송의 기병대는 짧은 칼만으로 무장되어 있었던바, 일본군의 조총 집중사격과 더불어 일본도와 창으로 무장된 일본군 보병의 포위공격에 패배할 수밖에 없었다. 그 뒤 명군 본진이 전투에 참여했고, 일본군 역시 추가로 많은 병력이 전투에 참여하였다. 초반에 기선을 제압당한 명군은 많은 사상자를 낸 채 후퇴하였고, 일본군도 더 이상 명군을 쫓지 않고 전열을 가다듬었다.

이여송은 이 패배로 전의를 상실하였고, 1월 29일 개성으로 물러났다. 그리고 명군에게 임진강 이북으로 후퇴하라는 명령을 내리고 평양으로 퇴각했다. 이어 4월 7일 일본군이 한양성에서 확실히 퇴각한 것을 확인하고는 개성으로 이동했다.

남의 나라 전쟁에 참가한 명군의 태도와 강화회담

명군은 벽제관전투에서 패배를 맛본 이후 일본군과의 직접적인 전투를 회피하였다.[24] 실제로 명군은 벽제관전투 이후 일본군과 강화협상에 매달렸고, 전투다운 전투에 거의 참여하지 않았다.[25] 명군 수뇌부는 일본군을 무력으로 진압하기는 어려울 것으로 판단하였고, 명군의 희생을 줄일 필요가 있었다. 명군은 조선에서의 전쟁 종결을 원했을 뿐 일본군을 굳이 진압할 필요는 없었다. 따라서 명군은 일본군과 강화를 모색했다.

일본군 역시 조선을 점령할 수 없다는 사실을 잘 알고 있었다. 기본적으로 조선 수군에 의해 해로를 통한 보급이 원활하지 못했고, 육로를 통한 보급도 조선군에 의해 차단되었다. 조선 내에서 식량을 마련하기는 더욱 어려웠다. 당시 일본군은 한양성, 상주 선산, 대구, 밀양, 부산 등에 주둔하면서 방어에 급급한 실정이었다. 조선군의 지속적인 공격에 의해 일본군은 전의를 상실해갔다. 따라서 일본군으로서도 명군의 강화 제의는 지긋지긋한 전쟁을 종결짓는 최상의 대책이었다. 그러나 일본군은 조선 땅에서 일본군이 겪고 있는 고초를 모르는 그들의 지도자 도요토미 히데요시를 설득시킬 명분이 필요했다. 이 강화 명분을 찾기 위해 명군과 일본군 양측은 대치한 채 지루한 시간을 보냈다.

반면, 조선 조정은 강화에 강력히 반대했다. 조선 조정은 명군에 일본군과 끝까지 항쟁하겠다는 의향을 전하였다.[26] 조선은 일본을 불구대천의 적으로 생각하여 그들을 추격하여 섬멸할 것을 강력히 주장했다.

---

24) 명나라 군사는 조선군과의 연합작전 8회에 그쳤다. 참전 초기 평양성 탈환 작전 및 정유재란 시 울산성전투 등 최후 공격전 이외에는 대부분 전투에 소극적이었다. 유성룡의 『징비록』에서는 명나라 군대가 일본과의 싸움을 꺼렸고, 고의로 일본군의 퇴로를 열어주었다는 기록이 다수 등장하고 있다.

25) 벽제관전투 이후 1596년 명군과 일본군 사이에 강화가 체결되어 일본군이 물러날 때까지 명군은 일본군과 남원에서 단 한 차례의 소규모 전투가 있었을 뿐이다.

26) 『선조실록』, 선조 26년 3월 계미.

한양성 탈환의 최후 전투, 행주대첩

독성산성에서 일본군의 공격을 물리치고 기회를 노리고 있던 전라도 순찰사 권율은 한양성으로 모여드는 일본군을 압박하기 위해 독성산성에서 나와 한양성 서쪽 20리 밖에 있는 행주산성으로 부대를 이동시켰다. 조·명 연합군의 한양성 탈환 작전에 참여하기 위한 것이다. 권율은 조방장 조경, 승장 처영 등 2,300명의 군대를 이끌고 행주산성에 주둔하였고, 병사 선거이에게 4,000명을 이끌고 수원 북방 광교산을 지키도록 하였으며, 소모사 변이중에게는 3,000명을 이끌고 양천에 대기하게 하였다. 변이중은 만석꾼이던 자신의 재력을 투입해 화차 300량을 제작하여 권율에게 납품했다. 이 무렵 한양성 인근에는 전라도절도사 최원 병력 4,000명, 경기도 순찰사 권징 병력 400명, 창의사 김천일 병력 3,000명, 의병장 우성전 병력 2,000명, 경기도방어사 고언백 병력 2,000명 등이 포진하고 있었다.

권율은 일본군의 공격에 대비해 행주산성 주변을 이중 목책으로 둘러치고 포 진지를 구축하였다. 요소요소에 흙담을 높이 쌓았고, 참호도 깊

행주대첩 장면(출처: 문화재청)

이 팠다. 총통기와 화차를 비롯한 각종 화포를 준비하였고, 화약도 충분히 비축하였다.

1593년 2월 12일 새벽 한양성에 있던 일본군이 한양성 방어에 앞서 배후에 있는 행주산성을 공격했다. 일본군은 3만 명을 동원하였다. 일본군은 5개 진영으로 나뉘어 공격을 거듭하였으나 조선군의 방어가 거세 목책을 넘지 못했다. 목책을 넘은 일본군도 흙담 앞에 가로막혔고 조선군의 공격에 퇴각할 수밖에 없었다. 전투 중에 조선군의 화살이 거의 소모될 위기였으나 충청수사 정걸*이 두 척의 배로 화살을 싣고 와서 강 쪽에서 들여보내 위기를 넘겼다. 일본군의 공격은 새벽 5시부터 오후 6시까지 세 번에 걸쳐 있었고, 조선군이 일본군의 공격을 세 번 모두 격퇴하였다.

조선군은 재차 일본군이 공격할 경우 방어에 실패할 수도 있다는 점을 인지하고 이날 밤 행주산성을 비우고 퇴각했다. 일본군도 2월 12일 행주산성 공격이 실패했음을 인정했다. 그러나 일본군은 다음날 재차 공격했고, 비어 있는 행주산성을 점령했다. 이것으로 일본군은 결국 자신들이 행주산성전투에서 승리했다고 적고 있다.

일본군의 한양성 퇴각과 조·명 연합군의 입성

명나라 경략 송응창은 심유경을 일본군 진영에 보내 강화회담을 시도하였다. 이때 충청도 수군절도사 정걸은 강화도에서 수군 50척을 이끌고 한강을 거슬러 올라가 용산 일대의 일본군 선박을 공격하고, 일본군의 군량을 보관하고 있던 용산창을 화공으로 불태웠다. 이와 같은 방법으로

---

* 정걸(1514~1597): 1544년 무과에 급제한 뒤 특히 수군의 요직을 두루 역임하였다. 1591년 전라좌수영조방장으로 임명받았으며 조선 수군의 주력 전선이었던 판옥선을 만들기도 하였다. 임진왜란이 일어나자 이순신과 함께 옥포해전·한산도대첩·부산포해전 등에 참전, 큰 공을 세웠다. 1593년에는 충청도 수군통제사가 되어 행주대첩에 참가해 아군에게 화살을 조달, 왜군을 상대로 승리를 거두는 데 기여하였다.

조선 수군은 지속적으로 일본군을 압박했다.

4월 8일 심유경과 고니시 유키나가 간에 강화회담이 타결됐다. 일본군은 철수의 안전을 보장받기 위해 명나라 강화사 파견을 요구했고, 송응창은 일본 측의 요구를 받아들여 서일관 등 강화사 2명을 일본군 측에 보냈다. 4월 18일 한양성의 일본군이 전원 명나라 유격장 심유경과 강화사 2명, 포로로 잡힌 순화군과 임화군, 조선 대신 일행을 인질로 하여 철군을 시작했다. 조선군 공격에 대한 방패용으로 조선 백성 1,000여 명을 인질로 잡아 앞세우고 한양성을 나와 한강 부교를 건너 남하했다.

4월 19일 유성룡이 이여송에게 퇴각하는 일본군의 추격을 주장했으나 거절당하자, 전라도 순찰사 권율, 순변사 이빈, 경기도 방어사 고언백, 이시언, 정희현 등에게 비밀리에 일본군을 추격하라고 명했다. 4월 20일 권율이 한양성에 입성했으나 일본군은 하루 전에 모두 퇴각한 상태였다. 이로써 한양성은 11개월 15일 만에 탈환되었다.

권율은 곧바로 일본군을 추격하려 했으나 명군 유격장 척금이 권율 부대를 가로막았다. 이여송의 명령 없이는 추격하지 못한다는 것이다. 4월 20일 이여송이 이끄는 명군도 한양성에 입성했다. 유성룡이 이여송에게 추격전을 재차 주장했으나 여러 핑계를 대며 추격하지 않았다. 더욱이 명군은 조선군이 일본군 추격을 위해 한강을 건너려는 것도 가로막았다.

일본군은 5월 10일 상주, 12일 선산과 인동, 13일 대구와 청도를 거쳐 밀양에 도착했다. 철수한 일본군은 부산진성, 서생포성, 임랑포성, 기장성, 동래성, 김해성, 안골포성, 가덕도성, 웅천성, 거제도성 등 남해안 포구의 성에 분산 배치됐다.

대치전 양상으로 변한 해전

조선 수군은 1593년 1월 10일 웅포로 진격하였다. 그러나 도요토미 히데요시의 명령에 따라 일본 수군은 조선 수군과의 정면승부를 철저히 피했다. 일본 수군은 넓은 바다에서의 조선 수군과의 대치를 피하고, 조선 수군을 해안가 왜성이 쌓여 있는 곳으로 깊숙히 유인하려 하였다. 조선 수군은 이러한 일본군의 전략에 유의하면서 화포를 이용한 공격 지점을 찾았으나 여의치 않았다. 이로써 해전은 지루한 대치전 양상으로 전개되었다. 이후 일본군은 남해안 각지에 왜성을 쌓아 방비를 하는 동시에 조선 수군의 해안선 진출을 방해했다. 웅천에서의 일본군을 소탕하기 위한 전투는 3월까지 계속되었다. 이순신의 장계(狀啓)에 따르면 이때 전라도 수군은 4만여 명을 웅포해전과 전라도 해안선 방어에 투입했다.

6월 이순신은 조선 수군의 효과적인 경상도 바다 진출을 위해 한산도에 진영을 구축했다. 이후 조선 수군은 거제도, 진해, 가덕도에 있는 일본 수군과 대치하면서 일본군의 해로를 차단했다. 일본군의 철저한 피신으로 특별한 전과는 올리지 못했지만 전라도와 경상도 제해권은 완전히 조선 수군이 장악하였다.

임진왜란부터 제2차 진주성전투까지 1년 2개월 간 일본군 사망자 수

〈표 4-7〉은 일본군 1번대에서 8번대까지 1차로 임진왜란에 참전하여 조선의 각 지역에 파견된 일본군 병력 수와 파견된 지 1년 2개월 후인 제2차 진주성 공격을 위해 점호시 남은 병력 및 병력 손실 현황이다.[27] 임진왜란에 파견된 일본군 수와 1년 2개월 후에 기록된 일본군 수를 비교하

---

27) 병력손실 현황은 일본의 참모본부가 1924년(大正14년)에 임진왜란에 관한 기록을 정리하여 발간한 『일본전사 조선역』의 기록에 따른 것이다. 일본군은 1593년 3월 20일 한양(책 원문에는 京城으로 표기) 병력 수를 사열한 결과 많은 수의 병력이 전사, 병사 혹은 후송됨으로써 다수의 병력 손실이 발생하였다는 점을 기록하고 있다. 특히 전쟁기간 중 장티푸스(腸窒扶斯), 말라리아, 이질, 종기 등으로 인해 많은 병력이 손실된 것으로 나타나 있다(參謀本部編, 1924, 같은 책, pp.92~95.)

면 우리가 알고 있던 상식, 즉 임진왜란 당시 각종 전투에서 일본군이 대부분 승리했다는 기술이 잘못되었음을 알 수 있다. 1592년 4월 1차로 조선에 도착한 15만 8,800명의 일본군은 1년 2개월 후인 1593년 6월 2차 진주성전투를 위해 인원을 점호한 결과 45%에 달하는 7만 1,368명이 사망했거나 큰 부상으로 전투력을 잃고 후송되었다. 이것은 임진왜란 초기 평양성이 함락당한 2개월 동안은 일본군이 각종 전투에서 승리했지만 그 이후에는 조선 전역에서 크고, 작은 전투를 통해 일본군이 엄청난 타격을 받았다는 증거이다.

〈표 4-7〉 일본군 9개 부대의 사망자 수 (1592년 4월~1593년 6월 초, 1년 2개월 간)

지역	일본군 부대	정원(1592년 4월)	잔여 병력 수(1593년 6월)	손실자 수(손실률)
평안도	1번대	18,700	7,415	11,285 (60.34)
함경도	2번대	22,800	14,432	8,368 (36.70)
황해도	3번대	11,000	5,082	5,918 (53.80)
강원도	4번대	14,000	6,110	7,890 (56.35)
충청도	5번대	25,000	15,694	9,406 (37.47)
전라도	6번대	15,700	8,744	6,956 (44.30)
경상도	7번대	30,000	16,600	13,400 (44.66)
경기도	8번대	10,000	7,785	2,215 (22.15)
경상도	9번대	11,500	6,314	5,186 (45.09)
합계		158,700	87,432	71,368 (44.94)

주: 1) 일본군 병력 수 중 정원은 도요토미 히데요시의 작전명령서 상의 인원이고, 잔여 병력 수는 조선 내 잔여 병력을 모아 1593년 6월 2차 진주성 공격을 위해 도요토미 히데요시가 내린 작전명령서 상의 편제 병력 수를 의미한다.
2) 7번대의 파견 병력 수는 모리 데루토모(毛利輝元)의 30,000명이다. 잔여 병력 수는 모리 데루토모의 3,000명에 모리 히데토모(毛利秀元)의 13,600명의 병력을 더한 것이다.
3) 이하의 '사망자'는 사망·실종자 등 점호에 미등재된 인원을 가리킨다. 또한 '사망률'은 병력의 손실비율을 가리킨다.
자료: 參謀本部編, 1924, 같은 책.

부산성과 동래성전투를 시작으로 충주 탄금대전투, 한양성 함락, 4차에 걸친 평양성전투 등 임진왜란 중 가장 많은 전투 기록을 가지고 있는 고니시 유키나가(小西行長)의 1번대 사망률은 60%가 넘는다. 1만 8천여 명의 병력 중에서 1만 1천여 명이 죽거나 실종되었다. 일본군 1번대의 사망률은 임진왜란 기간 동안 전국적으로 전투가 얼마나 치열했는지를 잘 나타낸다. 고니시 유키나가의 일본군 1번대는 제4차 평양성전투 이전에는 일방적으로 조선군을 압도한 것으로 기록되어 있다. 그러나 앞에서 살펴본 바와 같이 평양성전투에서 명군 장수 이여송이 평양성전투 과정에서 일본군의 후퇴를 용인한 결과 일본군의 사상자는 많지 않다. 제4차 평양성전투에서 참획되거나 불에 타 죽은 일본군 수는 많아야 2,000명을 넘지 않는다. 그리고 일본군 1번대는 평양성에서 후퇴한 이후 1593년 6월 진주성전투가 있기 전까지 전투에 참여하지 않았다. 그렇다면 일본군 1번대 9천여 명은 1년 2개월 동안 어디에서 어떤 전투로 사망한 것일까? 이것은 고니시 유키나가의 일본군 1번대가 조선군과 기록에 남겨져 있지 않은 각종 전투를 치르는 과정에서 그만큼 대량의 사상자가 발생한 것으로, 조선군이 일본군을 상대로 결사적으로 항전했음을 보여주는 것이다.

　임진왜란 중 전투 기록이 별로 없는 황해도, 강원도, 충청도 지역에서도 각각 파견 병력의 53.8%, 56.35%, 37.47%가 사망 또는 실종되었다. 반면 함경도에서 전투를 벌인 가토 기요마사의 일본군 2번대는 정문부가 지휘한 북관대첩을 치르면서 사망률이 36.70%에 이른다. 황해도와 강원도, 충청도에서 역사에 기록되지는 않았지만 치열한 전투가 발생했다는 것을 말해 준다. 즉, 일본군이 각 도에 파견되어 군대를 모집하고 병량을 약탈하는 과정에서 지역을 방어하던 조선군의 역습을 받았던 것이다.

도요토미 히데요시의 작전명령서에 전라도 점령을 명령받아 금산성에 주로 주둔하던 일본군 6번대 15,700명은 1년 2개월 동안 6,956명인 44.3%의 병력이 손실되었다. 일본군 6번대가 치른 웅치전투, 이치전투, 고경명의 금산성전투, 조헌과 영규의 금산성전투 등을 포함한 크고 작은 전투를 치르면서 짧은 기간 동안 엄청난 사망자를 낸 것이다.

〈표 4-8〉 경상도 지역 일본군 부대의 사망자(1592년 4월~1593년 6월 초, 1년 2개월 간)

부대	주요 지휘관	참전 병력	잔여 병력	사망자(%)	비고
7번대	모리 데루모토(毛利輝元)	30,000	16,600	13,400 (44.66)	경상도
9번대	나가오카 다다오키(長岡忠興)	11,500	6,314	5,186 (45.09)	경상도
11번대	기무라 시게코레(木村重玆)	3,000	1,823	1,177 (39.23)	진주대첩
11번대	하세가와 히데카즈(長谷川秀一)	4,000	2,470	1,530 (38.25)	진주대첩
15번대	가토 미츠야스(加藤光泰)*	1,747	1,097	650 (37.21)	진주대첩
10번대	미야베 나가히로(宮部長熙)	2,000	912	1,088 (54.40)	선산
10번대	기노시타 시게카타(水下勝俊)	850	450	400 (47.45)	인동
14번대	아바나 사다미치(稲葉貞通)	1,400	638	762 (54.42)	대구
미상	벳쇼 요시하루(別所吉治)	미상	-	-	밀양
미상	가메이 코레노리(龜井眞矩)*	2,429	1,336	1,093 (45.50)	기장
미상	다니 모리토모(谷衛友)*	618	340	278 (45.50)	양산
미상	昌原 11家*	8,000	4,400	3,600 (45.50)	창원
합계		65,544	36,380	29,164 (44.49)	

* 1592년 4월에 기록된 가토 미츠야스(加藤光泰)의 참전 병력 수는 1,000명인 반면, 1593년 6월에 기록된 잔여 병력 수가 1,097로 오히려 늘어났다. 따라서 가토 미츠야스 부대의 사망자 수를 고려하여 다른 부대로부터 병력을 보급받은 것으로 추정하여 참전 병력 수를 1,747명으로 조정하였다. 또한 가메이 코레노리(龜井眞矩), 다니 모리토모(谷衛友), 昌原 11家 등이 지휘하던 부대의 참전 병력은 경상도 지역 주둔군인 7번대와 9번대 평균 사망률(45%)을 기초로 조정하였다.
자료: 參謀本部編, 1924, 같은 책, pp.65~73 및 pp.257~262.

또한 경상도는 부산에서 대구를 거쳐 한양으로 병량이 이동하는 축선에 있기 때문에 다른 지역에 비해 많은 일본군이 주둔하고 있었고, 그에 따라 전투도 많이 발생한 지역이다. 〈표 4-8〉에서 보는 바와 같이 임진 왜란 초기 도요토미 히데요시의 작전명령서에 일본군은 7번대와 9번대 4만 1,500명이 경상도에 출병했고, 이 중 1만 8,586명이 사망했다. 이밖에 『일본전사』에 기록되어 있는 경상도 지역 주둔군과 진주대첩 참전 기록을 더하면 일본군의 사망 · 실종자는 훨씬 증가한다. 〈표 4-8〉에서 보는 바와 같이 경상도에서 전투를 벌였거나 주둔한 기록이 명확하게 남아 있는 일본군은 총 6만 5,544명이며, 이 중에서 사망 · 실종자는 총 2만 9,164명으로 44.5%에 이른다. 이것은 경상도에서 크고 작은 수많은 전투가 발생한 결과로 파악할 수 있고, 일본군의 병참보급 과정에서 조선군 및 의병과 수많은 전투가 있었을 것으로 판단된다.

이상의 육상 전투 기록은 임진왜란 중 조선군과 백성들이 전국적으로 침략군인 일본군에게 끊임없이 도전하여 양측 모두 큰 사상자가 발생했다는 것을 방증한다. 이것은 임진왜란에서 초기 2개월 간 일본군이 평양성을 함락할 때까지 일본군이 압도적인 군세로 전투에서 승리하는 과정에서도 조선군과의 치열한 전투로 인해 많은 사상자가 발생하였을 뿐만 아니라 일본군이 한양성 점령 이후 조선 8도의 완전한 점령을 위해 일본군 부대가 중 · 소 규모 단위로 분리되었을 때 지역에 있는 조선군 및 조선 백성의 저항을 받아 전국적으로 일본군 희생자가 대량으로 발생한 것으로 판단할 수 있다. 특히 1592년 10월 진주대첩으로 인해 일본군의 경상도 축선상에 있는 보급로에 차질이 발생한 이후 병참보급에 심각한 문제가 발생한 것은 조선군과 조선 백성의 저항에 의해 일본군의 조선 8도 점령이 계획처럼 원활하지 않았다는 것을 의미한다.

〈표 4-9〉 지휘관별 일본 수군의 사망자 수(1592년 4월~1593년 6월 초, 1년 2개월 간)

지휘관	출병 병력 (1592. 4월)	잔여 병력 (1593년 6월)	사망자 수(사망률)
와키사카 야스하루(脇坂安治)*	1,500	900	600 (40.00)
가토 요시아키(加藤嘉明)*	750	314	436 (58.13)
간 미치나가(菅達長)*	230	106	124 (53.91)
구키 요시타카(九鬼嘉隆)*	1,500	834	666 (44.40)
도도 다카토라(藤堂高虎)**	2,000	1,473	527 (26.35)
호리노우치 우지요시(堀内氏善)**	850	574	276 (32.47)
스기타니 덴사부로(杉谷氏宗)**	650	185	465 (71.53)
구와야마 카즈하루(桑山一晴)** 구와야마 사다하루(桑山貞晴)**	1,000	504	496 (49.60)
합계	8,480	4,890	3,590 (42.33)

* 도요토미 히데요시의 작전명령서에 수군으로 편제되어 있던 병력.
** 도요토미 히데요시의 작전명령서에는 포함되어 있지 않았으나, 『일본전사』에 임진왜란 1차 출병 당시 수군으로 기록되어 있던 병력.
자료: 參謀本部編, 1924, 같은 책, p.95.

위에 있는 〈표 4-9〉는 『일본전사』에 기록되어 있는 지휘관별 일본 수군의 병력과 사망자이다. 임진왜란 초기 1년 2개월 동안 일본 수군 8,480명 중에서 32.3%에 해당하는 3,590명이 사망·실종되었다. 일본군은 육군과 해군의 구분이 분명하지 않다. 일본 수군은 바다에서만 전투한 것이 아니라, 조선 수군과의 해전을 일본 수군과 육군이 함께 치렀다. 예를 들어, 수군으로 분류되어 있던 와키사카 야스하루(脇坂安治)는 임진왜란 초기인 1592년 6월 5일 용인전투에서 일본군을 지휘하여 조선군에게 패배를 안기기도 했고, 1592년 7월 8일 한산대첩에서 이순신에게 무참하게 패배를 맛보기도 했다.

〈표 4-10〉 해전에서의 일본 수군 사망자 수(1592년 5월~1592년 9월, 4개월 간)

해전		종류별 손실 전함			손실 전함	사망자
		대선	중선	소선		
1차 출동 (1592.5.4.~ 5. 8.)	옥포해전	16	8	2	26	4,000
	합포해전	4		1	5	840
	적진포해전	9	2		11	1,900
	계	29	10	3	42	6,740
2차 출동 (1592.5.29.~ 6. 10.)	사천해전*	5	4	4	13	1,300
	당포해전	9	6	6	21	2,640
	진해해전	4		2	6	880
	당항포해전	9	4	13	26	2,720
	율포해전	4	1		5	900
	계	31	25	25	81	8,440
3차 출동 (1592.7.6.~ 7. 11.)	한산대첩*	20	20	19	59	5,900
	안골포해전*	7	7	6	20	2,000
	계	27	27	25	79	7,900
4차 출동 (1592.8.24.~ 9. 2.)	장림포해전	4		2	6	880
	몰운대해전	5			5	1,000
	다대포해전	8			8	1,600
	서평포해전	9			9	1,800
	송포해전	2			2	400
	부산해전	4			4	800
	부산진해전	34			34	1,700
	계	56		2	58	8,180
합계		143	62	55	260	31,260

* 일본군 손실 전함 총수만이 기록됨에 따라 대선과 중선, 소선의 비율이 같은 것으로 산정함. 위의 표에서 보는 바와 같이 실제로 해전에서 손실된 일본군의 전함은 대선의 비율이 높음.

〈표 4-10〉은 이순신의 『난중일기』를 바탕으로 조선 수군과의 해전에서 사망한 일본 수군의 병력을 추정한 것이다. 1592년 5월 4일 1차 출동으로부터 같은 해 9월 2일까지 4차례의 출동으로 일본 전함은 260척에 사망자는 3만 1,260명에 달한다. 해전에서는 조선 수군에게 도저히 승리할 수 없다는 것을 깨달은 일본 수군은 도요토미 히데요시의 명령 하에 철저히 해전을 피했다. 이러한 이유로 이순신의 4차례 해전 출동 이후 임진왜란이 끝날 때까지는 조선 수군과 일본 수군 간에 해전이 거의 없었다.

〈표 4-11〉은 『일본전사』의 기록을 바탕으로 1592년 4월 임진왜란 초기부터 1593년 6월 2차 진주성전투 전까지 1년 2개월 동안 사망하거나 부상을 입고 일본으로 후송된 일본군 병력을 추정한 것이다. 일본군 1번대에서 9번대까지의 기록은 『일본전사』에 있는 기록이다. 7번대와 9번대를 제외한 경상도 주둔부대는 일본 전사에 명시된 경상도 지역에 주둔한 일본군과 진주대첩에 참여한 부대의 사망자이다. 일본 수군의 사망자는 『일본전사』에 기록되어 있는 수군의 사망자만 계산한 것이다. 일본군은 육군과 수군의 구분이 명확하지 않기 때문에, 이순신의 『난중일기』를 바탕으로 해전에서 사망한 일본군은 수군만이 아니라 육군까지 포함되었을 수 있어서 중복 계산을 피하기 위해 제외하였다. 그리고 참전이 확실하지만 계산에서 제외된 일본군 예비대의 지휘관별 사망자를 계산했다. 단, 참전 병력보다 잔여 병력이 많은 것으로 기록되어 있는 아사노 나가요시(淺野長慶), 오오타니 요시츠쿠(大谷吉繼), 사노 료하쿠(伊達政宗), 마시타 나가모리(增田長盛) 등은 잔여 병력을 기준으로 참전 병력과 사망자를 추정하였다. 여기에서 참전 병력과 사망자는 일본군 1번대에서 9번대의 평균사망률 45%를 적용하여 추정하였다. 그리고 오오다 카즈노리(太田一吉), 미즈노 다다시게(水野忠重), 다테 미사무

〈표 4-11〉 추정 가능한 전체 일본군 사망자(1592년 4월~1593년 6월, 1년 2개월 간)

부대 및 지휘관		참전 병력	잔여 병력	사망자	부대
1번대~9번대		158,700	87,432	71,268	
7·9번대를 제외한 경상도 주둔 부대		24,044	13,466	10,578	
수군		8,480	4,890	3,590	
도요토미 히데요시 작전명령서에 확인된 참전군	난쵸 모토키요(南條元續)	1,500	803	697	10번대
	가키야 츠네후사(垣屋恒總)	400	201	199	10번대
	마에노 나가야스(前野長康)	2,000	922	1,078	10번대
	사이무라 히로히데(濟村廣英)	800	380	420	10번대
	아카시 노리자네(明石則實)	800	383	417	10번대
	벳쇼 오시하루(別所吉治)	500	313	187	10번대
	아사노 나가요시(淺野長慶)	7,270* 2,500	4,000	3,270	11번대
	오오타니 요시츠쿠(大谷吉繼)	2,800* 1,200	1,535	1,265	11번대
	오오다 카즈노리(太田一吉)	610	336**	274	11번대
	히토츠야나기 가유(一柳可遊)	740* 400	406	334	13번대
	하토리 가즈타나(服部一忠)	800	693	107	13번대
	미즈노 다다시게(水野忠重)	1,000	550**	450	13번대
	다테 마사무네(佐竹義宜)	2,000	1,100**	900	16번대
	사노 료하루(伊達政宗)	2,280* 500	1,258	1,022	16번대
	이시다 미츠나리(石田三成)	2,000	1,646	354	번외2번
	마시타 나가모리(增田長盛)	2,950* 1,000	1,624	1,326	번외2번
	소계	28,450	16,150	12,300	
구글에서 확인된 참전군	나카가와 히데마사(中川秀政)	3,000	1,350**	1,650	10번대
	아오야마 타다모토(青山忠元)	800	360**	440	11번대
	마키무라 세이겐(木村政玄)	750	338**	412	13번대
	사토 가타마사(佐藤方政)	150	67**	83	14번대
	우츠노미야 구니즈나(宇都宮國網)	300	135**	165	16번대
	소계	5,000	2,250	2,750	
합계		224,774	124,188	100,586	

* 일본군 잔여 병력으로 추정한 참전 병력
** 일본군 참전 병력으로 추정한 잔여 병력. 참전 병력과 잔여 병력은 1번대~9번대 일본군의 평균 사망률 45%를 기준으로 추정하였다.
자료: 參謀本部編, 1924, 같은 책, pp.65~73 및 pp.257~262.

네(佐竹義宜) 등은 참전 병력만 기록되어 있는 까닭에 잔여 병력과 사망자를 평균사망률 45%를 적용해 추정하였다.

그리고 『일본전사』의 기록에 의해 참전이 확실하지만 이상의 계산에서 제외된 일본군 예비대의 지휘관별 사망자를 계산했다. 단, 참전 병력보다 잔여 병력이 많은 것으로 기록되어 있는 아사노 나가요시, 오오타니 요시츠쿠, 사노 료하쿠, 마시타 나가모리 등은 잔여 병력을 기준으로 참전 병력과 사망자를 추정하였다. 여기에서 참전 병력과 사망자는 일본군 1번대에서 9번대의 평균 사망률 45%를 적용하여 추정하였다. 그리고 오오다 카즈노리, 미즈노 다다시게, 다테 마사무네 등은 참전 병력만 기록되어 있는 까닭에 잔여 병력과 사망자를 평균사망률 45%를 적용하여 추정하였다.

또한 도요토미 히데요시의 작전명령서에는 있으나 임진왜란에 참전이 확인되지 않은 장수에 대해서 일본 구글로 참전 여부를 확인한 결과 5명의 장수의 참전이 확인되었다. 따라서 이들의 병력을 참전한 것으로 추가하였다. 그리고 이들 병력 역시 일본군 평균 사망률 45%를 적용하여 추정하였다.

이상과 같이 『일본전사』에 참전이 확실하게 기록되어 있는 일본군 사망자를 계산해보았을 때 참전이 확실시되는 일본군은 전체 22만 4,774명이고, 임진왜란 발발 초기 1년 2개월 만에 10만 586명이 사망 또는 실종, 후송되었다. 임진왜란 전투에서 부상을 입고 일본으로 후송된 병력은 실제 많지 않을 것이므로 부상 또는 후송자는 대부분 사망한 것으로 판단해도 무방할 것이다. 임진왜란 전 과정에서 발생한 일본군 손실 병력 수는 이보다 훨씬 많다. 일본군 손실 병력 수는 최소한 2차 진주성전투에서 발생한 일본군 사상자를 포함하여야 한다. 이에 대한 자세한 사항은 후술할 것이다.

이러한 일본군의 엄청난 사망자 수는 임진왜란의 각종 전투에서 조선군이 일방적으로 패퇴했다는 우리의 인식이 얼마나 잘못되었는지를 말해준다. 예를 들어, 1592년 4월 14일 부산성전투를 시작으로 조선군을 맞아 승승장구하던 고니시 유키나가의 일본군 1번대의 총 병력 수는 1만 8,700명이고 이듬해 3월 한양성으로 후퇴했을 때의 병력수는 6,626명으로 줄었다. 9개월 동안 1만 2,074명의 병력이 감소하였다.[28] 무려 65%가 감소한 것이다. 그런데 일본군 1번대가 패전한 제4차 평양성전투에서 입은 피해는 2,000명이 되지 않는다. 그렇다면 이 많은 병력이 어디에서 감소한 것일까? 이러한 일본군의 엄청난 사상자는 한국인들이 알고 있는 역사 인식과 실제가 다르다는 점을 보여주는 것이다. 이 사실은 조선군이 일본군 1번대를 맞아 각종 전투에서 용감히 싸웠고, 일본군에 큰 타격을 입혔다는 것을 의미한다. 즉, 부산성전투, 동래성전투, 밀양성전투, 상주전투, 충주 탄금대전투, 3차에 이르는 평양성전투에서 조선군은 비록 승리를 거두지는 못했지만 필사적으로 일본군의 공격을 막아냈다는 것을 의미한다. 또한 조선군과 백성들이 매복과 기습으로 일본군 1번대의 진출을 끊임없이 저지한 결과이다. 이러한 우리 조상들의 노력이 기록되지 않고 그저 패전으로만 알고 있다는 것은 우리의 역사 인식이 얼마나 크게 문제가 되는지를 방증한다. 우리는 지금이라도 우리 조상의 피와 땀으로 지켜낸 역사의 기록을 되살려야 할 것이다.

---

28) 이것은 1592년 4월부터 1593년 3월까지 일본군 1번대와 2번대, 3번대 그리고 4번대 일부 부대의 총 병력 수와 남은 병력 수 그리고 감소 병력 수를 따로 기록한 결과이다. 이에 따르면, 가토 기요마사의 일본군 2번대의 총 병력수는 2만 2,000명, 남은 병력 수 1만 3,136명, 감소 병력 수 8,864명으로 감소율 40.29%로 나타나 있다. 구로다 나가마사와 오오토모 요시무네의 일본군 3번대의 총 병력수는 1만 1,000명, 남은 병력 수 7,321명, 감소 병력 수 3,679명으로 감소율 33.44%로 기록되어 있다. 단, 구로다 나가마사의 이끈 총 병력 수가 5,000명에서 5,269명으로 증원되고, 오오토모 요시무네의 병력은 6,000명에서 2,052명으로 크게 감소한 것으로 기록되어 있다(參謀本部編, 1924, 같은 책, p. 95). 이 기록은 1593년 6월 전체 일본군 병력의 감소율과 다소 차이가 난다. 이 책에서는 전체 일본군의 감소율을 따지기 위해 1593년 6월의 기록을 중심으로 일본군 감소율을 추정하였다.

5장

제2차 진주성전투와 임진왜란의 종료

제4기(1593. 6.~1596.)

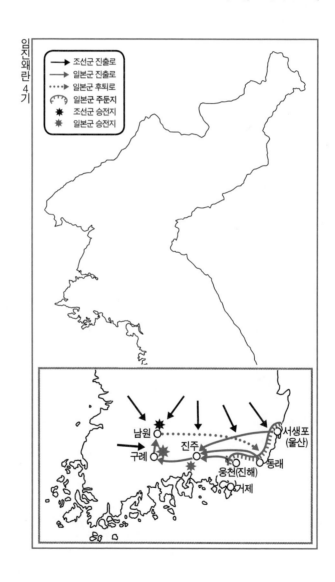

임진왜란 4기

→	조선군 진출로
→	일본군 진출로
····	일본군 후퇴로
	일본군 주둔지
✴	조선군 승전지
✴	일본군 승전지

남원
구례
진주
서생포(울산)
웅천(진해)
동래
거제

성은 높고 물이 험하며 양식은 풍족하고 군사의 기개도 충만하다

우리가 죽을 곳이 여기다 · 김천일

임진왜란에 대한 도요토미 히데요시의 전략 수정

임진왜란 초반의 각종 전투에서 승승장구하며 한양성과 평양성을 점령할 때까지만 해도 일본군이 조선 8도를 점령하고, 전쟁 참여자들에게 영지를 나누어주겠다는 도요토미 히데요시의 공언은 가능한 것처럼 보였다. 그러나 전쟁이 시작된 지 6개월이 지나면서 일본군은 새로운 도전에 직면하였다. 전쟁이 장기화되면서 조선군의 반격이 시작됨에 따라 일본군은 낯선 땅에서 언제 공격받을지 모르는 운명에 처하게 되었다. 추위가 닥쳤으나 일본군은 여전히 여름 전투복을 입고 있었고, 극심한 식량 부족을 겪었다. 부산에서 한양성 그리고 각 지역으로 이어지는 보급로가 끊어져 일본에서 오는 병량의 전달이 원활하지 못했고, 조선군의 지속적인 일본군 성채에 대한 공격으로 현지에서의 식량 확보는 엄두를 내지 못했다. 특히 따뜻한 남쪽에 살고 있던 일본군이 전쟁의 조기 종결을 예상하고 전혀 추위에 대한 대비를 하지 않았기 때문에 그 상황이 얼마나 참혹했을지 쉽게 예상할 수 있다.

한양성에서 일본군의 사정을 취합한 이시다 미쓰나리는 도요토미 히데요시에게 다음과 같은 내용을 보고했다.[1]

첫째, 한양성 이북의 일본군 철수 경위이다. 고니시 유키나가 등이 평양에서 철수하게 되면서 황해도 배천의 구로다 나가마사, 경기도 개성의 고바야카와 다카카게 등 임진강 이북에 주둔했던 일본군은 한양성으로 철수했다. 이것은 무기와 군량이 부족하고 임진강 빙판이 풀리면서 한양성으로부터 무기와 군량을 운송할 수 없기 때문이다.

둘째, 조선 측의 반격이다. 한양성과 부산 사이에 있는 일본군 주둔성

---

1) 기타지마 만지, 2008, 같은 책.

들은 2~3만 정도의 조선군에게 포위되어 서로 연락조차 할 수 없었다.

셋째, 일본군의 군량 부족이다. 전년도에 일본군은 조선의 농민들을 인질로 삼아 군량미를 징수했지만 최근에는 군량미를 얻지 못하게 되었다. 한양성에 비축한 군량미는 1만 4천 석밖에 안 되고, 그것은 현 병력이 3월 중순까지 버틸 2개월분이다. 또 중소 주둔성들의 군량미도 2개월분밖에 안되므로, 충청도와 전라도 평정을 서둘러야 한다는 내용이다.

이상의 기록으로 1593년 초 조선 내 전쟁 현황은 다음과 같이 정리할 수 있다. 첫째, 조선군이 조선 전 지역에서 일본군을 공격함으로써 일본군의 사상자가 폭발적으로 증가하였고, 이로써 일본군은 전투력 유지가 어려웠다. 임진왜란 개전 이후 일본군의 참전 병력을 약 22만 명으로 추정한다면 그 45%인 10만여 명이 사망 또는 실종되었고, 28만 6,000명을 넘는다고 상정하면 57%가 넘는 16만 5,000명이 사망했기 때문이다. 둘째, 일본군의 보급로가 끊겼다. 일본 수군은 조선 수군과 해전을 벌이기만 하면 모든 전함이 수장되었기 때문에 조선 수군을 피해야만 일본을 오갈 수 있었다. 무사히 일본 수군이 부산까지 보급품을 실어 날랐다고 해도 조선군의 매복 공격으로 인해 육로를 통해서 부산에서 한양까지 보급품을 전달하기는 어려웠다. 셋째, 일본군의 무기와 식량, 의복이 바닥났다. 1년이 넘는 전투를 통해 일본에서 가지고 온 물품은 바닥이 났고, 조선에서의 보급품 현지조달은 불가능했다. 넷째, 한양성 이북의 일본군은 이미 한양성으로 퇴각한 상태였으며, 한양성에서도 더 이상 버틸 처지가 아니었다.

이에 따라 도요토미 히데요시는 일본군의 조선 전 지역에 대한 점령을 이미 불가능한 것으로 결론지었고, 조선 남부 지역만이라도 점령하기 위해서 새로운 전략을 세웠다. 이를 위해 그는 한편으로는 명군과 강화를 협의하였고, 다른 한편으로는 여러 지역에 흩어져 있는 병력을 경상도 남부 지역으로 모아 부대를 재편성하였다. 그리고 그는 우키타 히데이에(宇喜多秀家)에게 총대장이 되어 병력을 재편성하고 삼남 지역의 거점인 진주성을 공격하여 전라도와 경상도를 제압하라는 명령을 내렸다(기타지마, 139).

명군과 일본군의 강화협상의 내면

1593년 4월 8일 조선 조정의 의사는 배제된 채, 명나라 대표 심유경과 일본 대표인 고니시 유키나가 간에 강화회담이 타결됐다. 물론 이 강화 내용은 명나라 황제와 일본의 도요토미 히데요시의 추인이 있어야 효력이 발생하는 것이다. 그러나 강화에 대한 양측의 속내는 서로 많이 달랐다. 특히 강화협상을 실질적으로 추인하는 명나라 황제와 일본의 도요토미 히데요시의 생각은 전혀 달랐다. 심지어 명나라 황제와 조선 땅에서 일본군을 마주 대하고 있는 명군 수장의 뜻이 달랐고, 도요토미 히데요시와 고니시 유키나가의 뜻이 서로 달랐다.

선조 임금은 강화를 끝까지 반대했다. 선조 임금은 일본군을 무력으로 완전히 몰아내야 한다고 생각했다. 따라서 명군의 지휘권 밖에 있는 조선군과 백성들은 국왕의 뜻에 따라 지속적으로 일본군을 공격했다. 반면, 명군은 조선으로 진군하면서부터 조선군에 대한 지휘권 행사를 당연하게 생각했다. 명나라 황제의 명을 받고 전투에 참여한 명군은 선조 임금의 의견도 무시하였고, 조선군을 명군에 복속시켰다.

명군과 일본군이 강화에 나선 것은 양측 모두 소모적인 전투를 빨리 끝내고 싶었기 때문이었다. 명군의 입장에서는 평양성전투 결과로 일본군을 압도할 줄 알았지만, 벽제관전투 결과를 통해 일본군을 쉽게 물리치기 어렵다는 사실을 알게 되었다. 무력에 의해 일본군을 제압할 수 없다면 강화를 하여 명군의 희생을 최소화함과 동시에 명군이 조선에서 전쟁을 종식시켰다는 명분이 필요했다. 일본군의 입장에서는 조선군의 지속적인 공격에 의해 사망자가 속출하는 한편, 일본으로부터의 보급이 끊겨 전투를 계속하기 어려웠기 때문에 명군과 실질적인 강화를 맺는 과정에서 명군과는 전투를 중단하고, 조선 남부를 점령하여 실리를 챙기겠다는 전략을 세웠다.

한편, 명나라 경략 송응창은 ① 일본군의 조선 국토에서의 완전 철수, ② 가토 기요마사에게 붙잡힌 조선 왕자의 송환, ③ 조선 침략에 대해 도요토미 히데요시가 명나라 황제에게 사죄를 구하고, 명나라는 도요토미 히데요시를 일본 국왕에 봉하는 계획을 명 황제에게 건의한다는 계획을 세웠다. 이러한 계획은 일본군과 미리 강화조건을 협의한 것이 아니라 명나라 황제가 재가할 수 있는 것을 자신의 임의대로 설정한 것이다.

또한 도요토미 히데요시는 조선에서의 전투 상황을 엄밀하게 파악하고 있지 못하였다. 당시 정황으로 볼 때, 일본군 지휘부는 도요토미 히데요시에게 진주대첩에서 패배하여 경상우도와 전라도를 점령하지 못하고, 육로를 통한 보급이 원활하지 않으며, 조선 수군이 강하기 때문에 해전에서 패배하였고, 명군의 개입에 의해 한양성으로까지 퇴각할 수밖에 없었다는 정도의 정보만을 보고한 것으로 파악할 수 있다. 조선 전역에서 조선군과 조선 백성의 항전에 의해 전쟁을 치를 수 없게 되었다는 사실을 조선에 있는 일본군 지휘부는 인정하지 않았고, 당연히 도요토미 히데요시에게 보고하지도 않았을 것이다.

도요토미 히데요시는 조선에 있는 일본군 지휘부에 보낸 명령서에서 강화조건으로 ① 명 황제의 공주를 일본 천황의 왕비로 삼게 할 것,

② 무역에 관한 사항을 서로 합의할 것, ③ 명과 일본은 군사에 관한 서약을 주고받을 것, ④ 조선의 반발과 상관없이 이미 군사를 보내 평정한 한양성과 한양성 이남의 4도를 일본에 할양할 것, ⑤ 조선의 왕자 2명과 시종들을 인도, ⑥ 조선 조정 중신들은 약속을 지킨다는 각서를 작성할 것²⁾ 등을 하달하였다. 한마디로 조선에서의 전투 상황을 전혀 모르는 채 자신이 바라는 바를 조선에 있는 일본 지휘부에 전달한 것이다. 그리고 도요토미 히데요시는 조선 남부의 4도를 점령하였음을 공식화하기 위해 그가 조선 남부의 군사요충지로 생각하는 진주성을³⁾ 점령하라는 명령을 내렸다.

이렇게 조선 조정과 조선군, 명나라 조정과 명군, 도요토미 히데요시와 일본군의 입장이 달랐다. 그 가운데 명군과 일본군 간의 전투는 종식하기로 합의되었고, 명군의 지휘를 받는 조선 관군도 일본군에 대한 공격을 멈추었다. 단, 명군의 지휘권 밖에 있던 지역 조선군과 의병, 백성들은 선조의 명에 따라 지속적으로 일본군을 공격했고, 도요토미 히데요시의 명령을 받은 일본군은 명군과의 강화와 별도로 한양성 이남을 실질적으로 점령하기 위한 군사작전을 감행했다.

제2차 진주성전투의 배경

2차 진주성전투 역시 1차 때와 마찬가지로 도요토미 히데요시의 명령에 의해 시작되었다. 그는 임진왜란 이전에 목표로 한 조선 점령 이후 명

---

2) 기타지마 만지, 2008, 같은 책, p.154.

3) 도요토미 히데요시를 비롯한 일본군은 진주대첩에서 패배한 이후 진주성 목사인 김시민을 조선 최고의 장수로 생각하고, 진주성을 조선 남부의 최대 군사요충지로 생각하였다. 그들은 진주성을 목사성 또는 목사나라라고 불렀다. 또한 진주대첩에서 전사한 김시민 목사가 살아서 진주성을 지키고 있을 것으로 생각하였다.

나라까지 점령이 현실적으로 실패하자 전쟁의 명분을 찾기 위해 조선 남부를 차지하겠다는 새로운 목표를 세웠다. 그는 경기도 지역으로부터 부산 지역으로 철수 중인 일본군에게 1593년 2월 27일부터 5월 20일까지 모두 5차례에 걸쳐 진주성 공격과 전라도 공격을 명령했다.[4] 그는 5월 1일 후퇴하는 일본군에게 보낸 명령서 15개조 중 7조에서 진주성을 공격하고, 진주성 함락 시 성 안의 조선인을 남김없이 베어 죽일 것, 8조에서 진주성을 함락한 후에는 전라도를 공략할 것, 9조에서 전라도를 공략한 후 성을 쌓아 주둔할 것 등 구체적인 작전 명령을 하달하였다.[5]

명군과의 강화 조건과 진주성 공격 명령이 담겨 있는 도요토미 히데요시의 작전명령서는 그의 전략적 사고를 명확히 보여준다. 첫째, 명군과의 강화는 하되 조선 남부를 실질적으로 점령하겠다는 것이다. 도요토미 히데요시는 명군 지휘관들이 실질적인 전투에 참여하지 않음으로써 자국 군대의 희생을 최소화하고자 하는 의중을 알고 있었다. 실제로 벽제관전투 이후 명군은 일본군과의 전면전을 꺼렸고, 2차 진주성전투 이전까지 명군은 일본군과 거의 전투를 하지 않았기 때문이다. 그는 명군과의 강화를 통해 명군뿐만 아니라 명군의 지휘를 받는 조선 관군의 발을 묶어둘 필요가 있었다. 사망자가 속출하여 전투력을 상실한 일본군의 전투력을 집중하기 위해 필요한 조치였다. 이를 위해 일본군은 함경도에서 포로가 된 임해군과 순화군 두 왕자를 송환하였다.

둘째, 명군과 조선 관군 주력이 전투에 나서지 않는다면 지역 관군과

---

4) 參謀本部編, 1924, 같은 책, pp.94~95.

5) 도요토미 히데요시의 작전지시 3(1539년 5월 1일자): 목사성(진주성) 공략은 흙주머니(土囊)와 죽창을 만들도록 명하고, 부상자가 나오지 않도록 전투에 임할 것이며, 한 명도 빠짐없이 토벌할 것. 그렇게 한 뒤에 전라도(赤國)에 출진하여 승리하도록 할 것. 전라도로 출진해서 완전히 토벌한 후, 앞에서 말한 성들을 견고하게 만들고, 군사의 다소에 따라 성의 크기를 결정하고, 장소도 검토하여 각자 소유할 것(參謀本部 編纂, 1924, 같은 책, pp.133~135).

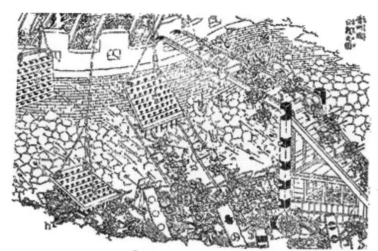
『에혼타이코키(絵本太閤記)』에 묘사된 진주성전투

의병의 사기가 떨어질 것이고, 그로 인해 당시 조선에 주둔한 일본군만으로도 진주성을 쉽게 함락하고 그 기세로 전라도와 충청도까지 진출할 것으로 판단했던 것이다. 진주성을 공략해야 하는 이유는 진주대첩에서 일본군에게 많은 희생과 패배를 안겨준 김시민이 지키고 있는 진주성을 점령하지 않고는 조선 남부를 경영할 수 없기 때문이었다.[6] 또한 진주대첩의 패배를 용인한다면 일본군의 사기를 끌어올릴 수 없었기 때문에 지속적인 전투로 일본군의 전투력이 많이 상실되었지만, 진주대첩 시 공격한 일본군의 3배가 넘는 일본군 전 병력을 투입한다면 난공불락의 진주성이라도 어렵지 않게 함락할 수 있을 것으로 판단했을 것이다.

일본군은 진주성을 공략하기 위한 최선의 상황을 만들기 위해 일본군이 진주성으로 진격할 때 진주성을 비워달라고 미리 명군에 통지했다. 이것은 고니시 유키나가가 심유경에게 "관백(도요토미 히데요시)이 전년에

---

6) 이 당시 일본인은 김시민이 진주대첩에서 전사한 것을 모르고 있었고, 그를 모쿠소(목사)로 부르며 임진왜란 시 가장 두려운 조선의 맹장으로 알고 있었다.

진주에서 패하였으므로 여러 장수가 모든 힘을 다하여 그 성을 쳐서 무찌르라고 하는 것을 내가 말리었으나 가토 기요마사가 듣지 않으니 일본의 군사가 반드시 진주로 행할 것이다. 그러니 성을 비우고 나와 싸우지 말고 사람들의 목숨을 살리는 것이 좋을 것이요"라고 말하였다는 데서 잘 알 수 있다. 심유경은 조선 장수들에게 이런 말을 하였고, 이로 인해 진주성 수성을 위해 출진한 선거이가 관군을 이끌고 진주성 밖으로 나오기도 했다. 명군의 입장에서는 진주성의 전략적 가치를 생각할 필요가 없었고, 하루 빨리 종전되기만을 원했기 때문이다.

셋째, 도요토미 히데요시는 일본군의 진주성 공격을 독려하기 위해 일본군에게 진주성 함락 이후 차지한 전라도 땅을 영지로 주겠다는 공언을 했다. 그는 진주성을 함락한 이후 진주성을 완전히 파괴하고 진주성에 있던 조선인을 모두 살해할 것, 진주성 함락 이후 전라도로 진출할 것, 전라도에 진출한 후 성을 만들고 군사의 다소에 따라 성을 각자 소유할 것 등을 지시했다. 이것은 진주성 함락 이후 진주성이 복원되지 못하도록 해 문제의 뿌리를 잘라내고, 일본군의 잔인성을 조선 백성에게 심어줌으로써 조선 백성으로 하여금 항전 의지를 상실하게 하며, 일본군에게는 영지를 줌으로써 경상도와 전라도를 실질적으로 경영하려는 도요토미의 전략적 사고를 보여준다.

9만 3천의 일본군의 병력을 동원한 2차 진주성전투

2차 진주성전투에 도요토미 히데요시는 조선에 주둔하고 있는 전체 일본군 모두를 동원했다. 앞에서 언급한 바와 같이 일본군이 최초 임진왜란을 위해 준비한 병력은 1번대부터 16번대까지, 번외1번과 번외2번, 수군 등 총 28만 1,840명이고, 이들의 대부분은 조선에 파견되어 싸운 기록이 있다.[7] 도쿠가와 이에야스(德川家康)처럼 조선에 확실히 오지 않은 장수도 있지만 나고야에 파견된 병력은 조선에 모두 건너와 전투를 벌인 것으로 생각할 수 있다. 2차 진주성전투를 벌이기 전 도요토미 히데요시의 작전명령서에 기록되어 있는 일본군 총병력은 12만 1,578명이다. 이 병력은 진주성을 공격하기 위한 부대뿐만 아니라 수군과 기타 주요성을 지키기 위한 병력을 포함한 것으로 당시 조선에 주둔하고 있던 총병력이다. 따라서 1592년 4월 임진왜란 발생 후부터 1593년 6월 2차 진주성전투 이전까지 조선 영토에서 전투 중 사망 또는 실종된 일본군은 최대 16만 262명, 최소 10만 3,196명으로 추산할 수 있다. 임진왜란 초기 부대편제를 재편한 이유도 이렇게 부대별로 사망자가 과다하게 나왔기 때문에, 진주성 공격을 위해서는 부대의 공격력을 회복시킬 필요가 있었을 것이다. 일본군은 주요 전투를 치를 때 2만 명 정도의 단위로 부대를 편성하는 경향이 있다. 또한 새로 편성된 공격 부대 단위가 2만 명을 넘는 것은 부대별로 부상자가 많았기 때문으로 이해된다. 일본군은 진주성 공격을 위해 〈표 5-1〉과 같이 부대편제를 재편하였다.

작전명령서에 명시된 진주성 공략을 위한 일본군 동원 병력은 〈표 5-1〉에 나타난 바와 같이 92,972명이었다. 도요토미 히데요시는 불시의 사태에 대비하기 위해 수군 병력 5,460명을 부산 가덕도 인근에 집결시키고, 거제도에 예비병력 1만 4,380명을 집결시켰다. 또한 일본군의 주 주둔지인 부산성, 김해성, 기장성 등에 소수의 병력을 대기시켰다. 일본군이 진주성 공략에 사활을 걸고 모든 역량을 집결시켰다는 것을 알 수 있다.

---

7) 이들 일본군 중에서 조선에서 전투를 벌인 기록이 나타나지 않는 부대는 번외1번 15,000명 뿐이다.

〈표 5-1〉 제2차 진주성 공략을 위한 도요토미 히데요시의 일본군 편성 명령

부대	주요지휘관	병력규모 (명)	이전 부대편제	진주성 공격방향
제1대	가토 기요마사(加藤淸正), 사가라 요시후사(相良賴房)	6,790	2번대	북면
	구로다 나가마사(黑田長政)	5,082	3번대	
	나베시마 나오시게(鍋渡直茂)	7,642	2번대	
	모리 요시나리(毛利吉成)	1,671	4번대	
	시마즈 요시히로(島津義弘)	2,128	4번대	
	다카하시 모토타네(高橋元種)	741	4번대	
	아키츠키 다네나가(秋月種長)	388	4번대	
	시마즈 타다토요(島津忠豊)	476	4번대	
	이토오 스케타카(伊東祐兵)	706	4번대	
	소계	25,624		
제2대	고니시 유키나가(小西行長), 소오 요시토시(宗義智), 마츠우라 시게노부(松浦鎭信), 오무라 요시하키(大村喜前), 고토 스미하루(五島純玄), 아리마 하로노부(有馬晴信)	7,450	1번대	서면
	하세가와 히데카즈(長谷川秀一)	2,470	11번대	
	나가오카 다다오키(長岡忠興)	2,296	9번대	
	昌原11人衆	4,400	미상	
	아사노(淺野長吉), 아사노 나가요시(淺野長慶)	4,000	11번대	
	하시바 히데카즈(羽柴秀勝)	4,018	9번대	
	사노 료하쿠(伊達政宗)	1,258	16번대	
	구로다 조스이(黑田如水)	325	미상	
	소계	26,182		
제3대	우키다 히데이에(宇喜多秀家)	7,785	8번대	
	이시다 미츠나리(石田三成)	1,646	번외2번	
	오오타니 요시츠쿠(大谷吉繼)	1,535	11번대	
	기무라 시게코레(木村重茲), 오오타 반스케(太田伴助), 야마타 도사부로(山田勝藏)	1,823	11번대	
	아바나 사다미치(稻葉貞通)	638	14번대	
	아카시 노리자네(明石則實)	363	10번대	

	사이무라 히로히데(濟村廣英)	370	10번대	
	벳쇼 오시하루(別所吉治)	313	10번대	
	히토츠야나기 가유(一柳可遊)	406	13번대	
	이시카와 사다미치(竹中重利)	286	미상	
	하토리 가즈타나(服部一忠)	693	13번대	
	다니 모리토모(谷衛友)	340	미상	
	이시카와 사다미치(石川貞通)	298	미상	
	미야베 나가히로(宮部長熙)	912	10번대	
	가키야 츠네후사(垣屋恒總)	201	10번대	
	기노시타 시게카타(水下重賢)	450	10번대	
	난조 모토키요(南條元淸), 난조 모토키요(南條元績)	803	10번대	
	소계	18,822		
제4대	모리 히데토모(毛利秀元)	13,600	7번대	북쪽고지 (예비)
제5대	고바야카와 다카카게(小早川隆景)	6,596	6번대	북쪽고지 (예비)
	고바야카와 히데카네(小早川秀包)	400	6번대	
	다치바나 무네토라(立花統虎)	1,133	6번대	
	다카하시 도소(高橋統增)	288	6번대	
	츠쿠시 히로카도(筑紫廣門)	327	6번대	
	소계	8,744		
	소계	92,972		
수군	구와야마 카즈하루(桑山一晴)	5,460		가덕도 등
거제도	하치스카 이에마사(蜂須賀家政) 등	14,380	5번대	
부산성	모리 데루모토(毛利輝元)	3,000	7번대	
김해성	모리 다다마사(毛利重政)	520	미상	
기장성	가메이 코레노리(龜井眞矩)	1,336	미상	
	합계	121,578		

자료: 參謀本部 編纂, 1924, 같은 책, pp.254~262.

도요토미 히데요시가 조선에 주둔 중인 대부분의 병력을 동원할 수밖에 없었던 이유는 첫째, 일본군은 3만 명 정도의 병력으로 진주성을 공격했으나 실패한 경험이 있기 때문이다. 진주성을 반드시 함락시키기 위해서는 실패한 공격력의 2~3배 정도 이상 충분한 병력을 필요로 했을 것이다. 둘째, 1차 진주성전투에서 진주 주변에 배치된 조선 의병의 존재도 의식했을 것으로 판단된다. 1차 진주성전투에서 진주성 외원군이 큰 역할을 하지 않았음에도 실패했는데, 전투 경험이 많은 일본군은 만일 진주성 외원군이 역할을 했다면 피해는 더 컸을 것이라는 점을 너무도 잘 알았을 것이다. 셋째, 진주성 점령을 빠르게 완수할 필요가 있기 때문이다. 일본군 전체 병력을 진주성 이남으로 후진시킨 상태에서 명군과 조선 관군이 후방을 공격한다면 일본군은 경상도 남부 해안 지역에 갇히는 꼴이 된다. 따라서 진주성 공격이 신속하게 이루어질 필요가 있었다.

명군의 진주성전투에 대한 태도

1593년 5월초 경략 송응창은 일본군이 한양성을 버리고 남하했다는 보고를 받았다. 그는 이여송에게 일본군을 추격하라는 명령을 내렸는데, 이는 일본군이 한양성에서 물러난 지가 수십 일이나 되었는데도, 아무런 조치를 취하지 않는다는 말을 들을까봐 명령을 내린 것에 불과했다.

이여송 역시 일본군을 쫓을 의도가 없었다. 벽제관 패전 이후 이여송은 실제로 전의를 상실했다. 이여송은 병력을 천천히 이동시켰으며, 한 곳에서 여러 날씩 머물러 있기도 하였다. 이여송이 새재를 넘었을 때 심유경이 왜병의 진영에 있으면서 이여송에게 군사를 돌려 강화를 완결시키자고 청하자, 이여송은 한양성으로 다시 돌아왔다.

일본군도 남쪽으로 천천히 물러갔다. 일본군은 울산 서생포로부터 동래, 김해, 웅천, 거제에 이르기까지 남부 해안선을 따라 16개의 진지를 구축하였다. 모든 진지가 산을 의지하고 바다를 끼고 있었으며, 성을 쌓고 참호를 파는 등 오래 머무를 계획을 세웠다. 그리고 6월에 이르러 일본군은 임해군과 순화군 두 왕자와 신하들을 돌려보냈다.

명군은 이에 따라 경상도 지역으로 내려와 부대를 주둔시켰다. 이여송은 부대를 4천 또는 5천 명 단위로 나누어 유정*을 성주의 팔거현에 주둔하게 하고, 오유충은 선산의 봉계현에 주둔하고, 이영과 조승훈, 갈봉하는 거창에 주둔하게 하고, 낙상지와 왕필적은 경주에 주둔하게 하였다. 하지만 일본군을 공격할 계획은 없었다.

조선 관군 역시 일단 일본군을 추격하여 경상도 지역으로 집결했다. 도원수 김명원, 순변사 이빈, 전라병사 선거이, 충청병사 황진, 전라방어사 이복남, 순찰사 권율 등이 소속 군사와 함께 영남으로 모여들었고, 지역 의병들도 합류했다. 이들은 일단 창녕과 의령에 진지를 쳤다. 권율이 거름강을 건너 전진하고자 하니, 곽재우와 고언백이 "적의 기세는 한창 치성한데 우리 군사는 오합지중이 많고, 또 군량도 없으니 가볍게 전진할 수 없다"면서 공격을 미뤘다. 이 시기 진주목사 서예원과 판관 성수경은 명나라 장수들에게 음식을 제공하는 일을 하는 임시 파견원으로 상주에 있다가 일본군이 진주로 향하였다는 말을 듣고는 급히 진주로 돌아갔다.

일본군이 진주성으로 몰려갈 당시 조선군은 진주성 수성과 공성에 대한 의견이 엇갈렸다. 진주성을 비우자는 공성론을 주장한 주요 인물은 도원수 김명원, 순찰사 권율, 의병장 곽재우 등이다.[8] 관군을 담당하고 있던

---

8) 김강식, 2010, 「충렬록에 나타난 癸巳晉州戰 전사자의 추숭과정과 의미」, 조원래 편, 『임진왜란과 진주성전투』, 국립진주박물관, pp.328~329.

* 유정(劉挺, 1558~1619): 명나라 무장으로서 버마 군의 침입을 막고 내란을 진압하는 등의 전공을 쌓았으며, 임진왜란에서는 부총병으로서 조선에 왔다. 휴전 중에도 조선에 머물렀고, 정유재란에서는 총병으로 승진해 서로군의 대장이 되었다. 순천의 싸움에서는 고니시 유키나가를 공격했지만 저지당하였다.

도원수와 순찰사는 조·명 연합군의 실질적인 작전권을 행사했던 명나라 군대의 입장을 따를 수밖에 없었을 것으로 판단된다. 대의명분상 조선을 돕기 위해 파병된 명군과 군사작전상의 갈등을 빚는 것은 빠른 전쟁 종결에 도움이 되지 않을 것이라는 판단을 했을 것이다. 진주성에 도착한 전라병사 선거이가 권율의 명에 의해 진주성에 주둔하고 있던 자신의 병력을 철수시킨 것도 같은 이유에서였다.[9] 따라서 조선 관군은 2차 진주성전투에 합류하지 않았고, 진주성을 응원하기 위해 진주성으로 향하던 선거이는 관군을 이끌고 북쪽으로 철수하였다.

이에 반해, 진주성 수성을 주장한 사람은 선조 임금, 경상우도절제사 김천일, 경상우병사 최경회, 충청병사 황진 등이다.[10] 국왕 선조를 제외한 이들은 조선군으로서의 관직은 받았지만 기본적으로 의병장 출신이다. 이들이 지휘한 병력은 대부분이 의병으로 조직되어 있어 각자 독자적인 부대 지휘권을 보유하고 있었기 때문에 명군의 전략에 따를 필요가 없었던 것이다.

진주성 주둔 관군 및 의병 현황

이에 따라, 진주목사 서예원과 판관 성수경을 비롯한 진주성 주둔군과 진주성 방어를 위해 자발적으로 진주성에 들어온 조선군과 의병이 일본군 침략에 대비하였다. 경상도 지역에서는 김해부사 이종인*, 사천현감

---

9) 선거이는 김천일에게 "적과 우리가 많고 적음이 엄청나게 차이가 있으니 물러나 보존함만 못하다"고 하였다(조선왕조실록, 「6월 29일 함락된 진주성 싸움의 자세한 경과」, 『선조 40권』, 26년(1593 계사년 7월 16일(무진) 5번째기사)

10) 김강식, 2010, 같은 책, pp.328~329.

* 이종인(?~1593): 조선의 왕족 출신 무신으로 1576년 별시무과에 응시해 급제, 임진왜란 당시에는 김해부사 임무를 맡고 있었다. 임진왜란이 발발하자 김성일의 휘하에서 활약했으며, 2차 진주성전투에서 진주성에 들어가 방어하다가 성이 함락될 때 전사하였다.

장윤, 거제현령 김준민 등이 진주성에 들어갔다. 전라도 지역에서는 창의사 김천일, 경상우병사 최경회, 복수의병장 고종후, 태인의병장 민여운 등이 합세하였고, 충청도 지역에서는 충청병사 황진, 해미현감 김명세, 태안현감 윤구수, 당진현감 송제*, 보령현감 이의정 등이 합류했다. 진주성을 방어하기 위한 진주 수성군은 정확한 병력 수는 알려져 있지 않으나 최소 3,000명[11]에서 최대 6,000명[12] 즉, 진주 주둔 관군 3,000명과 의병 3,000명 등 전체 5,800명 정도로 추정된다.

일본군 대병력이 진주성을 향해 몰려오고, 관군과 명군의 지원이 없을 것으로 확인된 시점에서도 진주성 주둔 관군과 전라도 및 충청도에서 온 의병은 2차 진주성전투를 준비하였다. 1차 진주성전투와 달리 대규모 일본군이 공격해오는 상황에서도 진주성 주둔군이 진주성에서 철수하지 않고 전투에 임한 이유는 다음과 같을 것으로 판단된다. 첫째, 진주성에는 김시민이 훈련시킨 정예군이 계속 주둔하고 있었고, 이들은 김시민이 훈련시킨 전략을 숙지하고 전투에 만반의 준비를 취하고 있었다.[13]

---

11) 창의사 김천일의 장계(狀啓)에는 "15일에 전라병사 선거이, 조방장 이계정, 충청병사 황진, 조방장 정명세, 경기조방장 홍계남, 경상우병사 최경회, 복수의장 고종후들이 잇달아 달려왔는데, 다음날 전라순찰사 권율이 전라병사와 각항의 전령 등에게 전령하여 모두 나아오게 하므로 제장이 일시에 달려가니 성중이 흉흉하여 이 때문에 일이 누설되었습니다. 신이 최경회, 황진 등과 더불어 겨우 수합하였으나 3,000명에 불과하였습니다"라고 기록되어 있다(조선왕조실록, 「창의사 김천일이 진주성의 방어 준비 상황을 보고하다」, 『선조 40권』, 26년(1593 계사년 7월 10일(임술) 9번째 기사)

12) 김천일이 말한 3,000명의 병력이 외부에서 진주성을 구원하러 들어온 의병일 수 있다. 진주성에 주둔하고 있는 관군이 3,000명 정도로 가정하면 총병력은 6,000명이 된다.

13) 김천일과 최경회가 서예원을 불러 창고의 곡식을 계산하니 거의 수십만 석이 되었다. 모든 장수들이 크게 기뻐하여 말하기를, "성은 높고 물은 험하며, 양식은 풍족하고 기개도 넉넉하니, 이야말로 오늘날 힘을 바칠 시기이다"라고 말하였다(조경남, 1593, 『난중잡록[亂中雜錄]』, 권2, 1593년(癸巳年) 6월 15일자, 『난중잡록』은 조선시대 선조 때 남원(南原)의 의병장 조경남(趙慶男)이 1582년(선조 15)에서 1610년(광해군 2)까지 일본군과 싸운 사실 등을 기록한 개인 저작이다).

* 송제(?~1593): 임진왜란 때 당진군수로서 충청도절도사 황진의 밑으로 들어가 성주싸움에서 적을 대파하였고 이어 제2차 진주성전투에서 일본군을 맞아 싸우다 전사하였다.

〈표 5-2〉 제2차 진주성전투 참여 수성군

지휘관	직함	병력	비고
김천일	창의사	300	도절제(총의병) 장예원 판결사
최경회	경상우병사	500	도절제(총관병)
황진	충청병사	700	순성장
고종후	복수의병장	400	의병장 고경명 장자
이잠	적개의병부장	300	남원의병장(적개), 변사정의부장
이계련	의병장	100	
민여운	태인의병장	200	
강희열	순천의병장		
강희보	도탄의병장		
고득뢰	전라우의병부장		최경회의 전라우의병 통솔(추정)
오유	복수의병부장		고종후의 부장
서예원	진주목사	3,000	진주판관은 성수경
장윤	사천현감	300	전라좌의병장 임계영의 부장
김준민	거제현령		
이종인	김해부사		
전사의	복수의병장		고종후 군(추정)
이계년			임희진 군(추정)
정원한	웅의대장		민여운 군(추정)
심우신	영광의병장		
정충훈	현웅군대장		
정운호	채의대장		
임희진	해남의병군		
김명세	해미현감		
윤구수	태안현감		
김응건	결성현감		
송제	당진현감		
이예수	남포현감		
박몽열	황간현감		
이의정	보령현감		
정명세	해미현감		
계		5,800	

자료: 오종록, 2010, 같은 논문, pp.104~105; 지승종, 2010, 「16세기말 진주성전투의 배경과 전투 상황」, 조원래 편 『임진왜란과 진주성전투』, 국립진주박물관, pp.57~58.

<〈그림 5-1〉제2차 진주성전투 이전 각 부대 주둔지 및 진주성 수성군 부대장 출신 지역

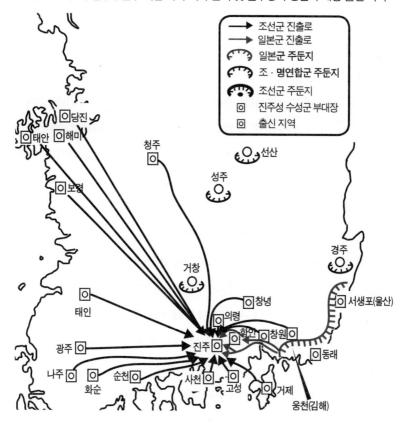

조선군 5천 8백 명과 일본군 9만 3천 명의 9일 간 전투

6월 15일 가토 기요마사를 선봉으로 9만 3천 명의 일본군이 경상도 남해안에 있는 주둔지로부터 진주성으로 몰려왔다. 일본군 선봉이 6월 16일 함안에 도착하였다. 함안에 주둔하고 있는 이빈*, 권율, 선거이 등의

---

* 이빈(1532~1592): 1561년 진사가 되었고 1576년 급제하여 고양군수를 지냈다. 임진왜란이 일어나자 고양군수로서 군대를 모아 경기도 여주 추읍산에 진을 치고 왜적과 싸워 여러 번 이겼으나 결국 전사하였다.

조선 관군이 일본군과 전투를 벌였으나 중과부적으로 물러났다. 6월 18일 일본군이 함안으로부터 바로 정암나루로 건너왔을 때, 곽재우는 형세의 불리함을 인정하고 물러났다. 6월 19일 일본군은 진주를 향해 진출하면서 삼가, 단성, 공양, 사천 등에서 진주로 오는 길을 차단하였다. 조선군이 진주성 후원을 차단하기 위한 것이다. 이에 따라 선거이와 홍계남이 관군을 이끌고 진주성에 도착하여 "(적은) 많고 (아군은) 적음이 서로 현격한 차가 있으니 물러가 보전하는 것만 같지 못하다"고 말하였고, 이에 김천일은 이를 꾸짖고 진주성 수성 의지를 밝혔다. 따라서 선거이와 홍계남은 군사를 이끌고 진주성에서 함양으로 물러났다.

6월 21일 일본군이 진주성을 포위하였다. 이날 고성 의병장 최강, 이달이 진주로 구원을 갔으나 일본군의 군세에 눌려 다시 고성으로 돌아왔다. 또한 명나라 이여송이 낙상지, 송대빈, 유정, 오유충 등에게 진주성을 구원하게 하였으나 모두 군사의 세력이 일본군과 대적할 만하지 못하다는 평계로 명령을 듣지 않았다. 이날 일본군은 진주성을 공격하지 않았다.

6월 22일 일본군이 진주성을 공격하기 시작했다. 일본군은 진주성 북서면의 해자를 터뜨려 물을 남강으로 흘려보냈고, 해자가 마르기를 기다렸다가 흙과 모래로 해자를 메워 큰 길을 만들었다. 조선군 및 의병은 각자 맡은 장소에서 진을 치고 일본군을 기다렸다. 일본군의 첫 공격을 맞아 진주성 수성군은 일본군 30여 명을 쏘아 죽였고, 일본군이 물러났다. 초저녁에 일본군이 대규모 병력으로 몰려와 격렬한 전투를 치르다 여의치않자 이경(밤 9시~11시)에 물러갔다. 그리고 삼경(밤 11시~새벽 1시)에 다시 왔다가 오경(새벽 3시~5시)에 많은 사상자를 내고 물러갔다.

6월 23일 하루 종일 격렬한 전투를 벌였다. 주간에 3회의 전투를 벌였고, 야간에 4회의 교전을 치렀다. 성을 점령하기 위해 성벽을 오르는 일본군의 사상자가 엄청나게 발생했음은 물론이다.

6월 24일에는 전투가 없었다. 일본군의 사상자가 많이 나자 일본군 지휘부가 성을 점령하기 위한 새로운 방안을 모색한 듯했다. 또한 더 많은 일본군이 충원되어 마현과 그 동편에 진을 쳤다.

6월 25일 일본군이 동문 밖에 흙을 쌓아 큰 언덕을 만들고, 그 위에 흙집을 짓고서 성 안을 내려다보면서 총을 쏘았다. 이에 대응하기 위해 황진이 성 안으로 흙과 돌을 날라와 높은 언덕을 마주 쌓았다. 황진이 초저녁 때부터 옷을 벗고 친히 돌을 져 나르자 남녀 성민들이 자원하여 밤을 새워 작업을 마쳤다. 그리고 성 안에서 현자포를 발사하여 흙언덕을 부셨다. 이에 일본군도 흙언덕을 다시 쌓기를 반복했다. 이 날 일본군은 주간에 세 번, 야간에 네 번 공격하였고, 조선군은 이를 모두 물리쳤다.

6월 26일 일본군은 성을 허무는 작전을 구사했다. 일본군은 큰 나무궤짝을 짜고, 소의 생가죽을 나무궤짝 겉면에 씌운 기구를 만들었고, 그 안에 군사들이 들어가 조선군의 탄환 및 화살 공격을 막으면서 성벽에 접근하여 성벽을 허물기 시작했다. 또한 일본군은 동문 밖에 큰 나무를 세우고 그 위에 망루를 만들어 진주성 내에 불을 던지고 총격을 가했다. 이 공격으로 진주성 내 초가집들이 일시에 연소하였다.

조선군은 성 안에서 황진이 큰 돌을 굴려 내리고 화살 공격을 함으로써 성을 허무는 작업을 하던 일본군을 공격했다. 또한 일본군의 나무 망루는 대포로 격파했다. 그때 큰 비가 내려서 일순간 전투가 소강상태를 이루자 일본군이 성 안에 "대국의 군사도 항복하였는데 너희 나라가 감히 항거하느냐"는 전단을 던져 항복을 권유했다. 성 안에 있던 조선군은 "우리나라는 죽을 힘을 다하여 싸울 뿐이다. 더구나 명나라 군사 30만 명

이 지금 곧 추격하여 너희들을 남김없이 무찌를 것이다"라고 화답하였
다. 이날 주간에 3회, 야간에 4회의 전투를 치렀고, 조선군이 모든 전투
에서 일본군을 물리쳤다.

　6월 27일 일본군은 하루 종일 공격하였고, 조선군은 이를 물리쳤으나
그 과정에서 조선군의 피해도 늘어났다. 일본군은 조선군이 성 위에서의
공격에 대한 피해를 최소화하기 위해 새로운 무기를 고안하여 성벽을 허
물려고 하였다. 일본군은 큰 나무궤짝으로 철갑차를 고안하였다. 이 철
갑차는 나무궤짝에 바퀴를 달아 그 속에 군사들이 들어가 바퀴를 전방으
로 돌려 전진하고, 후진할 때는 차의 뒷부분에 연결된 줄을 후방에 숨어
있는 병사가 끌어당기는 구조로 되어 있었다. 이 철갑차 안에는 쇠 갑옷
으로 무장한 일본군 수십 명이 있었고, 이들은 성벽 밑에 와서 쇠 송곳으
로 성을 뚫었다. 조선군은 기름을 부은 풀더미를 만들어 일본군을 태워
죽였다. 다른 한편에서 일본군은 동·서쪽의 두 성문 밖에다 다섯 개의

『에혼타이코키(絵本太閤記)』에 묘사된 진주성전투 당시 일본군의 사륜거

흙 언덕을 쌓아 올리고 이를 연결하여 방책을 만들어 성 안을 굽어보며 끊임없이 총탄을 발사하였다. 이러한 일본군의 전방위 공격으로 조선군도 300여 명의 사망자가 발생하였다.

6월 28일 새벽 일본군은 서문을 집중 공격했다. 날이 샐 무렵 이종인이 지키고 있던 성첩으로 돌아오니 일본군이 몰래 성을 뚫어놓아 곧 무너지게 되었다. 일본군이 성 아래로 육박해왔고, 조선군과 격렬한 전투가 벌어졌다. 일본군의 피해가 엄청나게 발생했다. 전투가 잠시 소강상태를 이루자 황진이 성 밑을 굽어보면서 "오늘 싸움에 죽은 사람이 매우 많아서 1천여 명은 되겠다"고 하는 도중 일본군이 성 밑에 엎드려 있다가 황진을 향해 총을 쏘았다. 탄환이 나무판자에 빗맞고 튀어서 황진의 왼쪽 이마에 명중했고, 이에 황진이 전사했다.

6월 29일 미시(오후 1시~3시)에 동문에 있는 성이 비로 인하여 무너졌다. 일본군은 무너진 성벽으로 몰려왔다. 이종인이 호위병들과 더불어 활과 화살을 버리고 창과 칼을 들고 일본군과 백병전을 치른 끝에 물리쳤다. 그 결과 죽은 일본군의 시체가 산더미처럼 쌓였다. 일본군들이 다시 무너진 성벽뿐만 아니라 사방에서 공격하기 시작했고, 창의군(창의사 김천일의 군사)이 지키던 곳이 일본군에 의해 먼저 무너졌다. 결국 일본군이 성에 올라왔고, 진주성 내로 사방에서 몰려들어와 조선군과 백병전이 벌어졌다. 순성장 장윤이 탄환에 맞아 전사했고, 이종인도 탄환을 맞고 전사했다. 조선군은 촉석루로 내몰렸고, 김천일은 "나는 마땅히 여기에서 죽어야 한다"고 말하고 남강에 몸을 던졌고 최경회도 전사했다. 이로써 진주성이 함락됐으며, 5,800명의 조선군 대부분이 전사했다.

운명적 항전, 예정된 함락

2차 진주성전투는 조선 관군과 의병 5,800명의 병력으로 일본군 9만여 명을 상대한 혈전이었다. 전투는 1593년 6월 21일에 시작되어 29일까지 9일간 지속되었다. 21일 첫날은 실질적인 교전이 없었던 것을 감안하면, 8일 동안 내내 전투가 벌어졌다. 일본군 9만여 명의 병력이 총 25회 이상 진주성을 공격하였고, 진주성에 있던 조선 관군과 의병은 29일 마지막 전투에서 동문이 무너지기까지 대단한 결집력을 보이며, 일본군의 공격을 막아냈다. 특히 6월 23일, 25~26일에는 모두 1일당 6~7회의 교전을 모두 버텨냈다. 전투 8일째 되는 날, 성벽이 무너진 까닭에 진주성이 함락된 것이다. 만일 비로 인해 성벽이 무너지지 않았다면 조선군은 진주성을 더 사수할 수 있었을 것이다.

⟨표 5-3⟩ 진주대첩과 2차 진주성전투의 전투 상황 비교

비교대상	진주대첩	2차 진주성전투	비교
전투 참여 병력	조선군: 3,800명 일본군: 30,000명	조선군: 5,800명 일본군: 93,000명	조선군: 1.5배 일본군: 3.1배
전투 기간	4일	8일	2배
교전 횟수	10회	25회	2.5배
사망자	조선군: 300명 일본군: 10,000명	조선군: 5,800명 일본군: 38,000명	조선군: 19배 일본군: 3.8배

진주성 함락 후 일본군은 진주성에 있던 모든 조선인을 참살하고, 진주목사 서예원과 최경회 등의 목을 도요토미 히데요시 앞에 가져다 바치며 진주성전투 승전을 선언했다.[14] 그러나 일본군의 손실은 그보다 더 컸

---

14) 參謀本部編, 1924, 같은 책, p.269.

다. 〈표 5-3〉은 진주대첩과 2차 진주성전투의 전투 참여 병력, 전투기간, 교전 횟수를 비교한 것이다. 진주대첩에 비해 훨씬 많은 적(1차 3만 명, 2차 9만 3,000명)을 상대로, 더 많은 전투 기간 동안(1차 6일, 2차 9일), 두 배가 넘는 교전(1차 10회 교전, 2차 25회 교전)을 치렀다.[15] 이러한 전투 상황을 비교하여 일본군의 사망자를 계산해볼 수 있다. 진주대첩에 비해 조선군이 1.5배 참여하였고, 교전 횟수가 2.5배인 것만을 감안하면, 2차 진주성전투에서 일본군은 최소 3만 8,000명이 사망한 것으로 추정할 수 있다.

실질적으로는 2차 진주성전투 역시 일본군의 엄연한 패배이다. 5,800명의 조선군이 지키고 있는 성에 일본군 9만 3,000명이 쳐들어와 공격하여 전투가 계속된다면 언젠가는 성이 함락당하는 것은 너무도 당연하다. 2차 진주성전투를 이끈 의병장 김천일과 최경회, 서예원 등이 지휘하는 조선군과 의병 전원은 이 운명적 전투 결과를 알고 있음에도 불구하고 진주성을 사수한 것이다. 로마시대 마사다전투처럼 함락이 예정되어 있음에도 불구하고 참전하였으므로 전투 결과를 패전이라고 기록해서는 안 된다.[16] 2차 진주성전투의 25차례 교전에서 조선 관군과 의병은 24차례의 승리를 거두었고, 일본군은 마지막 전투 단 한 차례의 승리를 했을 뿐이다.

---

15) 조선왕조실록 기사에 실록을 기록하던 사관(史官)이 제2차 진주성전투에 대해 다음과 같은 평가를 한 대목이 눈에 띈다. "온 성중의 제군(諸軍)이 모두 역전(力戰)하였기 때문에 여러 날 동안 버티고 쉽게 함락당하지 않았던 것이다. 만약 이때를 당하여 약간의 외원(外援)만 있었더라면 왜적이 아무리 많다 하더라도 반드시 낭패를 당하고 물러갔을 것이니, 어찌 이처럼 참혹한 데 이르렀겠는가"(『선조』 41권, 26년(1593 계사년 8월 7일(무자) 2번째 기사 「비변사가 진주성에서 죽은 이들에게 휼전을 거행하는 일을 아뢰다」).

16) B.C. 72~73년경 유대지방의 마사다 요새에서 15,000명의 로마군을 상대로 960명의 유대인이 전투를 벌이다 유대인 전원 사망한 것을 마사다 승전 또는 패전이라고 부르지 않는다. 역사는 이 사건을 마사다 항전 또는 마사다 옥쇄(玉碎)라고 부른다.

제2차 진주성전투 이후 일본군의 움직임

도요토미 히데요시의 지시대로 일본군은 진주성을 점령하여 조선군과 백성 모두를 한 명도 빠짐없이 살해하고, 진주성을 허물어 평지를 만든 뒤, 전라도로 출진하였다. 일본군은 7월 2일 경상도에서 전라도로 넘어가는 구례까지 진출을 하여 고부군수 왕경조와 전판관 노종령 등과 작은 전투를 벌인 끝에 구례를 점령했다. 그리고 구례에서 남원으로 물러난 낙상지와 송대빈이 이끄는 명군과 남원성에서 전투를 벌였고, 명군이 퇴각했다. 7월 7일 일본군 수천 명이 성수령을 넘어 이빈과 홍계남이 지휘하는 조선군과 전투를 벌였고, 조선군은 퇴각했다. 송대빈이 이끄는 명군이 두골봉에 매복하였다가 일본군을 물리쳤으며, 낙상지와 사대부 등이 길을 나누어 일본군을 쫓으니 일본군은 순자강(전남 곡성군에 있는 섬진강의 지류)을 건너 퇴각했고, 송대빈은 군사를 이끌고 남원을 지켰다.

일본군은 도요토미 히데요시의 지시대로 전라도에 진출하기는 하였다. 그러나 소수의 병력만으로 진격하였고, 조선군과 명군의 대응이 있자 바로 전라도 진격을 포기하고 부산 지역으로 퇴각하였다.[17] 그리고 일본군은 더 이상의 전투를 멈추고 임진왜란 종전을 위해 명군과 화의협상을 서둘렀다.

만일 일본군이 2차 진주성전투 이후 전투력이 보전되었다면 도요토

---

17) "홍계남(洪季男)이 군사를 거느리고 영(嶺)을 내려가다가 적의 선봉(先鋒)을 만나 길에서 적을 공격하여 수십 리를 가며 싸우다가 구례(求禮)·광양(光陽)에 이르러 오랫동안 크게 싸우니 적이 물러갔다. 1기는 사천(泗川)·고성(固城)으로 향해 가서 분탕질을 했고, 1기는 삼가(三嘉)·의령(宜寧)으로 향해 가서 공사(公私)의 가옥(家屋)을 불태우고 돌아와서 함안(咸安)·창원(昌原) 등지에 주둔하였으며, 1기는 포로로 잡은 남녀와 복물(卜物)을 싣고 김해(金海)를 향해 돌아갔다"(조선왕조실록, 「6월 29일 함락된 진주성 싸움의 자세한 경과」, 『선조 40권』, 26년(1593 계사년) 7월 16일(무진) 5번째 기사).

미 히데요시의 명령에 따라 적극적으로 전라도 진출을 꾀했을 것이다. 그러나 일본군이 소수의 병력만을 구례와 남원에 출진시킨 것은 일본군의 전투력이 약화되었기 때문이라고 볼 수 있다. 즉, 일본군은 2차 진주성전투에서 약 4만여 명의 사망자를 내는 등 엄청난 손실을 겪음으로써 전라도를 공격할 전투력이 없었던 것이다.[18] 한마디로 2차 진주성전투로 인해 일본군은 실질적인 전투력을 상실했고, 사실상의 임진왜란은 종료된 것이다.

제2차 진주성전투 이후 임진왜란 종료와 정유재란

1593년 6월 2차 진주성전투 이후 1595년 5월 명군과 일본군이 각자의 나라로 돌아갈 때까지 3년 동안 더 이상의 전투는 없었다. 8월에 송응창과 이여송은 일본군과 강화를 재차 확인하였다. 이들은 명나라 황제에게 "일본군은 이미 모두 바다를 건너가고 다만 한두 진영만이 부산에 머물러 있으면서 명나라에서 도요토미 히데요시를 임금으로 봉해주는 명을 기다리고 있습니다. 전란을 겪은 나라에 명나라의 군사와 말이 오래 머무르기가 어려우니 청컨대 요양에 철환하여서 위급에 대비하게 하옵소서"라고 보고하였다. 이에 따라 명나라 조정은 명군 지휘부에 군사를 이끌고 돌아오라는 조서를 내렸다.

1593년 9월부터 명군은 소수 부대만을 남기고 주력부대는 실질적으로 철수했다. 명군을 이끌던 송응창과 이여송은 명군의 주력을 이끌고 명나

---

18) 전라도 보성 출신으로 남원에서 임진왜란을 겪었던 안방준의 기록에 따르면, "(1593년) 7월 2일 적이 호남을 향해서 가다가 가토 기요마사가 정예병력 손실이 커서 호남을 점령하기 어렵다고 하고 병사들을 쉬게 하는 것이 최선이라고 말하며 즉시 철군하라"고 명령했다는 이야기를 전하고 있다(안방준, 「진주서사」, 『은봉전서[隱峯全書]』 권7, 1864). 진주서사는 안방준 사후 200여 년 뒤인 조선 고종 때 후손들이 문집으로 엮어 출판하였다.

라로 귀환하였고, 유정을 도독으로 임명하였다. 당시 유정은 1만여 명의 명군을 이끌었다. 1594년 3월 유정은 성주에서 남원으로 둔진을 옮겼고, 이 과정에서 유정은 5천 명의 군사를 본국으로 송환하고 5천여 명만 거느렸다. 1594년 8월 유정 또한 명군을 거느리고 한양성을 거쳐 요동으로 돌아갔다. 단, 부산에서 북경까지 30리마다 다섯 곳에 파발을 두어 경계하였다.

반면, 조선 조정에서는 조선 8도의 20세 이상, 40세 이하의 건장한 남자를 도별로 1만 명씩 모집하여, 유정의 명군에 편입시켜서 훈련을 받게 하였다. 선조 임금은 전투에 있어서는 명군에 협조하도록 하였으나, 일본과의 화친은 끝까지 반대하였다. 하지만 명나라가 일본과의 화친을 맺고 조정 신하들도 대부분 화친에 동조하였으므로 선조 임금도 결국 화친을 윤허하였다.

일본군 역시 2차 진주성전투 이후 부산 지역으로 후퇴한 후 병력을 빠르게 일본으로 송환했다. 1596년 1월 유정이 고니시 유키나가와 함께 일본에 건너갔다. 그리고 1596년 5월 가토 기요마사가 부산 지역의 방어용 목책을 불태우고 군대를 철수하였고, 나머지 일본군도 모두 일본으로 돌아갔다.

이로써 임진왜란은 종료됐다. 임진왜란은 공식적으로 1592년 4월에 시작되어 1596년 5월까지 4년 1개월로 기록된다. 하지만 1593년 6월 2차 진주성전투 이후에는 전투다운 전투가 없었다. 그래서 실질적으로 임진왜란은 1592년 4월부터 1593년 6월까지 1년 3개월 동안이었다고 할 수 있다.

이후 명나라 황제의 칙서가 일본의 도요토미 히데요시에게 전달되었다. 서로의 강화교섭 조건이 서로 엄청난 차이가 난 것을 알고 분개한 도요토미 히데요시는 이듬해인 1597년 1월 조선을 다시 침공했다. 이렇게 시작된 정유재란에서 일본군이 한때는 전라도 남원과 충청도 직산까지 진출하였으나 1597년 12월부터 조·명 연합군의 반격으로 경상도 해안 지역으로 후퇴하였고, 일본군은 순천, 사천, 울산 등지에 왜성을 쌓고 버텼다. 당시 조·명 연합군은 명나라 장수가 지휘하였고, 일선 전투는 대부분 조선군이 맡는 형식이었다. 결국 1598년 9월 도요토미 히데요시가 병사하자 일본군은 모두 본국으로 철수함으로써 2년간의 정유재란도 종결됐다.

6장

알려진 역사, 알아야 할 역사

역사는 우리와 우리가 아닌 자들의 투쟁이다 · 신채호

한국인은 일반적으로 임진왜란에 대해 조선의 내분과 갈등, 미흡한 전쟁 준비, 국왕을 위시한 조정과 관군의 무능 등으로 기억하고 있다. 조선군이 일본군과의 각종 전투에서 패배하였고, 이순신의 해전과 명군의 원조가 없었다면 조선은 멸망했을 것이라는 시각이 지배적이다.

이 책의 집필 계기는 임진왜란에 대한 역사가 편향적으로 기술되었을 가능성이 높다고 생각했기 때문이다. 임진왜란에 대한 역사적 사실을 찾은 결과, 당시 우리 조상들이 국난을 극복하기 위해 노력한 사실들은 역사 서술에서 빠져 있었고, 일부 역사적 사실을 위주로 꿰어맞춘 해석을 발견하였다. 육지 전투에서 패배를 거듭하였는데 해전의 승리만으로 국란을 극복할 수는 없다. 해전에서만의 승리로 전라도의 곡창 지대를 지켜낸다는 것은 심한 논리적 모순이다. 관군이 괴멸된 채 의병들의 희생만으로 국가를 보존하기란 어렵다. 더욱이 외국의 원조에 의해 한 국가가 보전될 수는 없다. 제4차 평양성전투 단 1회의 전투에서 승리를 한 명군에 의해 조선이 보전되었다는 것은 상식적으로 납득이 되지 않는다.

이 책은 이러한 임진왜란에 대한 잘못된 인식을 이성적으로 바로 잡기 위해 객관적인 사료를 중심으로 역사를 재조명하였다. 감추어진 역사적 사실과 알려진 사실을 비교 검토하였고, 일본군 합동참모본부가 1924년 발간한 『일본전사 조선역(日本戰史 朝鮮役)』에서의 임진왜란 기록을 비교하였다. 그리고 일본사에 감춰진 기록은 상식적으로 이해될 수 있는 범위 내에서 해석하였다. 물론 임진왜란에 관한 방대한 한국 자료를 인용했다. 하지만 한국 자료를 인용하는 과정에서도 근거 및 수치가 확실한 사료만을 인용하였다.

조선이 위약(危弱)하기만 했다면 임진왜란을 극복할 수 없다. 이순신의 해전은 물론이고, 육지에서 웅치·이치전투, 2차례의 금산성전투,

경주성전투, 영원산성전투, 진주대첩, 4차에 걸친 평양성전투, 북관대첩, 3차례 성주성전투, 독성산성전투, 행주대첩, 제2차 진주성전투 등 우리 조상들의 치열한 분투 노력으로 임진왜란을 극복한 것이다. 따라서 이 책은 임진왜란에서 수행된 주요 전투를 시기별로 살펴봄으로써 임진왜란이 어떻게 진행되었는지를 거시적으로 다루었다. 이 과정에서 독자들이 임진왜란의 진실을 보다 심도 있게 파악할 수 있으리라 판단된다.

1. 임진왜란 전투를 일본군이 주도하였나?

전쟁에 누가 승리했느냐고 했을 때, 일반적으로 전쟁을 일으킨 당사자가 목적을 달성했는가 그리고 주요 전투를 누가 주도하였는가라는 두 가지로 판단할 수 있다. 여기에서는 임진왜란에서 누가 승리했는가 하는 것을 전투 상황과 전쟁 목적 달성을 시기별로 나누어 살펴보았다.

〈표 6-1〉은 1592년 4월 13일 부산성전투에서 1593년 6월 14일 1차 평양성전투까지 2개월 동안 일본군이 각종 전투에서 승승장구하던 임진왜란 제1기의 전투를 정리한 것이다. 여기에서 보는 바와 같이 8차례의 대규모 육상 전투에서는 일본군이 승리하였고, 해유령전투, 정암진전투, 무계전투와 같은 소규모 전투에서 조선군 및 의병이 승리했을 뿐이다. 육지 전투의 영향으로 이 기간 중 일본군은 부산성에서 한양성, 평양성으로 이어지는 축선상에 있는 주요 도시를 점령하였고, 한양성에서 함경북도로 이어지는 축선상의 주요 도시도 점령하였다. 반면, 해전에서는 조선 수군이 일방적으로 승리했다. 해전이 육상 전투에 크게 영향을 미치지 않았던 것을 감안할 때, 임진왜란 초기 2개월 동안의 제1기는 일본

군이 전투를 주도했다고 할 수 있다.

〈표 6-1〉 임진왜란 제1기(1592. 4.~1592. 6) 주요 전투 내용

전투명(장소)	전투 일자	조선군 병력	일본군 병력	공격 군 및 전투 결과
부산성전투	4. 14	800	18,700	일본군 공격, 일본군 승리
동래성전투	4. 15	1,000	18,700	일본군 공격, 일본군 승리
밀양성전투	4. 18	500	18,700	일본군 공격, 일본군 승리
상주전투	4. 25	4,800	18,700	일본군 공격, 일본군 승리
탄금대전투	4. 28	20,000	18,700	일본군 공격, 일본군 승리
옥포해전	5. 7	3,700	4,000	조선군 공격, 조선군 승리
합포해전	5. 7	3,700	840	조선군 공격, 조선군 승리
적진포해전	5. 8	3,700	2,100	조선군 공격, 조선군 승리
해유령전투	5. 16	500	70	일본군 공격, 조선군 승리
임진강전투	5. 18	13,000	22,000	일본군 공격, 일본군 승리
정암진전투	5. 24	200	2,000	일본군 공격, 조선 의병 승리
사천해전	5. 29	3,970	1,300	조선군 공격, 조선군 승리
당포해전	6. 2	3,970	2,640	조선군 공격, 조선군 승리
진해해전	6. 5	7,470	880	조선군 공격, 조선군 승리
당항포해전	6. 5	7,470	2,720	조선군 공격, 조선군 승리
율포해전	6. 7	7,470	900	조선군 공격, 조선군 승리
용인전투	6. 5~6	80,000	1,600	일본군 공격, 일본군 승리
무계전투	6. 6	50	30	조선 의병 공격, 조선 의병 승리
1차 평양성전투	6. 14	4,600	23,700	일본군 공격, 일본군 승리

그러나 도요토미 히데요시의 전쟁 목표는 달성되지 못했다. 도요토미

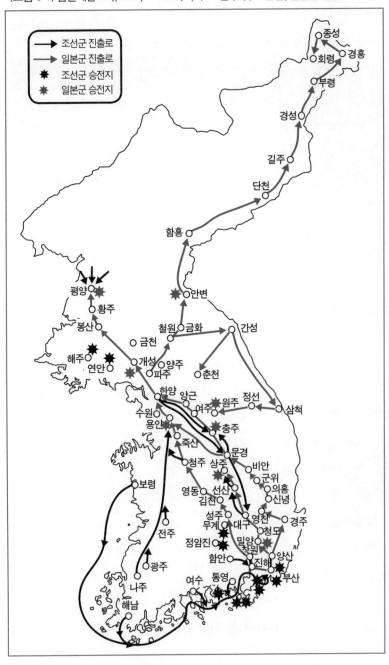

〈그림 6-1〉임진왜란 1기(1592. 4~1592. 6) 주요 전투 및 조선군, 일본군 진출로

히데요시는 명나라 침략의 전제조건으로 조선을 침략하면서 다음의 세 가지 목표를 계획했다.

첫째, 일본군 8개 부대가 각각 조선 8도를 점령한다.

둘째, 각 부대는 점령한 지역에서 명나라 침략을 위해 조선 백성으로 군사를 모집하고, 병량을 징집한다.

셋째, 나고야에 대기하고 있던 10만여 명의 일본군이 남해와 서해를 거쳐 평양으로 이동하고, 조선 8도에서 모집한 군대와 병량을 평양으로 보내 명나라 침략을 준비한다.

도요토미 히데요시의 첫 번째 전쟁 목표는 형식적으로는 달성된 것으로 보이지만 실질적으로는 전혀 양상이 다르다. 일본군은 임진왜란 초기 대규모 육지 전투에서 승리하면서 거점도시를 점령한 것은 사실이다. 일본군은 임진왜란 초기 부산성에서 한양성에 이어 평양성까지 그리고 한양성에서 안변, 함흥, 경성으로 이어지는 축선상에 있는 도시를 점령했다. 그러나 일본군은 거점도시 인근에 있는 농촌 지역까지는 진출하지 못했다. 조선 백성은 초기부터 일본군을 점령군으로 인정하지 않았고 그들의 통치를 받아들이지 않았다. 일본군의 진출 후 일본군 점령 지역뿐만 아니라 인근 지역의 조선 백성은 조직적으로 항거하기 시작했다. 더욱이 일본군은 낙동강 서부 지역인 경상우도와 전라도를 점령하고자 수차례 시도했지만 조선군과 조선 백성의 저항으로 실패했다. 한마디로 조선에서 일본군의 세력이 극대화되었던 1592년 6월에도 일본군은 부산성과 한양성 그리고 평양성을 잇는 주요 도시 및 한양성에서 함경도를 잇는 도시만을 점령하였을 뿐이다.

도요토미 히데요시의 두 번째 전쟁 목표인 조선 내에서의 군사 및 병량 모집 역시 실패할 수밖에 없었다. 임진왜란 초기 일본군이 점령한 지역에 사는 조선 백성들조차 일본군의 명령에 따르지 않았다. 특히 일본 군은 주요 도시를 비롯한 거점 지역 내에서만 안전이 보장되었을 뿐, 대부분의 조선 땅에서는 조선군의 매복과 기습에 시달려야 했다. 일본군은 전혀 조선 백성을 통치할 수 없었다. 조선 백성은 일본군의 군대 모집에 응하지 않았고, 식량을 내놓지도 않았다.

셋째, 이순신이 이끄는 조선 수군에 의해 일본 수군이 완패를 당함에 따라 조선 남해와 서해 뱃길을 열지 못하여 나고야에 대기하고 있던 12만여 명의 예비병력을 평양으로 이동시키지 못했다. 오히려 이 예비병력은 임진왜란 초기부터 조직적으로 항거한 경상도 지역에 파견하여 조선군 및 백성과 치열한 전투를 벌여야 했다. 임진왜란 초기부터 도요토미 히데요시가 구상한 명나라 침공을 위한 12만 명의 예비병력 운용은 물거품이 된 것이다.

〈표 6-2〉는 임진왜란 제2기인 1592년 6월부터 10월까지 약 4개월 동안 조선군과 일본군 간의 전투를 정리한 것이다. 임진왜란 초기 전투에서와 마찬가지로 해전에서는 조선군이 일본군을 공격하였고, 모든 전투에서 승리했다. 육상 전투에서는 초기 전투와는 다른 양상으로 전개됐다. 초기 전투에서는 대부분의 육상 전투에서 일본군이 공격하여 승리하였으나, 제2기 총 17회의 주요 육상 전투에서는 일본군의 공격이 4회인 반면, 조선군 및 의병의 공격이 13회로 공세의 주도권이 바뀌었다. 또한 전투 결과에서도 일본군 승리가 6회인 반면, 무승부 3회, 조선군 및 의병의 승리는 8회였다. 즉, 임진왜란이 발발한 지 2개월이 지난 후부터는 전투에서 조선군이 주도권을 쥐고 치렀고, 전투 결과도 조선군이 우세했다.

〈표 6-2〉임진왜란 제2기(1592. 6.~1592. 10) 주요 전투 내용

전투명(장소)	전투 일자	조선군 병력	일본군 병력	공격 군 및 전투 결과
웅치전투	7. 8	1,000	3,000	일본군 공격, 일본군 승리
이치전투	7. 8	1,500	3,000	일본군 공격, 무승부
1차 금산성전투	7. 10	7,000	13,000	조선 의병 공격, 일본군 승리
의령전투	7월	4,000	2,000	조선 의병 공격, 조선 의병 승리
우척현전투	7월	4,000	3,000	조선군 공격, 조선군 승리
한산대첩	7. 8	8,260	10,100	조선군 공격, 조선군 승리
안골포해전	7.10	8,260	5,940	조선군 공격, 조선군 승리
2차 평양성전투	7. 17	6,000	18,700	조선군 공격, 일본군 승리
영천성전투	7.24~27	3,500	3,000	조선 의병 공격, 조선 의병 승리
3차 평양성전투	8. 1	20,000	18,700	조선군 공격, 일본군 승리
청주성전투	8. 1	1,000	1,000	조선 의병 공격, 조선 의병 승리
2차 금산성전투	8. 18	700	10,000	조선 의병 공격, 일본군 승리
1차 성주성전투	8. 21	20,000	20,000	조선 의병 공격, 무승부
영원산성전투	8. 23	1,000	3,000	일본군 공격, 일본군 승리
연안성전투	9.	미상	3,000	일본군 공격, 조선군 승리
2차 경주성전투	8월	미상	미상	조선군 공격, 조선군 승리
북관대첩	9.16~10	3,000	2,000	조선 의병 공격, 조선 의병 승리
2차 성주성전투	9. 11	20,000	20,000	조선 의병 공격, 무승부
창원전투	9월	1,000	1,000	조선군 공격, 조선군 승리

한마디로 도요토미 히데요시의 세 가지 전쟁 목표는 현실적으로 달성되기 어려운 처지에 놓였다. 임진왜란 제2기에는 전투가 교착상태 내지는 공수가 바뀜에 따라 도요토미 히데요시가 생각한 명나라 정복을 위한 계획은 확실히 불가능해졌으며, 일본군은 점령하고 있던 지역에서도 조선군 및 의병의 공세를 받아야 했다.

〈그림 6-2〉임진왜란 2기(1592. 6~1592. 10) 주요 전투 및 조선군, 일본군 진출로

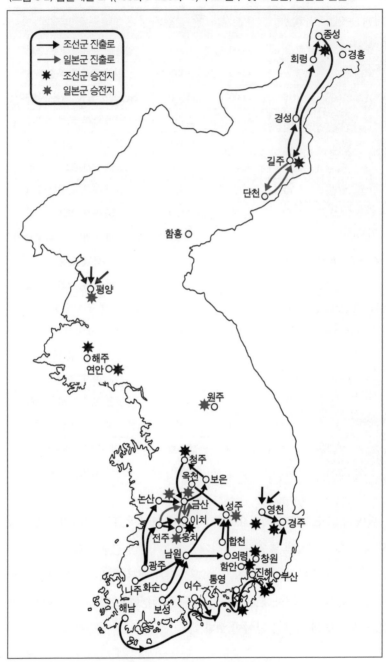

임진왜란 제3기인 1592년 10월 진주대첩 이후부터 1593년 6월까지 약 8개월 동안 조선군과 일본군 간의 주요전투 상황은 〈표 6-3〉에서 보는 바와 같다. 해전에서는 조선 수군이 공격하기 위해 일본 수군을 찾아다 녔지만 철저하게 일본 수군은 전투를 피하여 주요 해전은 거의 벌어지지 않았다. 육상 전투에서는 진주대첩을 계기로 조선군이 일본군을 압박하기 시작했다. 임진왜란 제3기 총 6회의 주요 육상 전투에서는 일본군 공격이 3회, 조선군 및 조·명 연합군의 공격이 3회로 공세의 주도권은 팽팽하였지만, 전투 결과에서는 조선군 및 의병이 5회 승리했고, 일본군의 승리는 명군을 대상으로 한 벽제관전투 1회에 그친다. 특히 이 시기에 치러진 6회의 전투는 모두 대규모 전투로 사상자 규모가 컸고, 그에 따라 전투에서 패배한 일본군의 사상자가 대규모로 발생했다. 따라서 진주대첩 이후 일본군의 보급로가 차단되면서 일본군의 지휘관 회의를 한양성에서 개최했고, 여기에서 일본군의 후퇴를 논의하기 시작했다.

〈표 6-3〉 임진왜란 제3기(1592. 10~1593. 6) 주요 전투 내용

전투명(장소)	전투 일자	조선군(명군) 병력	일본군 병력	공격 군 및 전투 결과
진주대첩	10.5~10	3,800	30,000	일본군 공격, 조선군 승리
길주성전투	10. 25	3,000	1,000	조선 의병 공격, 조선 의병 승리
독성산성전투	12. 11	10,000	20,000	일본군 공격, 조선군 승리
4차 평양성전투	1. 6~9	43,000	18,700	조·명 연합군 공격, 승리
벽제관전투	1. 27	2,000	15,000	명군 공격, 일본군 승리
행주대첩	2. 12	2,300	20,000	일본군 공격, 조선군 승리

그리고 이 시기 도요토미 히데요시가 계획한 전쟁 목표는 수정될 수밖에 없었고, 결국 일본군은 경상도 남부 해안 지역으로 후퇴하였다. 즉,

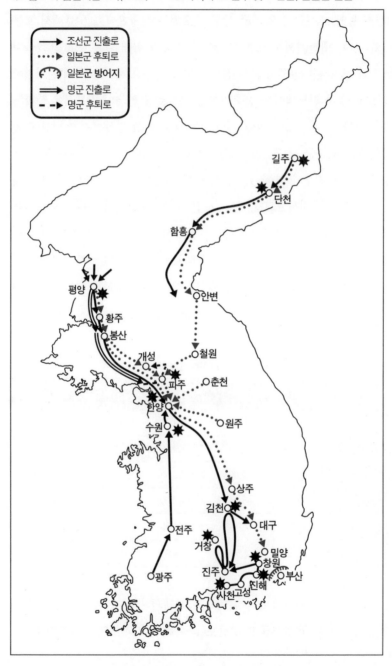

〈그림 6-3〉임진왜란 3기(1592. 10~1593. 6) 주요 전투 및 조선군, 일본군 진출로

조선군 진출로
일본군 후퇴로
일본군 방어지
명군 진출로
명군 후퇴로

길주
단천
함흥
안변
평양
황주
봉산
개성
철원
파주
춘천
한양
원주
수원
상주
김천
대구
전주
거창
밀양
창원
진주
부산
진해
광주
사천고성

임진왜란 제3기에는 진주대첩 이후 일본군 보급로의 차단, 주요 전투에서의 일본군 패배, 조선군의 전방위적 공세 등으로 인한 일본군의 사상자 증가와 전투력 상실로 도요토미 히데요시가 초기 전쟁 목표를 포기하고 새로운 전쟁 목표를 세우게 된 시기였다. 이에 따라 도요토미 히데요시는 일본군과 명군과의 화의를 통해 명군을 한강 이북에 묶어두고, 진주성을 점령한 후 경상도, 전라도, 충청도 등 조선 남부 지역을 지배하겠다는 쪽으로 전쟁 목표를 변경했다.

임진왜란 제4기, 1593년 6월 제2차 진주성전투 이후 1596년 6월 가토 기요마사가 부산에서 일본으로 철수할 때까지 약 3년 동안 조선군과 일본군 간에는 제2차 진주성전투 이외에 별다른 전투가 벌어지지 않았다. 해전도 일본 수군이 조선 수군을 철저히 피해 다녔기 때문에 전투가 없었다. 2차 진주성전투에서 일본군은 진주성을 함락시켰기 때문에 자신들이 승리했다고 주장하지만 실질적인 내용은 다르다. 제2차 진주성전투로 인해 5,800명의 조선군과 의병은 전원 사망했지만, 일본군은 9일 동안 전투를 치러야 했기 때문에 3만 명 이상의 사상자를 냈다. 그 결과 전투력의 약화로 인해 구례와 남원까지 진출하지 못하고 결국에는 부산 해안으로 후퇴할 수밖에 없었다. 그 후로는 조선군과 일본군 간에 전투다운 전투가 벌어지지 않았고, 명군과 일본군은 서로 병력을 본국으로 후송하는 등 실질적으로는 전투가 종결됐다.

〈표 6-4〉 임진왜란 제4기(1593. 6~1596. 5) 주요 전투 내용

전투명(장소)	전투 일자	조선군(명군) 병력	일본군 병력	공격 군 및 전투 결과
2차 진주성전투	6.15-29	5,800	92,972	일본군 공격, 조선군 옥쇄
구례전투	7. 2	미상	미상	일본군 공격, 일본군 승리
남원성전투	7. 7	3,000	3,000	쌍방 공격, 무승부

〈그림 6-4〉임진왜란 4기(1593. 6~1596. 5) 주요 전투 및 조선군, 일본군 진출로

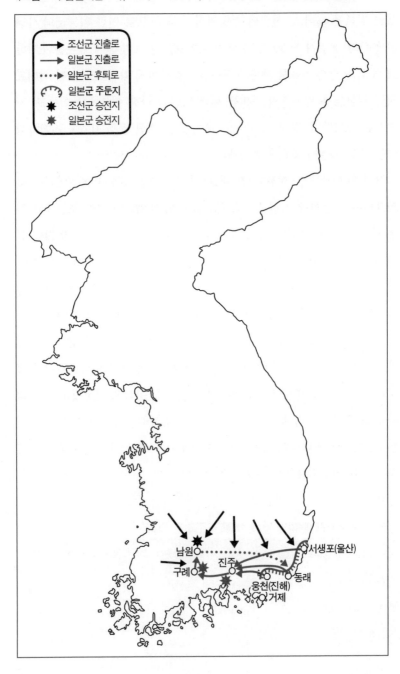

도요토미 히데요시의 임진왜란 전쟁 목표였던 조선 8도 점령은 원천적으로 실패했고, 지속적인 전투 패배로 인해 조선 남부만이라도 점령하려는 변경된 전쟁 목표도 제2차 진주성전투로 인해 사실상 실패했다. 9만 3,000명의 일본군을 동원하여 진주성을 점령하였지만 진주성 함락을 위해 일본군도 전투력을 소진했기 때문이다.

결론적으로 임진왜란을 4기로 구분하면 일본군이 전투에서 우세한 시기는 제1기뿐이고, 제2기는 조선군이 일본군을 공격하고 일본군이 방어했던 시기이며, 제3기와 제4기는 조선군이 전투에서 우세했던 시기이다. 또한 임진왜란 초기부터 도요토미 히데요시의 전쟁 목표는 실현되지 못하였고, 전쟁이 지속되면서 도요토미 히데요시가 전쟁 목표 수행을 위한 전투의 한계를 깨닫고 변경한 새로운 전쟁 목표 또한 전혀 이룰 수 없었다.

요약하면, 일본군은 임진왜란 초기 2개월간은 전투에서 승리를 거두는 듯했지만 조선을 실질적으로 점령한 적은 없었다. 특히 임진왜란 초기 2개월 이후부터는 전국적으로 조선군과 백성들이 조직적으로 일본군을 공격했고, 임진왜란이 발발한 지 6개월 이후부터는 일본군은 수세에 몰렸을 뿐만 아니라 보급로 차단에 의해 전투를 제대로 치를 수 없게 되었다. 이후에 일본군은 철수의 명분을 찾기 위해 명군과 강화를 논의했고, 벽제관전투와 행주대첩, 제2차 진주성전투 등에서 대규모 병력을 동원한 명군과 조선군에 대한 공격은 강화협상을 유리하게 주도하기 위한 전술적 행위일 뿐이다. 전반적인 전쟁 과정에서 현실적 득실을 정확하게 계산하고 진출과 후퇴를 결정하는 일본군의 행태에서 이해할 수 있다. 일본군은 4차 평양성전투 한 차례의 패전으로 한양성으로 빠르게 후퇴했고, 이후 대규모 전투가 없었음에도 불구하고 부산 지역까지 후퇴했으며, 제2차 진주성전투에서 그들이 승전이라고 하였음에도 불구하고 전라도로 진출하지 못하고 부산 지역으로 후퇴하여 곧바로 강화협상에 응하면서 한편으로는 군대를 철수하였다. 그 이유는 조선군과 백성의 끊임없는 저항으로 일본군의 사망자가 속출하고 보급로가 차단됨에 따라 전쟁을 더 이상 수행할 여력이 없었기 때문이다. 즉, 임진왜란 전 과정을 살펴볼 때 임진왜란은 전투 면에서도 조선군이 일본군에 승리한 전쟁이며, 임진왜란 초기부터 전쟁을 일으킨 일본군으로서는 전쟁 목표를 이루지 못했던 실패한 전쟁인 것이다.

2. 일본군 사망자는 어느 정도일까?

임진왜란 중 참전 일본군 수와 사망자 수를 살펴볼 때 일본군은 임진왜란 전쟁 과정에서 얼마나 큰 손실을 입었는지를 잘 알 수 있다. 〈표 6-5〉는 임진왜란 중에 조선에 건너온 기록이 분명한 일본군의 수를 바탕으로 1592년 4월부터 1593년 6월까지 1년 2개월 간 사망·실종된 일본군 수치를 부대별로 추정한 것이다. 지역은 이 기간 중 일본군 부대가 주로 전투를 벌인 지역이며, 해상은 일본 수군이 사망한 지역을 나타낸 것이다. 물론 해전에서 수군뿐만 아니라 육군도 전사했다. 하지만 이 표에서는 부대 편제를 중심으로 분류했기 때문에 해상에서 전사한 육군의 수는 따로 나타나지 않고, 각 부대별로 산정하였다. 기타는 조선에 건너와 전투를 벌인 기록은 있지만 어디에 주둔했는지가 불분명한 부대로 10번대에서 15번대와 번외2번의 나고야에 주둔하고 있었다고 알려진 예비부대이다. 이 예비부대의 일부는 경상도 지역에서 전투를 벌인 기록이 있는 부대도 있고, 전투를 벌인 장소의 기록은 없지만 지휘관이 조선에 참전한 기록이 있는 부대도 있다.

이렇게 조선에서 확실히 참전한 기록이 있는 일본군 숫자는 22만 4,774명이고 이들 중에서 임진왜란 초 1년 2개월 동안 사망·실종된 일본군은 10만 586명이며, 이는 전체 파병 인원의 44.52%에 달한다. 지역적으로는 임진왜란 초기부터 전투가 치열하게 전개됐고, 2차 진주성전투가 치러졌던 경상도에서 가장 많은 일본군이 손실을 입었다. 손실률로는 부산성전투를 비롯하여 4차례 평양성전투를 치른 고니시 유키나가가 지휘한 일본군 1번대가 60%가 넘었다. 또한 일본군의 병력 손실 수치가 전국적으로 고르게 나타난 것은 조선 8도 전역에서 조선군이 국가와 지역을 사수하기 위해 치열하게 일본군에 대항했던 사실을 잘 보여준다.

〈표 6-5〉 지역별 일본군의 참전 수와 사망자 수(1592년 4월~1593년 5월, 1년 1개월 간, 2차 진주성전투 이전까지)

지역	일본군 부대	1592년 조선출병 당시 병력	일본군 잔여 병력 수 (1593년 6월)	사망자 수(사망률)
평안도	1번대	18,700	7,415	11,285 (60.34)%
함경도	2번대	22,800	14,432	8,368 (36.70)%
황해도	3번대	11,000	5,082	5,918 (53.80)%
강원도	4번대	14,000	6,110	7,890 (56.35)%
충청도	5번대	25,100	15,694	9,406 (37.47)%
전라도	6번대	15,700	8,744	6,956 (44.30)%
경기도	8번대	10,000	7,785	2,215 (22.15)%
경상도	7, 9, 10, 11, 14, 15번대, 미상	65,544	36,380	29,164 (45.09)%
해상	수군	8,480	4,890	3,590 (42.33)%
기타	10, 11, 13, 16번대, 번외2번대	33,450	18,400	15,050 (43.49)%
합계		224,774	124,188	100,586 (44.52)%

더욱이 1593년 6월에 벌어진 2차 진주성전투를 감안하면 일본군의 손실자와 손실률은 더 증가한다. 즉, 2차 진주성전투에서 사망 또는 실종됐을 것으로 추정되는 일본군 3만 8,000명을 더하면 13만 8,086명이 되며, 이것은 임진왜란 참전이 확실한 일본군 22만 4,774명의 61.43%가 된다. 22만 4,774명의 임진왜란 참전 일본군 중에 2차 진주성전투가 끝난 후에 사망자가 전혀 발생하지 않았다고 해도 살아서 일본 땅으로 돌아간 일본군은 8만 6,688명에 그친다. 임진왜란을 통해 일본군의 인적 · 물적 피해도 엄청났다는 것을 의미한다.

〈표 6-6〉 일본군의 인적 피해(1592. 4~1593. 6, 1년 2개월 간, 2차 진주성전투 사망자 포함)

일본군	병력 수	손실률
임진왜란 참전 병력	224,774	-
2차 진주성전투 이전 사망 · 실종자	100,586	44.74%
2차 진주성전투 사망 · 실종자	38,000	16.91%
총 사망 · 실종자	138,586	61.65%

이상의 임진왜란 중 일본군 사망자의 추정치는 2차 진주성전투가 끝난 지 3년 6개월 후에 재차 발생한 정유재란에서 동원된 일본군 총수와 비교하면 쉽게 이해된다. 즉, 1593년 6월 조선군과 일본군 간의 전투가 사실상 종결된 후 살아남은 일본군 병력 수는 8만 6,688명, 나고야에 대기하고 있던 예비대 병력 수는 6만 2,066명으로 이를 합하면 14만 8,754명이다. 1597년 1월 정유재란에서 동원된 일본군 병력 수는 14만 1,490명이다.

정유재란이 3년 6개월 동안의 휴전상태 이후에 발생했다는 점을 감안하면 이 기간 동안 성인이 된 일본인을 더 동원할 수 있었을 것이다.

그럼에도 불구하고 도요토미 히데요시가 화의 조건에 대해 불같이 흥분하여 전군을 최대한 동원한 병력 수가 임진왜란에서 살아남은 병력과 예비 병력을 합한 수에 미치지 못한다는 것은 이해하기 어렵다. 이것은 임진왜란 과정에서 실제 사망 또는 실종된 일본군 수가 더 많았음을 방증한다. 즉, 도요토미 히데요시가 임진왜란을 위해 동원한 본대와 예비대의 전 병력 286,840명 모두가 조선에서 전투를 벌였을 가능성이 높다. 그렇다면 임진왜란에서 살아남은 일본군 수 8만 6,000여 명을 감안하면 임진왜란에서 사망한 일본군 수는 20만 명에 이른다.

이러한 일본군의 사망자 수는 임진왜란 과정에서 조선군과 조선 백성이 얼마나 치열하게 침략군에 대항했는지를 나타낸다. 또한 일본 입장에서는 도요토미 히데요시가 무모하게 임진왜란을 일으켜 이웃 나라를 침략함으로써 국력을 소진하고 민생을 피폐하게 하였다고 할 수 있다. 조선군과 백성은 임진왜란 과정에서 국가를 지키기 위해 노력하였고, 일본군은 평화로운 이웃 나라를 침략하여 엄청난 사망자를 내며 퇴각한 것이다.

3. 일본군을 몰아낸 주역은 명군인가, 의병인가, 조선 관군인가?

우리나라 중·고등학교 교과서를 위시한 대부분의 역사책에 임진왜란이 명군의 참전과 의병의 항전 그리고 수군에 의해 극복되었다고 기술되어 있다. 그렇다면 조선군은 그동안 무엇을 하고 있었을까? 각종 전투에서 일본군과 전투를 치른 주인공은 누구인가?

〈표 6-7〉 조선 관군과 일본군 간의 전투 및 동원 병력

승리자	전투명(장소)	전투 일자	조선군 병력	일본군 병력	비고
일본군	부산성전투	4. 14	800	18,700	
	동래성전투	4. 15	1,000	18,700	
	밀양성전투	4. 18	500	18,700	
	상주전투	4. 25	800	18,700	
	탄금대전투	4. 28	20,000	18,700	
	임진강전투	5. 18	13,000	22,000	
	용인전투	6. 5~6	80,000	1,600	
	1차 평양성전투	6. 14	4,600	23,700	
	웅치전투	7. 8	2,000	3,000	점령 후 후퇴
	2차 평양성전투	7. 17	6,000	18,700	명군 3,000명
	3차 평양성전투	8. 1	20,000	18,700	
	영원산성전투	8. 23	1,000	3,000	
	구례전투	93. 7. 2	미상	미상	
동원 인원 계			149,700	184,200	
조선군	해유령전투	5. 16	500	70	
	이치전투	7. 8	3,000	3,000	
	연안성전투	9.	미상	3,000	
	2차 경주성전투	8월	미상	미상	
	창원전투	9월	1,000	1,000	
	진주대첩	10.5-10	3,800	30,000	
	독성산성전투	12. 11	10,000	20,000	
	행주대첩	2. 12	2,300	20,000	
동원 인원 계			20,600	77,000	
조선 수군	옥포해전	5. 7	3,700	4,000	
	합포해전	5. 7	3,700	840	

	적진포해전	5. 8	3,700	2,100	
	사천해전	5. 29	3,970	1,300	
	당포해전	6. 2	3,970	2,640	
	진해해전	6. 5	7,470	880	
	당항포해전	6. 5	7,470	2,720	
	율포해전	6. 7	7,470	900	
	한산대첩	7. 8	8,260	10,100	
	안골포해전	7.10	8,260	5,940	
동원 인원 계			57,970	31,420	
총 동원 인원			228,270	292,620	

〈표 6-7〉은 1592년 4월부터 1593년 6월까지 임진왜란 중에 조선 관군과 일본군 간의 전투 및 동원 병력을 정리한 것이다. 총 31회 전투에서 일본군이 승리한 전투는 13회이고, 조선군이 승리한 전투는 18회이다. 조선군이 승리한 전투 중에서 육군이 승리한 것은 8회이고, 수군이 승리한 것은 10회이다. 일본군의 승리는 1593년 4월 임진왜란 개전 초부터 1593년 8월 4차 평양성전투까지 2개월에 집중되어 있는 것이 특징이다. 조선군의 승리는 육군의 경우 1593년 8월 이후에 집중되어 있고, 수군은 임진왜란 개전 1개월 후 처음으로 전라도 수군이 경상도 해상으로 진출하면서 임진왜란 전 과정에서 전개되었고, 조선 수군은 일방적으로 일본군을 물리쳤다.

병력 동원 측면에서 있어서 일본군이 승리한 13회의 전투에서는 조선군은 총 14만 9,700명을 동원한 반면, 일본군은 18만 4,200명을 동원하였다. 일본군이 승리한 대부분의 전투에서 일본군은 병력을 집중하여 전투를 치렀음을 알 수 있다. 탄금대전투에서 병력 수가 적음에도 불구하고 일본군이 전투에서 승리한 것은 일본군은 상대방이 기마전으로 승부를 겨룰 때 어떤 작전으로 승리할 수 있는지를 알고 전략을 구사했으며, 병사 개개인도 전투 경험이 많았기 때문이고, 상대적으로 조선군은 일본군의 강점을 몰랐기 때문이다. 용인전투에서 조선군이 8만 명을 동원하고서도 일본군 1,600명에게 패전한 것은 지휘관과 병사의 작전 능력 및 전투 경험이 얼마나 중요한지를 잘 말해 준다.

이에 반해 조선군은 승리한 8차례의 육상 전투에서 2만여 명을 동원하여 7만 7,000명의 일본군을 물리쳤다. 또한 조선 수군은 10회의 해전에서 5만 7,970명을 동원하여 3만 1,420명의 일본 수군을 완파했다. 진주대첩과 행주대첩 등 성곽을 바탕으로 조선군의 강점이 발휘되고, 일본군의 강점이 발휘되기 어려운 곳에서는 조선군이 일본군을 물리칠 수 있었다. 조선 수군 역시 보유하고 있는 강점을 극대화함으로써 해전에서 연승을 거둔 것이다. 조선 수군은 무기를 갖추고 병사 훈련과 전술을 연마하는 등 임진왜란에 대비하였고, 일본 수군이 보유하지 못한 화포를 선박에 장착하고 속도가 느리지만 튼튼한 선박의 강점과 지형지물을 이용한 전략을 세운 것이 승리의 바탕이 된 것이다.

〈표 6-8〉은 조선군·의병 연합군이 일본군과 벌인 전투 및 동원 병력이다. 조선군 및 의병이 한 차례 승리하였고, 2차 진주성전투를 일본군의 주장을 받아들인다면 일본군이 한 차례 승리했다. 동원 병력에 있어서는 조선군 및 의병이 9,800명을 동원한 반면, 일본군은 9만 5,972명을 동원했다. 동원 병력 수에 있어서 차이가 많이 나는 것은 2차 진주성전투에서 일본군이 조선에 주둔하고 있던 전 병력을 이끌고 진주성을 공격했기 때문이다. 제2차 진주성전투에서 일본군의 사망자가 엄청나게 발생한 것을 감안하면 엄밀한 의미에서 조선군의 승리라고 해야 할 것이다. 그렇다면 조선군과 의병의 연합군은 일본군과의 전투에서 강점이 잘 발휘되었다고 할 수 있다.

〈표 6-8〉 조선군 및 의병 연합군과 일본군 간의 전투 및 동원 병력

승리자	전투명(장소)	전투 일자	조선군 병력	일본군 병력	비고
조선군	우척현전투	7월	4,000	3,000	
일본군	2차 진주성전투	6.15~29	5,800	92,972	일본군 사망자 3만 8,000명
동원 인원 계			9,800	95,972	

〈표 6-9〉는 조선 의병이 일본군과 벌인 전투와 동원 병력이다. 11회의 전투 중 조선 의병은 8회 승리하였고, 일본군은 3회 승리했다. 동원 병력에 있어서는 조선의 병이 4만 2,450명을 동원하였고, 일본군은 5만 4,030명을 동원했다. 조선 의병이 승리한 전투에서는 조선 의병의 동원 병력이 일본군에 비해 다소 많은 반면, 일본군이 승리한 전투에서는 일본군의 병력 수가 훨씬 많음을 알 수 있다.

조선 의병이 패전한 1차 및 2차 금산성전투와 1차 성주성전투는 전투에서 이기는 것을 목표로 했다기보다는 우국충절에 의거하여 무모한 공격을 한 결과이다. 1차 금산성전투는 고경명이 전라도에서 의병을 모아 한양성으로 향하던 중 금산성에 일본군이 주둔하고 있다는 소식을 듣고 수적 열세에도 불구하고 일본군을 공격한 전투이다. 2차 금산성전투 역시 청주성을 수복한 조헌과 영규의 의병이 700명의 소수 병력을 이끌고 10배가 넘는 일본군을 공격하여 모두 목숨을 바친 전투이다. 1차 성주성전투도 조선 의병이 승리하기 위한 전투였다기보다는 조선인의 우국충절을 보여주기 위해 지속적으로 일본군을 공격했던 전투였다. 조선 의병의 세 차례 전투 패배는 병력의 열세로 전투에서 패배할 것을 알면서도 일본군의 침략에 항거한 애국심의 발로에서 나온 것으로 패배라고 규정할 수 없는 전투였다.

〈표 6-9〉 조선 의병과 일본군 간의 전투 및 동원 병력

승리자	전투명(장소)	전투 일자	조선군 병력	일본군 병력
조선 의병	정암진전투	5. 24	200	2,000
	무계전투	6. 6	50	30
	의령전투	7월	4,000	2,000
	영천성전투	7.24~27	3,500	3,000
	청주성전투	8. 1	1,000	1,000
	2차 성주성전투	9. 11	20,000	20,000
	북관대첩	9.16~10.	3,000	2,000
	길주성전투	10. 25	3,000	1,000
동원 인원 계			34,750	31,030
일본군	1차 금산성전투	7. 10	7,000	13,000
	2차 금산성전투	8. 18	700	10,000
	1차 성주성전투	8. 21	20,000	20,000
동원 인원 계			27,700	43,000
총 동원 인원			62,450	74,030

〈표 6-10〉은 명군이 일본군과 벌인 전투와 동원 병력이다. 3회의 전투가 있었지만 실질적으로는 4차 평양성전투와 벽제관전투의 2회라고 할 수 있다. 조·명 연합군이 승리한 4차 평양성전투에서는 승리의 분기점에서 이여송이 명군의 희생을 최소화하기 위해 일본군의 퇴로를 열어준 까닭에 일본군의 사상자가 많지 않았다. 반면, 벽제관전투에서는 평양성전투의 승리로 인해 자만감에 도취된 명군이 무리하게 소수의 병력을 이끌고 적진 깊이 들어갔다가 포위되어 많은 희생자를 냈다. 임진왜란 때 명군이 참전한 것은 사실이지만 명군은 두 차례의 전투만을 치른 채, 희생이 따를 수 있는 전투는 하지 않고 일본군과 화의협상을 함으로써 전쟁을 종결하려고 하였다.

〈표 6-10〉 명군과 일본군 간의 전투 및 동원 병력

승리자	전투명(장소)	전투 일자	조선군 병력	일본군 병력	비고
명군	4차 평양성전투	2. 6-9	43,000	18,700	조·명 연합군
일본군	벽제관전투	2. 27	2,000	15,000	
무승부	남원성전투	7. 7	3,000	3,000	조·명 연합군
총 동원 인원			48,000	36,700	

〈표 6-11〉은 임진왜란 시 전투를 치른 주체를 정리한 것이다. 이로써 알 수 있듯이 일본군과 가장 많이 전투를 치른 주체는 조선 관군이다. 조선 관군과 일본군 양측이 압도적으로 많은 병력을 동원하였다. 그리고 명군은 일본군과 3회의 전투만을 치렀고, 동원된 병력 수도 가장 적었다. 즉, 임진왜란을 극복한 주인공은 조선 관군이며, 의병이 중요한 시기에 관군에 커다란 도움을 주었고, 명군은 4차 평양성전투 이외에는 상징적인 역할을 하였을 뿐이다.

〈표 6-11〉 조선군, 조선 의병, 명군의 대 일본군 동원 병력 요약

전투 주체	조선 측 병력	일본군 병력	전투 횟수	비고
조선군 대 일본군	228,270	292,620	31회	
조선군·의병 대 일본군	9,800	95,972	2회	
조선 의병 대 일본군	62,450	74,030	11회	
명군 대 일본군	48,000	36,700	3회	조·명 연합군
계	348,520	499,322	47회	

그렇다면 조선군이 임진왜란에서 일본군과의 각종 전투에서 접전을 벌였음에도 불구하고 조선군이 주도적인 역할을 한 것으로 기록되어 있지 않은 이유가 무엇일까? 우선 조선 관군이 일본군을 맞아 전투를 벌이는 것은 당연하기 때문일 것이다. 그리고 침략군을 맞이하여 의병이 자발적으로 조직되어 전투를 벌이는 것은 오히려 예외적인 것이기 때문에 의병의 역할이 상대적으로 강조될 수 있을 것이다. 또한 중국이 주변국의 침입에 원군을 보낸 것도 매우 예외적인 것이기 때문에 강조된 것도 이해된다.

현재와 같은 임진왜란에 대한 역사 기술은 다음과 같이 정리할 수 있다.

첫째, 조선 관군이 패전의 주역으로 기술되고, 국란극복에 있어서 큰 역할을 하지 못했다는 것은 조선이 독립국인가를 의심하게 될 뿐만 아니라 국가의 통치력에 대한 부정을 의미한다. 즉, 임진왜란 당시 조선이 독립국이 아니었을 뿐만 아니라 조선은 스스로 국가를 유지할 수 없고, 국민을 보호할 능력이 없는 유약한 국가라는 점을 강조하기 위해서 관군의 역할을 의도적으로 축소·왜곡한 것이다. 임진왜란이 명군과 의병에 의해 극복되었다는 역사 기술은 역사 서술자의 교묘하고 의도적인 왜곡이다.

둘째, 조선 수군의 연승에 의해 국란을 극복했다는 역사 기술 역시 매우 큰 문제를 낳는다. 물론 조선 수군은 해전에서 연전연승하면서 일본군의 해상 진출로와 보급로를 차단했고, 해전에서 일본군에게 큰 타격을 줌으로써 일본군의 전투력을 약화시킨 것은 분명하다. 그러나 수군의 역할만으로는 육군의 진출을 막을 수 없다. 객관적인 시각을 가진 외국인에게는 조선 수군의 역할에 의해 전라도를 온전하게 보전할 수 있었다는 것을 논리적인 역사적 사실로 받아들여질 수 없다. 이같은 주장은 조선군의 역할 전체에 대해 부정적인 시각을 심어줄 수 있다. 일본군이 전라도를 점령하기 위해 여러 차례 진출을 시도했고, 번번이 조선 육군에 의해 좌절된 것을 스스로 부정하는 결과가 된다. 즉, 권율이 지휘한 웅치전투와 이치전투, 고경명 의병의 1차 금산성전투, 곽재우의 정암진전투, 진주대첩 등의 육지전투에서의 승리를 부정하는 것이다. 임진왜란에서 이들 전투에서 단 한 번이라도 승리하지 못했다면 전라도 역시 일본군의 점령지가 될 가능성이 높았다.

셋째, 실질적으로 조선 의병은 관군이라고 해도 과언이 아니다. 조선의 군체제는 국민개병제로 모든 조선 백성이 평시에는 민간인 신분이고, 전시에는 군인이 되는 체제였다. 즉, 백성들이 관군에 의해 징집되면 관군이 되는 것이고, 의병 대장의 휘하에서 전투를 벌였다면 의병군이 되었다. 또한 의병 대장 대부분이 전직 관료로 정부 지휘체제 하에서 유기적으로 협력하였고, 의병 대장의 지휘를 받은 하위 지휘관은 현직 수령과 무관들로 구성되었다. 더욱이 전공을 세운 의병 대장에게는 조정에서 직위를 부여하였고, 의병군은 정식 군대로 편입했다. 따라서 조선군을 관군과 의병군으로 분리시키는 것은 문제가 있다.

넷째, 명군에 의해 조선이 보전되었다는 주장은 근본적으로 말이 되지 않는다. 명군은 제4차 평양성전투에서 단 1회 승리를 했을 뿐이다. 벽제관에서 패배를 당한 후 명군은 전투다운 전투를 치른 적이 없다. 이러한 명군의 역할을 부각한 이유 역시 조선이란 독립국가를 부정하기 위한 것이다.

따라서 조선군이 주도하고 조선 백성이 협력함으로써 임진왜란을 극복한 것으로 역사가 기술되어야 한다. 대부분의 전투를 조선군이 치렀고, 이 과정에서 조선 백성 모두가 자발적으로 협력한 것이다. 조선 수군 역시 그에 합당한 역할을 하였고, 명군은 상징적인 참여에 그친 것이다.

4. 선조 임금은 무능한 군주였나?

임진왜란에 있어서 가장 안타깝게 하는 것 중의 하나가 선조 임금의 결단력 부족과 무능, 무책임이다. 각종 사극에서 도성을 버리고 피난을 떠난 국왕, 신하에 업혀서 피난 간 국왕, 끼니를 굶고 비를 맞는 국왕, 하늘을 우러러 탄식하는 임금, 연전연승으로 적을 무찌른 이순신에 대한 백성의 신망을 시기하는 국왕 등으로 묘사되어 왔다. 임진왜란을 맞아 효과적으로 대처하지 못해 백성을 피폐하게 한 책임을 국왕이 면하기는 어렵다. 그러나 선조 임금은 조선의 국왕으로서 임진왜란에 적극적으로 대처했다는 것을 아는 이는 별로 없다. 여기에서는 선조 임금이 임진왜란 과정에서 국란을 극복하기 위해 어떻게 대처했는지를 살펴보겠다.

1590년 11월 도요토미 히데요시가 선조에게 보낸 서신은 명백한 일본의 조선에 전쟁 선포이다. 따라서 선조 임금은 일본과의 전쟁을 준비하라고 조정에 명을 내렸다. 선조는 일부 신하의 반대를 물리치고 명나라 황제에게 일본이 조선에 쳐들어올 것이라는 점을 알렸고, 임진왜란 1년 전부터 호남과 영남의 성곽을 구축하라고 명하였다. 1592년 2월 임진왜란 2개월 전에는 신립과 이일을 파견하여 각 도의 병기 시설을 순시하도록 하였다. 이에 따라 이일은 호서와 호남으로 가서 병기와 시설을 점검하였고, 신립은 경기와 해서를 점검하고 한 달 뒤에 돌아왔다. 또한 변방의 사정을 아는 여러 신하로 하여금 하삼도를 순찰케 했다. 김수를 경상감사, 이광을 전라감사로 삼고, 윤선각 일명 국형을 충청감사로 삼아 병기를 준비하고 성곽을 수축케 하였다.

특히 경상도 지역은 다른 지역과 달리 조정에서 전쟁 준비를 하라는 명령을 하달하였고, 영천, 청도, 삼가, 대구, 성주, 부산, 동래, 진주, 안동, 상주 등의 지역은 성곽 및 참호를 증축 또는 축조하였다. 또한 이순신과 같은 인재를 발탁하여 해전에 대비하였다. 『난중일기』에 기록되어 있는 바와 같이 이순신이 군사를 훈련시키고, 거북선을 비롯한 전함을 축조하며, 성곽을 보수한 것은 조정의 명령에 따라 이루어진 것이다. 진주대첩의 기록에서와 같이 김시민이 군사 훈련을 실시하고, 대포와 화약을 준비하였으며, 성곽을 보수한 것도 조정의 전쟁 준비 명령에 의한 것으로 볼 수 있다.

또한 조선 조정은 일본군 침공에 대한 방어 전략을 마련하였다. 일본군이 침공하면, 일차적으로 부산성과 동래성, 밀양성, 김해성 등에 주둔하고 있는 상비군으로 방어하고, 다음으로는 제승방략에 의거하여 경상도 지역 및 충청도 지역의 고을 수령들이 병력을 모아 대구와 충주에 집결한 후, 중앙에서 지정한 순변사의 지휘를 받아 일본군을 물리친다는 계획이다. 실질적으로 일본군이 침입하자 이일을 순변사로 임명하여 대구로 파견하였으며, 곧이어 신립을 삼도순변사로 임명하여 충주에서 방어에 임하게 하였다. 또한 조경을 우방어사로 임명하여 서로(추풍령)를 방어하게 하였고, 성응길을 좌방어사에 임명하여 동로를 방어하게 하였으며, 유극량을 조방장으로 임명하여 죽령을 방어하게 하였고, 변기를 조방장에 임명하여 조령을 방어하게 하였다.

이러한 조정의 계획이 일본군의 진출을 막기에는 역부족이긴 했지만 조정이 일본군의 침공에 조치를 취한 것은 사실이다. 특히 선조 임금은 신립을 삼도순변사에 임명하면서 어도를 하사하고 군통수권을 부여하였으며, 당시 말을 타고 전투를 수행할 수 있는 모든 병력을 신립에게 맡겼다. 심지어는 국왕을 수행하던 내시까지 신립과 함께 충주로 보냈다. 이로써 일본군이 한양성에 들이닥칠 때에는 한양성을 방어할 수 있는 병력이 없었고, 선조의 피난 행차에 호위군사도 없게 되었다. 선조는 자신의 안위보다 국가의 보전과 침략군 퇴치를 우선시한 것이다.

이런 사정에서 일본군이 한양성으로 다가올 때 선조는 일단 난을 피하는 수밖에 없었던 것이다. 국왕이 일본군에 포로가 되기라도 한다면 조선은 나라 자체가 없어지게 되기 때문이다. 피난 중에도 선조는 자신에게 책임을 돌리는 교서를 8도에 보내고 초유사를 각 도에 보내어 의병이 일어나도록 종용하였다.

6월 15일 평양성이 함락된 후 국왕인 선조는 보다 적극적으로 전쟁을 지휘하였다. 선조는 종묘사직을 보존하기 위해 자신과 왕세자인 광해군으로 조정을 분조하였다. 선조와 광해군이 모두 왕권을 가지고 일본군의 침략에 대응하겠다는 것이며, 선조가 사망하는 경우에는 광해군이 왕권을 이어받아 조선의 정통성을 유지하도록 하겠다는 의도이다. 선조는 각 지역의 전투 상황을 점검하여 승전한 장수들에게 직위를 높여주는 등의 전투 지휘를 하였다. 함안군수 유숭인이 창원전투에서 승전하자 경상우절도사로 임명하였고, 경상우도의 각종 전투에서 승전한 김시민 진주판관을 진주목사로 임명하는 파격적 인사를 단행하기도 하였다. 선조는 의주에서 전국 각 지역에 초유사를 파견하였고, 초유사들은 전국에서 의병을 모집하고, 관군과 의병 간의 역할을 조정하였으며, 각 지역의 병력과 병량을 배분하도록 하였다. 또한 선조는 각지에서 자발적으로 봉기한 의병 부대를 국가의 정식 군대로 인정하였고, 의병 대장에게 관직을 제수함으로써 의병 부대도 관군으로부터 무기와 식량을 지원받고, 심지어는 지역에 조세를 징수함으로써 병량을 자체적으로 보급할 수 있게 하였다.

특히 제2차 진주성전투에서 진주성이 일본군에게 포위당하였고, 결국 함락당한 후에도 선조는 진주성을 응원할 방법을 찾기 위해 고심한 흔적이 『조선왕조실록』에 나타나 있다. 그리고 선조는 명군과 일본군 간의 화의협상이 이루어지고 있는 과정에서 마지막까지 화의협상을 반대하였다.

선조 임금이 백성을 남긴 채 한양성에서 북쪽으로 피난을 떠난 무책임한 군주라는 평가는 수정되어야 한다. 당시 상황이 고려되어야 한다. 선조에 대한 폄하는 곧 조선이라는 국가에 대한 부정으로 연결하려는 불순한 의도에 편승될 뿐이다.

선조 임금이 국가의 보전보다 자신의 안위를 우선시하는 군주였다면, 선조 임금은 자신을 호위할 무사를 충분히 한양성에 남겼을 것이다. 또한 선조가 한양성에 남아 일본군에 대한 항전을 지휘하다가 포로가 되기라도 했다면 당시 실정으로 볼 때, 전 조선 백성은 일본군에 항복을 하게 되는 비극을 맞이하게 됐을 것이다. 국란을 당해 선조 임금을 중심으로 조선 백성 모두가 일체가 되어 일본군과 지속적인 전투를 벌였기에 임진왜란이 극복된 것이다.

5. 갈등의 조선인가? 통합의 조선인가?

임진왜란에 대해 한국인은 조선의 갈등과 분열로 인식하고 있다. 갈등과 분열에 의해 전쟁을 대비하지 못하고, 이에 따라 각종 전투에서 지속적으로 패배했다는 것이다. 그러나 조선이 분열과 갈등의 국가였다면 국란을 극복하기는 어려웠을 것이다. 여기에서는 사회 갈등의 요인인 지역 갈등, 계층 갈등, 정치 이데올로기 갈등이 임진왜란 당시에 존재하고 있었는지를 논의하겠다.

첫째, 임진왜란을 겪던 시절 조선에 지역 갈등이 있었을까? 지역 갈등이 있었다면 지역 간 유기적 협력이 불가능하고 각종 전투에서 더 큰 곤욕을 치렀을 것이다. 하지만 임진왜란 당시 각종 전투에서 조선인은 지역을 초월하여 협력함으로써 전투를 효과적으로 치렀다.

우선 임진왜란 당시 전라도와 경상우도가 일본군에 의해 점령당하지 않은 것에서 당시 조선인의 지역을 초월한 협력을 살펴볼 수 있다. 도요토미 히데요시의 작전 명령에 따라 전라도 지역을 점령하도록 되어 있는 일본군 제6번대는 금산(錦山)에 본영을 두고 웅치와 이치를 넘어 전주로 진격하려고 하였다. 일본군 6번대는 웅치를 돌파하고 전주성 앞까지 진출하였다가 돌연 금산으로 회군하였다. 이것은 고경명이 전라도에서 거병하여 한양성으로 출진하다가 금산성에 일본군이 주둔하고 있으며, 이 부대가 전주로 향했다는 소식을 듣고는 배후를 공격한 것이다. 또한 일본군 6번대는 전라도를 점령하기 위해 경상도로 돌아 진격하다가 경상우도에서 활약하고 있던 곽재우(의령 거점), 정인홍(성주 거점), 김면(거창 거점) 등의 의병군에 의해 차단당했다. 이것은 조선군 및 의병 간에 상호 긴밀한 네트워크로 연결되어 일본군의 이동 상황과 전시 사정 등에 서로 연락하면서 전투에 임하였다는 것을 말해준다.

이순신의 『난중일기』에 따르면 부산성이 일본군에 의해 함락당했다는 사실을 이순신이 이틀 만에 전해듣고 있었다. 해전에 있어서도 경상도 수군은 경상도에서만 그리고 전라도 수군은 전라도에서만 전투를 벌인 것이 아니라 서로 연합 함대를 이루어 전투에 임하였다. 임진왜란이 발발한지 한 달이 넘기도 전인 1592년 5월 7일 전라좌수영의 이순신 함대(여수 수영)와 전라우수영(해남 수영)의 이억기 함대가 연합하여 이틀 동안 노를 저어간 끝에 거제도 앞바다에서 일본 수군을 상대로 해전을 치렀다. 이후에도 전라도 연합 함대는 경상우수영의 원균 함대와 연합하여 사천해전과 한산대첩 등의 연전연승을 이끌었다.

1592년 10월에 벌어진 1차 진주성전투, 즉 진주대첩에서 접전을 벌인 조선군은 진주 주둔 관군이었지만 진주성 인근에 진주성을 후원하기 위해 경상도와 전라도 지역에서 자발적으로 외원군이 모였다. 능주(현 전남 화순군) 출신인 최경회는 의병 2,000명을 이끌고 전라도에서 단성까지 와서 합천 군사와 합세하여 진주 지역으로 전진하였으며, 남원 출신 임계영도 1,000여 명의 의병을 이끌고 함양까지 진출하여 전투를 벌였다.

비록 용인에서 패전하였지만 전라도, 충청도, 경상도 지역에서 거병한 8만 명의 남도근왕군은 자신의 출신 지역을 넘어 한양성으로 진출하였고, 나주에서 거병한 김천일은 의병을 이끌고 경기도 지역에서 전투를 벌였다. 곽재우, 김면, 정인홍 등의 경상우도 의병군이 성주성을 공격할 때에도 최경회와 임계영이 이끈 전라도 의병이 대거 참여하였다. 또한 수원 인근에 있는 독성산성전투와 한양성 서쪽에 있는 행주대첩은 권율이 이끌던 전라도 관군이 주축이었다.

특히 제2차 진주성전투에서는 전라도 출신 의병장과 충청도 의병장들이 지역 의병 부대를 이끌고 전투에 참여하였고, 결국 모두 전사했다. 제2차 진주성전투에서는 일본군 9만여 명이 몰려오고 있기에 전투 중 사망할 가능성이 높다는 것을 알고 있음에도 불구하고 자기 지역, 다른 지역을 가리지 않고 국가를 지키기 위해 각지의 의병이 모여들었다. 2차 진주성전투를 사실상 끝까지 지휘하다 전사한 창의사 김천일은 나주 출신이며, 김천일과 함께 전사한 경상우병사 최경회는 화순 출신이고, 충청병사 황진은 남원 출신이며, 복수의병장 고종후는 장흥 출신이고, 태인의병장 민여운은 태인 출신이며, 도탄의병장 강희보는 광양 출신이다. 또한 2차 진주성전투에서 전사한 양산숙은 나주 출신이고, 황대중은 서울에서 태어났지만 강진 출신이다. 그리고 충청도 출신 조선 관군 및 의병장도 2차 진주성전투에 참여하여 전사한다. 김명세는 해미현감, 윤구수는 태안현감, 송제는 당진현감, 이의정*은 보령현감, 정명세는 해미현감이었다.

---

* 이의정(1555~1593): 1583년 무과에 급제하여 예빈시를 거쳐 보령현감으로 부임하였다. 임진왜란이 일어나자 군사를 모집하여 진주로 달려가 참전하였다. 1593년 제2차 진주성 싸움에서 김천일·최경회 등과 더불어 최후까지 싸우다 왜적이 진주성 남문을 깨뜨리고 들어오자 남강에 투신, 순국하였다.

한마디로 임진왜란 시 각종 전투에서 기본적으로 지역 주둔군 및 의병이 일본군을 맞이하여 전투를 벌였지만, 필요할 때에는 타 지역으로 원정하여 전투를 벌였고, 관군과 의병 상호 간에 긴밀한 협력을 유지했다. 즉, 임진왜란 당시 조선인은 지역 갈등이 없었을 뿐만 아니라 한 지역이 위급할 때에는 다른 지역 민 관군이 혼연일체가 되어 전투에 참여하였고, 함께 전사하는 등 국가 통합을 이루고 있었다.

둘째, 두 차례에 걸친 진주성전투를 비롯한 각종 전투에서 조선인은 계층과 세대, 남녀 갈등을 넘어, 각자가 모두 국란을 극복하기 위해 결사항전함으로써 전쟁에 있어 생존과 승전을 향한 국가 통합의 단면을 극적으로 보여주었다. 경상도, 전라도, 충청도 의병은 관군이 일본군을 맞아 싸우다 패배하자 자발적으로 전투에 가담했다. 전투에 가담한 의병은 양반과 농민, 천민 등 계층의 구분이 없었다.

일본의 경우 한 지역의 주둔군이 점령군에게 전투에서 패배하거나 항복하는 경우, 해당 지역의 백성들은 점령군의 통치를 자연스럽게 받아들였다. 따라서 일본군은 조선 관군을 상대로 거점 지역에서 승리하면 조선 8도 전 지역을 어려움 없이 통치할 수 있을 것으로 보았을 것이다. 그러나 임진왜란 초기 일본군이 조선 관군과의 전투에서 승리했음에도 불구하고 조선 백성들은 모두 일본군의 통치를 받아들이지 않았을 뿐만 아니라, 모든 백성이 혼연일체가 되어 일본군에 대항하였다.

제1차 김시민이 진주목사 대리를 맡게 된 후 우선적으로 한 일은 성채를 보수하고 군사훈련으로 군사 체계를 갖추는 것뿐만 아니라 진주성민을 안심시켜 피난하였던 성민을 귀향하게 한 것이었다. 군대는 백성을 지키고, 백성은 군대를 믿고 군대를 지원해야 전투에서 이길 수 있다는 것을 알고 있었기 때문이다. 실제로 김시민은 전투 전에 노약자들과 여자들에게 남자 옷을 입게 하여 군사의 위용을 웅장하게 함으로써 일본군에게 심리적인 타격을 가하였고,[1] 전투 과정에서도 성 내에 있는 일반 백성들이 가마솥에 물을 끓이고, 무기와 돌을 나르는 등 협력을 받았기에 전투에서 승리할 수 있었을 것이다. 2차 진주성전투에서 일본군에게 도요토미 히데요시가 진주성을 함락한 이후 성 안의 모든 조선인을 남김없이 죽이라는 명령을 하달한 데에는 이같이 1차 진주성전투에서 성 안의 일반 백성들이 계층과 남녀노소에 상관없이 결사항전하였기 때문이다.

2차 진주성전투에서도 계층과 남녀노소와 상관없이 전체 진주성 백성들이 전투에 도움을 주었다. 일본군 9만 3,000명이 몰려오고 있음에도 불구하고 진주성 내 백성들은 특별한 동요를 보이지 않았다. 진주목사였던 서예원이 전투 경험이 많은 의병장 김천일에게 실질적인 전투 지휘권을 이양한 것은 전투에 대한 승리가 중요하다고 여겼기 때문이다. 특히 의병장 최경회는 당시 61세였으며, 김천일은 56세에 전사했다. 또한 적장을 안고 진주 남강에 몸을 던진 논개는 전북 장수 출신으로, 당시 19세에 불과하였다. 계급 갈등도 문제가 되지 않았고 남녀노소의 차이도 결사항전의 의지를 모으는 데 방해가 되지 않았다.

셋째, 임진왜란 당시 동인과 서인의 정치 이념 갈등에 의한 당파 싸움이 치열했을까? 조선 조정의 정치 이데올로기로 인한 갈등이 치열했고, 이 때문에 임진왜란에 대비하지 못했을까? 사실 동인과 서인의 갈등으로 비쳐지는 논란은 임진왜란 준비의 방법에 차이를 보였기 때문이다. 일본에 파견된 통신사 정사 황윤길은 서인으로서 곧 일본의 침략이 예상되므로 적극적으로 전쟁 준비를 해야 한다는 입장이었다. 반면, 부사 김성일은 동인으로서 일본의 침략이 발생할 가능성이 있지만 민심이 동요되면 오히려 문제가 될 수 있기 때문에 조용히 전쟁 준비를 해야 한다는 입장의

1) 박익환, 2010, 「임진년 진주대첩에서의 학봉과 김시민의 공업」, 조원래 편, 『임진왜란과 진주성전투』, 국립진주박물관, p.235.

차이였다. 이를 조선 조정의 정치 이데올로기 갈등으로 받아들이고, 이에 따라 전쟁 준비를 전혀 하지 않았다고 결론짓는 것은 사소한 논쟁을 당쟁으로 확대 해석한 것이다. 이것은 후세에 조선 왕조의 역사를 당쟁의 역사로 보고, 조선의 통치력을 축소하려는 편협한 역사관에 따른 것이다.

임진왜란이 발생하기 전에는 동인과 서인의 당쟁과 대립이 심각하게 발생하지 않았던 시기이다. 또한 임진왜란 직전 동인과 서인 모두 일본의 침입에 대한 입장이 달랐다는 것은 극단적인 일면을 너무 과장한 것이다. 현실적으로 도요토미 히데요시는 조선에 1년 전부터 침략하겠다는 전쟁 선포를 하는 서신을 보냈다. 전쟁이 발발한다는 것은 이미 모두 알고 있었다. 그리고 조선 조정은 나름대로 전쟁을 준비하였다. 성곽을 축조하고, 군대를 정비하였으며, 무기를 준비하였다.

진주성의 경우만 보더라도, 임진왜란 발발 이전에 진주성에 대한 대대적인 보수가 이루어졌고, 진주판관 김시민은 500기 이상의 기병을 준비

의암(義巖)
제2차 진주성전투 직후 1593년 7월 29일 논개가 일본군 장수를 껴안고 투신한 남강의 바위

하였다. 임진왜란이 발발하기 전부터 김시민은 오랫동안 전쟁 준비를 계획적으로 준비하였기에 진주대첩의 승전을 이룩할 수 있었던 것이다. 함안군수 유숭인이 기병 1,000여 기로 임진왜란 초기부터 경상도 남부 지역의 해안 도시에서 전투를 벌였고, 탄금대전투에서 신립이 기병 8,000기로 일본군과 접전을 벌인 기록이 있다. 1593년 초 조선의 병마 상황을 점검한 기록에 조선이 보유한 군마의 수가 17만 2,400기라고 되어 있다.

이순신을 비롯한 조선 수군의 전쟁 준비 상황 역시 조선 조정의 일치된 전쟁 준비 태세를 알 수 있다. 앞에서 살펴본 바와 같이 조선 수군은 박홍이 이끄는 경상좌수영, 원균이 이끄는 경상우수영, 이순신의 전라좌수영, 이억기의 전라우수영으로 체계화되었고, 각 수영마다 수군 160여 명이 승선하는 판옥선 25척, 80명 정도가 승선하는 협선도 25척 정도씩 배치되어 있다. 이로써 조선 수군은 충청수영을 제외하고도 판옥선 100척, 협선 100척 등으로 수군 총수는 2만 4천 명이다. 그리고 이순신은 임진왜란이 일어나기 전부터 꾸준히 무기를 점검하고 군대를 훈련시켰으며, 임진왜란 발발 이틀 전에 거북선 출동 훈련을 하는 등 전쟁 준비를 실질적으로 수행하였다.

이것은 조선 조정이 전국적으로 육군과 수군으로 임진왜란에 대한 대비를 하고 있었음을 방증한다. 당쟁에 의해 의견이 분열되었다면 이렇게 전국적으로 전쟁 준비가 이루어질 수 없다. 국론의 분열로 임진왜란에 대한 국가적 대비가 전혀 없었으며 이로 인해 조선이 패퇴할 수밖에 없었다는 식의 인식은 수정되어야 할 것이다.

따라서 임진왜란 당시 조선은 분열과 갈등의 상태였다기보다는 국가 통합에 의해 국란을 극복한 것으로 재평가되어야 한다. 100년 동안 국내에서 각종 전투를 경험한 일본군이 28만 명 이상의 압도적인 병력과 신무기를 장착하고 200년에 걸친 평화 시기를 보내고 있던 조선에 쳐들어

와서 전투 경험이 부족한 조선군을 상대로 초기 각종 전투에서 승리를 거둔 것은 너무도 당연한 일이다. 그러나 조선군과 조선 백성은 국란을 맞아 최선을 다해 침략군과 맞서 싸웠다. 조선 백성 모두가 점령군 일본군의 통치에 응하지 않았다. 조선 백성은 일본군의 병력 차출에 응하지 않았고, 병량을 제공하지 않았다. 일본군이 전국으로 분산되자 전국적으로 조선 백성의 항전이 이어졌다. 일본군이 주둔한 거점 지역 밖에서는 일본군이 활보할 수 없도록 일본군을 지속적으로 공격했고, 보급로를 차단했다. 전투가 지속되자 조선 백성은 군대에 가담하여 일본군과 싸워 이겨 냈다. 정암진전투, 무계전투, 영천성전투, 청주성전투, 성주성전투, 북관대첩 등은 자발적인 의병을 주축으로 조선군이 지원함으로써 승리한 전투이다. 연안성전투, 경주성전투, 진주대첩, 행주대첩 등은 조선 관군을 주축으로 조선 백성이 지원함으로써 일본군의 주력 부대와 싸워 이긴 전투이다. 이 전투는 조선인이 모두 국란을 이겨내야 한다며 국가의 통합을 이루었기에 가능한 것이다. 임진왜란 당시 조선인은 결코 갈등하지도 않았고 무능하지도 않았으며, 나름 전쟁 준비도 하였고, 전쟁이 발발하자 적극적으로 전투에 임함으로써 결국 일본군을 물리쳤다.

6. 임진왜란 극복의 상징과 향후 과제

임진왜란이 진행되는 과정에서 역사적 가치가 있는 전적지는 매우 많다. 4차례 전투를 치른 평양성, 전쟁 초기 조선의 주력이 무너진 충주 탄금대, 초기 육지 전투 승전을 거둔 웅치와 이치, 중과부족의 병력으로 적의 대병력을 공격하다가 결국 모두 전사한 고경명과 조헌, 영규의 금산성, 관군과 백성의 단결로 이끌어낸 행주산성, 무적함대 조선 수군의 한산도를 비롯한 수많은 격전지, 의병에 의해 이뤄낸 각종 승전과 실지수복 등 가슴 저린 전적지는 셀 수 없이 많다. 이 전적지들은 모두 많은 역사적 이야기를 담고 있다.

특히 진주성은 임진왜란 최대의 격전지로 임진왜란 시 각종 전투의 다양한 특징과 가치를 포함하고 있다. 진주성전투를 중심으로 임진왜란 전투의 상징성과 향후 과제에 대한 논의점은 다음과 같다.

첫째, 진주성에서 벌어진 두 차례 전투는 임진왜란에서 가장 병력 동원이 많았다. 특히 조선군과 의병 수에 비해 압도적으로 많은 일본군이 동원된 전투이다. 임진왜란에서 가장 많은 4번의 전투가 치러진 평양성전투에서 총동원 병력은 조선군 및 명군은 총 7만 3,000명이었고, 일본군은 7만 9,800명이었다. 반면, 두 차례 전투가 있었던 진주성전투는 조선군 및 의병은 9,600명이 참여하였고, 일본군은 12만 3,000명이 동원되었다. 즉, 전투 중에서 가장 많은 일본군 병력이 동원된 것이다. 특히 일본군으로서는 진주성이 전략적 가치가 높은 곳이라는 의미이기도 하다.

둘째, 진주성은 동원된 병력이 가장 많았던 곳이기도 하거니와 가장 치열하게 전투를 벌인 현장이기도 하다. 4차례의 평양성전투는 1차전에서 3차전까지 실질적으로 하루 동안 단 1회의 교전이 있었고, 4차 평양성전투는 3일 동안 4회 교전을 벌였다. 행주대첩은 하루 동안 3회의 교전이 있었다. 반면, 진주성전투는 1차전 때 4일 동안 10회의 교전을 치렀고, 2차전 때는 8일 동안 25회의 교전을 치렀다. 두 차례의 진주성전투는 총 12일 동안 35회의 교전을 치른 임진왜란 최대 격전의 장소인 것이다.

셋째, 두 차례 진주성전투는 일본군에게 가장 큰 타격을 입혔다. 제1차 진주성전투, 즉 진주대첩에서는 3,800명의 조선군이 일본군 3만 명을 맞아 4일 동안 싸운 끝에 일본군 1만여 명이 전사했다. 그리고 제2차 진주성전투에서는 5,800명의 조선군 및 의병이 일본군 9만 3,000명과 8일간 사투를 벌인 끝에 3만 8,000명의 일본군을 죽였다. 이러한 일본군 사망자의 급증으로 인한 일본군은 치명적으로 전투력이 상실되었다.

넷째, 두 차례 진주성전투로 인해 임진왜란의 전투 흐름이 바뀌었다. 진주대첩으로 인해 일본군은 공격에서 수세로, 조선군은 수세에서 공격으로, 공수가 바뀌었다. 또한 제2차 진주성전투로 인해 일본군은 후퇴의 명분을 찾아 퇴각하였다.

진주대첩 결과로 인해 일본군은 경상우도에서 완전히 물러나게 되었고, 경상좌도에서도 세력이 위축되어 주요 거점을 조선군 및 의병에게 빼앗기에 되었다. 뿐만 아니라 경상도에서 거점 도시를 상실해감에 따라 부산에서 한양에 이르는 일본군의 보급로가 차단되기에 이르렀다. 이로써 일본군은 두 달 후 평양성전투에서 단 한 번 패배한 것을 이유로 한양성 이북의 모든 병력을 한양성으로 철수했고, 이후 치명적인 전투 패배가 없었음에도 불구하고 한양성에서 경상도 남부 지역으로 군대를 철수했다.

일본에서 승전으로, 한국에서는 패전으로 적고 있는 제2차 진주성전투로 인해 일본군은 9만 명의 일본군 주력 부대의 전투 능력이 상실됨에 따라 일본군은 진주성 점령 후 목표로 한 전라도로 진격하지 못하고, 부산 지역으로 후퇴하였다. 이것은 도요토미 히데요시가 조선의 삼남 지역 경영의 의지를 분쇄한 것이고, 실질적인 임진왜란의 종료를 뜻한다.

한마디로 두 차례 진주성전투는 임진왜란의 전쟁 국면을 전환시킨 결정적인 전투였으며, 임진왜란에서 조선군이 승리하게 된 전투였다. 따라서 한국의 학계에서도 받아들이고 있는 제2차 진주성전투는 일본의 승리가 아닌 패전이며, 조선군 및 의병의 자발적인 옥쇄에 따른 실질적인 승리로 평가될 필요가 있다. 일본군 9만 3천 명을 동원하여 조선군 및 의병

5,800명이 지키고 있는 진주성을 24번의 공격에서 패퇴하고, 8일차 25번째 공격에서 성곽이 비로 무너져 내림으로 인해 점령한 것을 두고 일본군의 승전으로 평가하는 것은 말이 안 된다. 그리고 적의 대군을 맞아 언젠가는 성이 함락될 것을 알면서도 진주성으로 모인 전라도 및 충청도 의병, 관군의 퇴각 명령을 받고도 성을 지킨 진주성 주둔 관군이 장기간 사투를 벌인 끝에 모두 전사한 것을 두고 패전으로 가치를 폄하할 일은 더욱 아니다. 또한 일본군의 전투력을 상실시켜 임진왜란을 실질적으로 종료시킨 제2차 진주성전투는 임진왜란 그 어느 전투보다 값진 의미가 있다.

다섯째, 두 차례의 진주성전투는 지역 및 계층 통합의 상징이다. 진주성전투는 모두 진주성에 국한된 지역적 전투가 아닌, 지역을 초월한 조선 전체 민 관군의 국가 통합 의지에 의한 '준비된 승전'이란 의미가 있다.

진주대첩에서 김시민은 진주성 수성군 3,700명과 평소 함께 전투를 벌여온 곤양군수 이광악의 100명 등 총 3,800명만으로 3만 명의 일본군을 맞아 싸웠다. 하지만 진주성의 위급함을 알고는 경상우도에 있는 인근 도시의 관군 및 의병 부대들뿐만 아니라 최경회 및 임계영이 이끄는 전라도 의병 부대들이 진주성 외각에서 일본군과 전투를 벌였다. 경상우병사 유숭인은 진주성을 도우러 와서 일본군과 전투를 벌이다 전사하였다. 또한 진주대첩이 군대만의 힘으로 일본군을 물리친 것도 아니다. 남녀노소와 계층을 불문하고 모든 진주성민들이 전투를 벌이는 군사들을 도움으로써 진주대첩을 이끈 것이다.

제2차 진주성전투는 지역 및 계층 통합 측면이 더욱 강하다. 9만 3,000명의 일본군이 몰려오는 상황에서 진주성 수성군을 돕고자 전라도 의병 부대와 충청도 의병 부대 그리고 경상우도 인근 고을의 수령들이 관군을 이끌고 진주성으로 합류했다. 조·명 연합군 지휘부로부터 진주성으로부터 퇴각을 명령받은 상황에서 이들은 자발적으로 먼 곳으로부터 사지를 찾아온 것이다. 지역 갈등이 존재했다면 일어날 수 없는 상황이다. 진주성 수성을 위한 노력은 세대를 초월하기도 했다. 환갑이 넘은 의병장을 비롯한 남녀노소의 진주성민이 진주성을 지키기 위해 목숨이 다할 때까지 침략한 적에게 대항했기 때문에 두 차례 진주성전투의 결과를 가져온 것이다.

한마디로 조선 백성 모두가 지역, 세대, 계층을 초월하여 뭉쳤기에 전투를 승리로 이끈 것이다. 이러한 국가 통합의 결과, 결국 임진왜란의 국란이 극복된 것이다.

여섯째, 두 차례 진주성전투는 모두 조선군 및 의병이 전투 이전에 철저한 준비 하에 치러졌다는 특징이 있다. 진주대첩을 이끌기 위해 김시민은 철저한 사전 준비를 하였다. 대포와 화약을 비롯한 각종 무기를 준비하였고, 기마 500기를 포함한 3,700명의 군사에 대해서는 철저한 훈련과 동시에 전투시 위치 및 대처법을 숙지시켰다. 김시민은 진주성민에 대해서도 전투 협력을 이끌어냈다. 노약자들에게 군대 복장을 입혀 군사가 많아 보이도록 하였고, 전투시 가마솥에 물을 끓이고 돌을 나르는 등 민간인에 대해서도 전투의 효과를 극대화할 수 있도록 사전 준비를 시켰다. 결국 이러한 철저한 사전 준비가 3,800명의 병력으로 약 8배가 넘는 일본군을 완벽하게 물리친 원동력이었다.

제2차 진주성전투는 1차전과 달리 진주성 주둔군에 다양한 의병 부대가 합류함으로써 군대의 체계성이 떨어질 수밖에 없었다. 그러나 진주성에는 진주대첩을 경험한 진주성 수성군이 건재하였고, 무기와 식량이 비축되어 있었다. 또한 김천일이 지휘권을 장악하여 빠르게 군대를 배치하였고, 전투 상황에 따라 전사자가 발생하면 융통성 있게 부대를 재배치하였다. 진주성민 역시 전혀 동요함이 없이 군대의 통솔을 따라 전투에 협력하였다. 조선군 및 의병이 5,800명의 적은 병력으로 16배가 넘는

9만 3,000명의 일본군은 맞아 24회의 전투에서 승리를 거둔 것은 결과적으로 전투를 위한 사전 준비가 잘 되어 있었기 때문이다.

이상에서 살펴본 바와 같이 두 차례 진주성전투는 다양한 역사적 가치를 함축하고 있다. 두 전투는 적은 수의 조선군이 8배와 16배의 일본군을 맞아서 6일 동안 10회, 9일 동안 25회의 임진왜란 전 과정에서 가장 치열한 전투를 벌인 결과 일본군 총 3만 8,000명이 사망하여 임진왜란의 전투 흐름을 완전히 바꿔놓았다. 두 전투는 지역, 세대, 계층 등 국가 통합의 토대가 전투의 승전으로 이어진 곳이다. 진주성은 철저한 준비로 인해 완벽한 승전을 이룩한 곳임과 동시에 사지임을 알면서 자발적으로 전투에 참여한 의병들이 격전을 치른 끝에 전원 옥쇄한 곳이기도 하다.

두 차례 진주성전투에서 살펴볼 수 있는 다양한 조선 백성의 국란 극복 노력과 결과는 진주성전투에 국한된 것은 아니다. 또한 진주성전투가 발생했기 때문에 조선 백성들이 생존을 위해 일시적으로 통합된 노력을 보인 것만은 아니다. 두 차례 진주성전투라는 역사적 사실을 이끌어낸 것은 조선인이고, 조선인은 언제 어디에서나 유사한 결과를 이끌어낼 수 있는 잠재력이 있다는 것을 보여주는 것이다.

특히 제2차 진주성전투는 로마군에 항거한 이스라엘의 마사다전투에 비견될 만한 매우 중요한 사건이다. 패배할 것을 알면서도 조국을 위해 자발적으로 전투에 참여하여 전원 목숨을 바쳐 옥쇄한 전투라는 점에서 두 전투는 공통점을 지닌다. 단, 이스라엘에서는 마사다를 이스라엘 군대의 상징으로 추앙하여 성전으로 지정하고 이스라엘 군대의 신병훈련의 마지막 장소로 선정하는 등의 노력을 한 반면,[2] 진주성은 아직 국가의

---

2) 마사다 요새는 B.C. 72~73년 960명의 유대인이 15,000명의 로마군과 전투를 벌이다 전원 사망한 곳이다. 이스라엘에서는 신병 훈련을 마친 후 각 부대 훈련지에서 마사다까지 행진을 하며 마지막 밤에 이곳을 올라 "다시는 마사다가 함락되게 하지 않는다!"고 맹세하는 의식을 한다. 2001년 유네스코는 이곳을 세계문화유산으로 지정했다(위키피디아, '마사다')

상징으로까지 발전시키지 않고 있다는 차이가 있다.

그렇다면 두 차례 진주성의 역사적 가치를 찾기 위한 향후 과제는 무엇일까? 가장 중요한 것은 역사적 사실에 대한 복원과 이해가 필요하다. 아무리 조상들이 가치 있는 역사를 창출하였다고 해도 후손이 그 역사 사실의 가치를 정확히 이해하고, 그 의미를 새기지 못한다면 그 역사적 가치는 사라지고 말기 때문이다. 마사다 성전을 이스라엘이 국가 통합의 상징으로서 그리고 후세의 역사 교육 현장으로 역사적 가치를 현실적으로 실현하고 있듯이, 우리는 우리의 역사적 사실을 갈등 해결 및 국가 통합의 상징물로 승화시킬 필요가 있다. 즉, 일본군에 의해 허물어진 후 절반으로 축소되어 재건된 현재의 진주성은 전투를 치렀던 과거의 모습으로 복원되어야 하고, 목숨을 바쳐 국란을 극복한 조상의 애국심과 희생 정신을 본받을 성역으로 거듭나야 할 것이다. 또한 진주성 이외의 임진왜란 격전지 역시 역사적 사실을 밝힘과 동시에 역사적 가치가 부여되어야 할 것은 물론이다.

7. 교과서 기록의 문제점과 개정 방향

우리나라 청소년들이 처음 접하는 임진왜란에 대한 역사 인식은 중·고등학 국사책으로부터 비롯된다고 할 수 있다. 한국 근·현대사에 대한 갈등이 일제의 역사교과서 왜곡에서 출발하는 것으로 전제하고, 조선과 일본이 크게 충돌하였던 임진왜란에 대한 역사왜곡의 해결로부터 갈등해결의 실마리를 찾고자 한다. 일제가 폄하한 한국 역사, 특히 임진왜란에 대한 왜곡과 진실을 살펴봄으로써 한국 역사교육정책이 어느 방향으로 가야 할 것인지에 대해 논의할 것이다. 이를 위해 현재 중·

고등학교에서 교과서로 사용하고 있는 8종의 중학교 역사교과서와 6종의 고등학교 한국사에 수록되어 있는 임진왜란에 대한 기술을 분석하여 한국사가 일제에 의해 얼마나 왜곡되었는지를 살펴볼 것이다. 이를 바탕으로 '역사 바로 세우기' 정책이 왜 필요한지 그리고 '역사 바로 세우기'를 어떻게 수행할 것인지를 논의할 것이다.

역사교과서의 임진왜란 기록

중·고등학교에서 사용하고 있는 역사교과서을 보면 임진왜란에 관해 대체로 3~4개의 항목으로 나누어 다루고 있다. 1개 또는 2개 항으로 나누어 다루고 있는 교과서도 있지만 대부분 다루고 있는 주제가 유사하다. 여기에서는 중학교 역사교과서 8종과 고등학교 역사교과서 6종 등 14종의 교과서를 임진왜란 때 왜군의 침입, 수군과 의병의 반격, 왜란 극복, 왜란의 결과 등 4개 항목으로 나누어 살펴보았다. 본문에 직접 인용한 내용은 위 14종의 교과서 외에 국사편찬위원회와 국정도서편찬위원회가 편찬한 중학교 국사(두산동아)에 있는 임진왜란에 관한 부분이다.

1) 일본군의 침입

임진왜란 이전 및 초기 상황을 다루고 있는 항목에서는 임진왜란이 발생한 16세기 말의 한국과 중국, 일본의 상황과 왜군의 침입 이유, 초기 전투 상황, 조선 정부의 역할을 다루고 있다. 현행 중·고등학교 역사교과서의 기준이라고 할 수 있는 국사교과서 편찬위원회가 저술한 중학교 국사 교과서의 왜군의 침입에 대한 내용은 다음과 같다.

조선이 양반 사회의 분열과 군역 제도의 문란으로 국방력이 약화되어 가던 16 세기 말, 동아시아의 국제 정세는 크게 변하고 있었다.

중국 대륙에서는 여진족이 다시 일어나 힘을 키워 갔으며, 일본에서는 도요토미 히데요시가 100여 년에 걸친 전국 시대의 혼란을 수습하여 통일 국가를 이룩하였다. 도요토미는 불평 세력의 관심을 밖으로 돌리게 하고 자신의 대륙 진출 야욕을 펴기 위해 조선을 침략하고자 하였다.

일본은 서양에서 들여온 조총으로 군대를 무장시키고, 침략을 위한 준비를 철저히 하였다. 그리고는 명을 정복하러 가는 데 길을 빌리자는 구실을 내세워 20여 만 명의 군사를 출병시켰다. 이를 임진왜란이라고 한다.

1592년 4월, 왜군이 부산진과 동래성으로 침략해 오자, 정발과 송상현 등이 힘껏 싸웠으나 막지 못하고 성이 함락되고 말았다. 그 후, 왜군은 세 길로 나누어 북쪽으로 쳐들어왔다. 조선 정부는 충주에서 방어선을 치고 그들의 북상을 막으려 하였으나, 이 역시 실패하고 말았다. 왜군이 한양 근처에 육박하자 선조는 의주로 피란하였다. 왜군은 평양과 함경도 지방까지 한반도 전역을 그들의 손아귀에 넣으려고 하였다.

(국사편찬위원회 · 국정도서편찬위원회 편. 2011. p. 147)

임진왜란 이전의 조선 상황에 대해서는 다수의 역사교과서가 왜군 침입에 대한 조선의 준비 소홀을 주로 다루고 있다. 양반사회의 분열과 군역제도의 문란, 국방력 약화를 주로 다루고 있고, 수는 적지만 건국 이래 200년의 평화를 다룬 곳도 있다. 〈표 6-12〉에서 보는 바와 같이 14종의 역사교과서 중 5종이 사회와 붕당 등 양반사회의 분열을 다루었고, 6종은 군역제도의 문란을 다루었으며, 5종은 국방력 약화를 다루었다. 조선의 건국 이래 평화를 다룬 교과서는 2종이었으며, 그것도 양반사회의 분열 또는 군역제도의 문란과 같이 다루어 내용 면으로는 절대 다수의 교과서에서 조선 사회가 분열되어 군역제도가 문란해 있었기 때문에 임진왜란에 대한 준비가 없었다는 점을 다루고 있다.

〈표 6-12〉 일본군의 침입에 관한 역사교과서 언급 내용

항목	내용	언급한 교과서 수
임란 이전 조선 상황	- 건국 이래 평화	2종
	- 국방 대비 소홀	5종
	- 양반사회의 분열(사회와 붕당)	5종
	- 군역제도의 문란	6종
임란 이전 일본 상황	- 도요토미 히데요시의 일본 통일	13종
	- 잘 훈련된 부대와 조총	9종
	- 20만여 명 출병	7종
중국 상황	- 여진족이 힘을 키움	2종
왜군의 침입 이유	- 일본 내부 불평 세력의 관심의 전가, 정치적 안정	11종
	- 히데요시의 중국 대륙 침략 야심	10종
	- 군인에 나누어줄 토지 부족	1종
	- 지방 세력의 강대/갈등	4종
임란 초기 전투 결과	- 부산진성, 동래성에서 조선군의 패배	10종
	- 신립의 충주 방어선 실패	6종
	- 왜군의 평양과 함경도 지방까지 진출	10종
조선정부의 역할	- 왜군이 한양성 육박, 선조의 피란	14종
	- 명에 지원 요청	7종
	- 광해군 세자 책봉, 후일 대비	1종

한편, 임진왜란 이전의 중국에 대한 서술을 한 역사교과서는 2종에 그

친다. 임진왜란 이전 중국에 대해서는 북방 여진족이 힘을 키우고 있다는 것으로 명나라가 쇠락하고 있음을 간접적으로 서술하고 있다. 이에 반해 일본에 대해서는 매우 상세하게 다루고 있다. 일본에 관한 서술은 14종의 역사교과서에 모두 실려 있다. 13종의 역사교과서에서 도요토미 히데요시에 의한 일본 통일을 기술하고 있고, 9종의 역사교과서가 일본군이 조총으로 무장되어 있을 뿐만 아니라 잘 훈련되어 있었다고 기술하고 있다.

왜군의 조선 침략 이유에 대해서는 11종의 역사교과서가 일본 내부의 불평 세력의 관심을 외부에 돌리려고 했다는 것과 도요토미 히데요시의 중국 대륙 침략 야심을 들고 있다. 1종의 역사교과서는 일본 통일 이후 군인에게 나누어줄 토지의 부족을 다루었고, 4종의 교과서는 지방세력의 강대함과 갈등을 이유로 들고 있다.

임진왜란 초기 전투상황에 대해서는 일방적인 일본군의 우세와 조선군의 패배를 기록하고 있다. 7종의 교과서는 일본군 참전자 수를 20여 만 명으로 기록하고 있으며, 10종의 교과서는 부산진성과 동래성에서의 조선군의 패배, 6종의 교과서는 신립의 충주방어선 실패를 다루고 있고, 10종의 교과서는 왜군의 평양과 함경도 지방까지의 진출을 적시하고 있다.

한편, 조선정부의 역할에 대해서는 대부분의 역사교과서가 부정적 측면만을 묘사하고 있다. 14종의 모든 교과서가 왜군이 한양성에 육박하자 선조가 의주로 피난갔다고 기록하고 있고, 7종의 교과서는 명나라에 지원을 요청했다고 하였고, 1종의 교과서만이 선조가 광해군을 세자로 봉하여 후일에 대비하였다고 적시하였다.

2) 수군과 의병의 활약

15종의 모든 역사교과서는 조선 관군의 존재 자체를 무시하거나 부정적으로 표현하고 있다. 소항목의 제목을 조선군의 반격으로 표현하지 않고 수군과 의병의 활약으로 다루고 있다. 따라서 여기에서는 이순신과 수군 그리고 의병의 역할을 집중 조명하고 있다. 국사교과서 편찬위원회가 저술한 중학교 국사 교과서의 수군과 의병의 활약에 대한 내용은 다음과 같다.

> 조선은 육전에서와는 달리 해전에서는 곳곳에서 왜군에 큰 타격을 입혔다. 이순신이 이끄는 수군이 옥포에서 첫 승리를 거두고, 이어서 거북선을 앞세워 사천, 당포, 한산도 앞 바다 등 여러 곳에서 승리를 거두었다.
> 조선은 수군의 활약으로 제해권을 장악하여, 왜군의 보급로를 차단하고, 전라도 곡창 지대와 황해안을 지킬 수 있었다.
> 수군이 해전에서 승리한 것과 때를 같이 하여 전국 각지에서 의병이 일어나, 향토를 방어하고 조국을 구하려고 하였다. 향토 지리에 익숙한 의병은 그에 알맞은 전술과 전략을 개발하여 적은 병력으로도 적에게 큰 피해를 입혔다. 의병은 경상도에서 곽재우가 처음 일으킨 후 조선, 고경명, 정문부, 유정(사명대사) 등이 여러 지방에서 왜군과 싸웠다.
> (국사편찬위원회 · 국정도서편찬위원회 편. 2011. pp. 147-8)

〈표 6-13〉에 나타난 바와 같이 이순신과 수군에 대해서는 14종 모두의 역사교과서에서 옥포, 사천, 당포, 한산도 등 각종 해전에서의 승리를 다루었고, 8종의 교과서는 수군의 재해권 장악, 5종의 교과서는 수군의 보

급로 차단, 7종의 교과서는 수군의 전라도 곡창지대와 황해안 사수, 2종의 교과서는 이순신의 전함 정비 및 수군 훈련 등 왜군 침입에 대비한 것을 기록하고 있다.

〈표 6-13〉 조선군의 반격에 관한 역사교과서 언급 내용

항목	내용	언급한 교과서 수
이순신과 수군	- 전함 정비, 수군 훈련 등 침입에 대비	2종
	- 옥포, 사천, 당포, 한산도 해전 승리	14종
	- 수군의 재해권 장악	8종
	- 수군의 보급로 차단	5종
	- 수군의 전라도 곡창지대와 황해안 사수	7종
조선 의병	- 향토 방어 의병 조직	13종
	- 곽재우, 고경명, 정문부, 유정 등 의병 대장 언급	6종
	- 의병의 관군 합류, 관군의 재정비	4종
조선 관군	- 존재 무시 또는 지속적 패전	2종
	- 정부의 항전 의지	1종

의병에 대해서는 13종의 역사교과서에서 의병이 조직되어 향토 방어를 하였음을 다루었다. 6종의 교과서에서 의병 대장의 이름을 거론하고 있다. 가장 많이 거론된 의병 대장의 이름은 곽재우이며, 그다음으로는 정문부, 조헌, 사명당, 고경명, 서산대사, 김천일의 순으로 나타났다. 4종의 교과서는 의병이 관군에 합류 또는 관군의 재정비와 의병과의 관계를 서술하고 있다.

조선 관군의 역할을 서술한 교과서는 단 1종으로, 그것도 진주성전투를 거론함으로써 관군의 역할을 간접적으로 시사하는 데 그치고 있다. 특히 2종의 교과서에서는 조선 관군의 지속적인 패전을 거론하는 등 조선 관군의 역할을 철저하게 무시 또는 부정하고 있다.

3) 임진왜란의 극복

15종의 모든 역사교과서는 임진왜란의 극복을 명군의 역할에 초점을 맞추고 있다. 다만 조선의 역할을 어떻게 다루고 있느냐만 다를 뿐이다. 또한 진주대첩이 명군 도착 이후로 잘못 기술하고 있는 교과서도 있다. 국사교과서 편찬위원회가 저술한 중학교 국사 교과서의 왜란의 극복에 대한 내용은 다음과 같다.

수군이 승리를 거두고 의병의 활동이 활발하게 전개될 무렵, 명의 원군까지 도착하여 조선은 왜군에 반격을 가하게 되었다. 이때 김시민은 진주에서, 권율은 행주산성에서 큰 승리를 거두었다.

이에 경상도 해안 지방으로 밀려났던 왜군은 전열을 가다듬기 위해 휴전을 제의하였다.

(국사편찬위원회 · 국정도서편찬위원회 편. 2011. pp. 148)

〈표 6-14〉 임진왜란의 극복에 관한 역사교과서 언급 내용

항목	내용	언급한 교과서 수
명군 원군	- 조선의 유리한 전투 이후 명군 도착	3종
	- 명군의 도착으로 조선의 반격	10종
조선군 역할	- 명군 도착 시 김시민의 진주대첩, 권율의 행주대첩	10종
화의협상	- 왜군이 전열을 가다듬기 위해 휴전 제의	2종
	- 왜군 패배로 인한 휴전 제의	6종
	- 경상도 해안에 밀려난 왜군이 명에 휴전 제의	3종

또한 11종의 역사교과서는 임진왜란에 대한 화의협상을 다루고 있다. 그런데 화의협상의 원인에 대한 분석을 달리하고 있다. 6종의 역사교과

서는 왜군 패배로 인해 휴전을 제의했다고 기술하고 있고, 2종의 교과서는 왜군이 전열을 가다듬기 위해 휴전을 제의했다고 하고 있으며, 3종의 교과서는 경상도 해안에 밀려난 왜군이 명에 휴전을 제의했다고 서술하였다. 1종의 교과서는 조선이 휴전에 반대했다는 것을 기술하고 있다.

4) 임진왜란의 결과

왜란의 결과를 다루고 있는 항목에서는 조선이 피해 상황에 대해 가장 많은 지면을 할애했고, 일본과 명의 영향, 전쟁 승리의 주체 등을 다루고 있다. 국사교과서 편찬위원회가 저술한 중학교 국사 교과서의 왜군의 침입에 대한 내용은 다음과 같다.

7년간의 전쟁은 조선의 승리로 끝났고, 일본의 침략 의도는 좌절되었다. 일본은 조선의 항복을 받지도 못했고, 영토를 얻지도 못했다. 그렇지만 이 전쟁으로 가장 큰 피해를 본 것은 조선이었다.

전 국토가 황폐하여 경작지가 전쟁 전에 비해 3분의 1 이하로 줄고, 인구도 크게 줄었다. 전쟁 중에 수많은 사람들이 일본에 포로로 잡혀 갔으며, 일부는 포르투갈 상인에 의해 유럽 등지에 노예로 팔려 가기도 하였다. 또, 전쟁 중에 노비 문서가 불태워지고 양반의 위신이 떨어져 신분제가 흔들리게 되었다.

문화재의 소실도 매우 커서 불국사, 사고 등이 불에 타 버렸고, 활자, 서적, 도자기, 그림 등 많은 문화재를 일본에 약탈당하였다.

임진왜란은 조선뿐만 아니라 일본과 중국에도 큰 타격을 주었다. 일본에서는 정권이 바뀌었고, 명도 정쟁으로 국력이 쇠약해져 결국 만주의 여진족에게 중국의 지배권을 내주게 되었다. 그러나 조선으로부터

여러 가지 문화재와 선진 문물이 일본에 전해져, 일본은 문화 발전을
이룰 수 있었다.

(국사편찬위원회 · 국정도서편찬위원회 편. 2011. pp. 149-50)

〈표 6-15〉 임진왜란의 결과에 관한 역사교과서 언급 내용

소분류	내용	언급한 교과서 수
전쟁의 승리	- 조선의 승리	2종
	- 일본의 침략 의도 좌절	2종
조선 피해	- 경작지의 황폐화	11종
	- 인구 감소, 인명 피해	13종
	- 조선인의 일본 포로	10종
	- 노비문서 소실, 양반 위신 추락, 국가 운영 문제	10종
	- 불국사, 사고 등 소실	12종
	- 활자, 서적, 도자기, 그림 등 문화재 약탈	10종
일본의 영향	- 도쿠가와 이에야스 정권의 교체	10종
	- 조선의 선진 문물 전해져 일본 문화 발전	10종
명의 영향	- 국력의 쇠약으로 여진족에게 중국 지배권 이양	10종
각국 군사피해	- 임진왜란 및 정유재란에서의 3국 병력 수 및 손실률	1종

우선 전쟁 승리의 주역이 조선이었다고 밝힌 역사교과서는 3종뿐이
다. 1종은 조선이 승리했음을 밝히고 있고, 1종은 일본의 침략 의도가
좌절됐다고 기술하였으며, 다른 1종은 위의 두 가지를 모두 서술하고
있다.

〈표 6-15〉에서 보는 바와 같이 15종의 모든 교과서는 조선의 피해를
상세하게 다루고 있다. 대부분의 역사교과서는 조선 경작지의 황폐화,
인구 감소, 불국사 및 사고 등 문화재 소실 그리고 활자, 서적, 도자기, 그
림 등의 문화재 약탈을 공통적으로 서술하고 있다.

다만, 조선인을 일본으로 납치해간 사실에 대해서는 차이가 있다. 1종의 교과서는 도자기 기술자 및 학자를 잡아갔다고 기술하였고, 3종의 교과서는 조선인들이 끌려갔거나 잡혀갔다고 한 반면, 6종의 교과서는 조선인들이 일본의 포로로 잡혀갔다고 서술하고 있다.

또한 노비문서의 소실과 양반의 위신 추락에 관한 사항을 다룸에 있어서도 차이를 보였다. 6종의 교과서는 노비문서 등 각종 문서의 소실로 인해 국가 재정 및 운영에 문제가 있었음을 기술한 반면, 4종의 교과서는 신분질서 및 국가 혼란에 초점을 맞추고 있다.

임진왜란의 명에 대한 영향으로는 11종의 역사교과서가 명의 국력 쇠약으로 인한 여진족의 중국 지배권 이양을 다루었으며, 일본에 대한 영향으로는 10종의 교과서가 도요토미 히데요시 정권이 도쿠가와 이에야스 정권으로의 교체를 기술하였다. 그리고 10종의 교과서는 임진왜란 과정에서 조선의 선진 문물이 일본에 전해저 일본의 문화가 발전했음을 서술하고 있다.

한편, 각국의 군사 피해 현황을 다룬 역사교과서가 1종이 있다. 이 교과서에서는 조선과 명, 일본이 임진왜란과 정유재란에서 동원한 군대의 수와 손실 병력 수를 각각 명기하였고, 병력 손실률은 전체를 합산하고 있다. 그러나 각국의 참전병력 수와 병력 손실률 산정에 오류가 있다.

역사교과서의 오류와 진실

여기에서는 한국 중·고등학교 역사교과서에 기술되어 있는 임진왜란에 대한 내용에 어떤 오류가 있고, 그 실상은 무엇인지를 논의한다. 논의의 순서는 전 장에서 구분하고 있는 항목별로 한다.

1) 일본군의 침입

중·고등학교 역사교과서는 왜군의 침입 원인에 대해 양반 사회의 분열과 군역 제도의 문란 그리고 국방력이 약화로 기술하고 있다. 양반 사회가 분열되었다는 것은 당파싸움이 발생하여 국론이 분열되었다는 것을 의미한다. 그러나 임진왜란이 발생한 1592년 무렵은 양반 사회가 분열되어 있다고 하기 어려운 시절이다. 이 시절 동인과 서인이 있었지만 이들은 국정을 수행하는 데 있어서 자연스러운 의견의 차이가 있었을 뿐이다. 조선 조정이 분열된 증거로 도요토미 히데요시를 만난 서인의 황윤길과 동인의 김성일이 서로 정반대의 의견을 내어 갈등했다는 것을 사례로 든다. 그러나 조선 조정은 왜군이 침입할 것이라는 것은 확실하다고 보고 다만 그 대비를 어떻게 할 것인가에 대한 의견의 차이가 있었다. 조정에서 대신들 간의 논의 끝에 선조는 일본이 침입할 것이라는 점을 명나라에 통보했고, 지방 수령에게 왜군의 침입에 대비하여 성을 새로 쌓고 보수하라고 지시하였으며, 이일과 신립을 지방에 보내 축성 및 군대훈련 상황 등 전반적인 전쟁준비를 점검하도록 하였다. 어느 나라에 있어서도 중신들 간의 의견 차이는 건전한 국가발전에 도움이 된다. 조선 조정에 동인과 서인이 있었고 이들 간에 분열이 있었기 때문에 임진왜란이 발생하였다고 기술하는 것은 사소한 것을 지나치게 과장한 것이다. 이 시대 조선 조정은 일본군이 침입해올 것이라는 일치된 국론에 따라 임진왜란에 대비하고 있었다.

군역제도의 문란에 대한 기술도 문제가 있다. 이 시대 조선은 200년 동안의 장기적 평화로 인해 군역 제도를 초기와 같이 엄격하게 시행하지는 않았다. 이 시기 조선은 가장 큰 위협인 명나라와의 관계에서 별 문제가 없었기 때문에 강력한 정규군을 유지할 필요가 없었다. 또한 조선은 국왕이 절대적인 독재권을 행사하는 국가가 아니고, 국왕과 신하, 백성이 권력을 나누어 가지고 있던 국가였다. 조선 초기와 같이 큰 규모의 상비군을 유지하는 것을 조정과 신하, 백성들이 모두 필요하다고 생각하지 않았고, 백성의 부담을 덜어주기 위해 군역제도를 엄격하게 시행하지 않고 있었을 뿐이다. 또한 조정은 지역 방위를 중심으로 한 진관체제에서 유사시 지방군을 한 곳에 모아 중앙군에 편입하여 전투를 벌이는 제승방략체제로 전환하여 전쟁에 대비하였다.

즉, 조선 양반 사회의 분열과 군역제도의 문란 등 조선 조정의 내부 문제에 의해 국방력이 약화된 것을 임진왜란의 발생 원인으로 기술하는 것은 문제가 있다. 조선의 국방력이 약화된 이유를 군이 찾으려 한다면 200년 동안의 장기적인 평화에 따라 사회 전반적으로 국방에 대한 관심이 줄었기 때문이다. 임진왜란이 일본 내부의 사정 및 침략 의도에서 발생한 것이지 조선 내부의 문제에 따라 전쟁이 발생한 것은 절대 아니다. 교과서 역사 기술의 중대한 문제점은 임진왜란의 발발 이유를 조선의 국방력 약화로 돌리는 것이다.

도요토미 히데요시는 일본의 전투력을 과신하였고, 그의 본 목표는 조선과의 전쟁이 아니라 명과의 전쟁이었다. 즉, 그는 조선이 임진왜란에 철저히 대비했더라도 침입하였을 것이다. 일본군이 침입한 이유는 우선 도요토미 히데요시의 공격성과 정복욕이고, 자신이 통제하기 어려운 지방 세력의 무력을 외부로 돌리기 위한 것이다. 조선 조정의 분열과 국방력 약화에 의해 왜군을 불러들인 것으로 기술하는 것은 조선 정부의 문제점을 부각하여 식민 통치의 정당성을 부여하기 위함이고, 일본의 침략성을 약화시키기 위한 의도된 역사 기술로 볼 수 있다.

둘째, 도요토미 히데요시의 공적을 부풀리고, 그의 조선 침략 이유를 부정확하게 기술한 것의 문제이다. 교과서에서는 그를 일본의 통일을 이룩한 사람으로 기술하고 있고, 중국 대륙으로 진출하기 위해 조선을 침략한 것으로 기술하고 있다.

그러나 도요토미 히데요시를 일본의 100년의 혼란을 수습한 인물로 묘사하는 것은 그에 대한 과대한 표현이다. 100년 간의 전국시대를 마감하고 통일 국가를 구축한 인물은 오다 노부나가(織田信長)이다. 도요토미 히데요시는 오다 노부나가의 가신으로 오다 노부나가가 부하의 배신으로 자결한 후, 오다 노부나가의 세력을 손쉽게 장악하여 오다 노부나가가 이룩한 통일 과업을 물려받은 인물이다. 도요토미 히데요시를 100년 간에 걸친 전국시의 혼란을 수습한 인물로 묘사한 것은 그에 대한 과분한 평가이다. 그는 자신의 세력을 확장시키려는 야심을 가진 전국시대 수많은 인물 중의 하나이지 일본인의 평화를 위해 전국시대를 마감시키고자 노력한 인물은 절대 아니다.

또한 도요토미 히데요시의 조선 침략에 대한 기술에 문제가 있다. 그는 중국과 인도까지 점령하겠다고 공언하였으며, 그 일환으로 조선에게 중국을 침략하기 위한 길을 트고 자신에게 협조하라고 하였다. 여기에서 길을 트고 협조하라는 것은 길을 안내하고, 병력과 병량을 보급하라는 의미이다. 길을 빌리겠다는 것은 전쟁을 하겠다는 확실한 선전포고이다. 그는 조선뿐만 아니라 중국과 인도까지 점령할 수 있다는 과대망상중 환자이다. 그는 일본의 통일 이전까지 전쟁을 직업으로 살고 있던 무사들의 무력을 돌리기 위한 전쟁터가 필요했던 것이다.

셋째, 일본군의 임진왜란 준비에 대한 기술의 문제점이다. 일부 역사 교과서에는 침략에 대비하게 위해 서양에서 들여온 조총으로 군대를 무장시킨 것으로 기술하고 있고, 20여 만 명을 출병시켰다고 하고 있다. 일본은 조선을 침략하기 위해 조총으로 군대를 무장시킨 것은 아니다. 일본이 포르투갈에서 조총을 받아들인 것은 전국시대 중이었고, 조총을 받아들여 전투에 활용한 사람은 오다 노부가나였다. 그는 기마병 중심의 부대를 운용하고 있던 일본 최대의 영주인 다케다 가쓰요리(武田勝賴)의 부대를 나가시노(長篠)전투에서 조총으로 무장된 보병 중심의 신개념 작전으로 물리치고 일본의 통일 기반을 완성하였다. 즉, 일본은 조선을 침략하기 위해 전쟁준비를 한 것이 아니라 이미 그 어떤 전쟁준비도 되어 있었다. 일본이 전쟁준비를 하였다는 것은 상대적으로 조선은 전쟁준비를 하지 않았음을 강조하기 위한 것으로 판단된다.

또한 침략을 위해 출병한 일본군 병력이 20여 만 명으로 기술되어 있는 것은 구체적이지 못하다. 일본군참모본부가 1924년 출간한 『일본전사』에 따르면, 임진왜란을 위해 준비한 일본군 병력 수는 28만 6,840명이고, 이 중 1592년 4월 1차로 조선에 파병된 병력 수는 16만 3,200명이며, 이후 추가로 파병된 병력 수는 최소 5만 6,474명이다. 즉, 임진왜란 때 조선에 파병된 일본군 수는 최소 22만 명이다. 그러나 다수의 역사교과서는 이러한 일본군 병력 수를 언급하지 않고 있고, 일본군 병력 수를 언급한 교과서에는 22만여 명 또는 19만 7,000명(양호환 외, 2013)으로 기록되어 있다.

넷째, 임진왜란 초기 전투에서 조선군의 전투 패배 그리고 왜군의 활약상에 초점을 맞춘 기술의 문제이다. 교과서에서는 조선 측에 대해서는 부산성전투와 동래성전투, 충주 탄금대전투에서의 실패, 선조의 의주 피난 등 부정적인 측면만을 언급한 반면, 일본 측에 대해서는 평양과 함경도 지방까지의 진출이라는 긍정적 측면을 기술하고 있다. 이것만으로 본다면 조선의 패배와 일본의 승리가 분명하다.

그러나 역사적 사실을 이해하기 위해서는 임진왜란 초기 전투에서 조선군이 왜 패배할 수밖에 없었는지에 대한 설명이 필요하다. 세계 어느 나라에서도 전투에 있어서 예상치 않은 다수 병력에 의해 외침을 당하여 초기 전투에서 패배하지 않은 국가는 없다. 부산성에서 정발은 800명의 관군을 이끌고 신무기인 조총으로 무장된 1만 8,700명, 20배가 넘는 왜군을 맞아 4시간 동안 전원이 전사할 때까지 혈전을 벌였다. 또한 동래성에서 송상현은 결국 부산성이 함락될 것임을 알면서도 "싸워 죽기는 쉬우나 길을 비키기는 어렵다"고 하면서 1,000여 명의 적은 병력으로 모두 전사할 때까지 싸웠다. 충주 탄금대전투에서도 2,000명 규모의 기마병을 운영하여 여진족을 연파했던 신립이 8,000명의 조선중앙군 기마부대와 1만 2,000명의 급조된 농민군을 이끌고 배수진을 쳤으나 기마전에 대한 전략을 알고 있는 고니시 유키나가의 왜군에 패배하였다. 그러나 조선군 전 병력은 모두 전사할 때까지 끝까지 싸웠다. 평생 전투로 단련된 압도적인 병력과 우수한 무기로 준비된 왜군이 전투 경험이 없는 조선군을 이긴 것은 당연하다. 이렇게 당연한 역사적 사실을 강조할 이유는 없다. 반면, 모두 죽을 줄 알면서도, 지는 것이 당연한 전투에서 끝까지 전투에 임한 역사적 사실은 더 가치가 있다. 역사적 가치가 있는 사실이 기록되지 않고, 역사적 가치가 없는 사실만이 기록되어서는 안 된다.

선조 임금의 의주 피난에 대한 기술은 더 큰 문제가 있다. 역사교과서에는 "일본군이 한양 근처에 육박하자 선조 임금은 의주로 피란하였다"고 적혀 있다. 그러나 선조 임금은 자신만이 살겠다고 백성을 버리고 피난간 것이 아니다. 선조 임금은 신립을 삼도순변사로 임명하여 충주로 보내면서 국왕을 호위할 최소한의 호위무사와 식량조차 남기지 않고 기마전을 수행할 수 있는 모든 중앙군을 신립에게 딸려 보냈다. 충주 탄금대전투 이후 한양성을 지킬 수 있는 군대는 남아 있지 않았다. 따라서 선조 임금은 피난을 떠날 수밖에 없었다. 만일 선조 임금임 국가보다 자신의 안위를 먼저 생각한 국왕이라면 자신을 지킬 호위무사까지 전쟁터로 보내지 않았을 것이다. 또한 선조 임금이 군대도 없는 한양성에 남아 있다가 왜군의 포로라도 되는 날에는 조선 백성은 일본군에 항거하지 못하고, 조선은 완전히 없어지게 되기 때문에 난을 피할 수밖에 없었다.

피난을 떠난 선조 임금은 국가를 지키기 위해 왕세자인 광해군과 분조를 하였다. 선조 임금이 사망하는 경우 왕세자가 국가를 지휘하게 하기 위해서이다. 또한 선조 임금은 후방에서 모든 전쟁 상황을 지휘하고 있었다. 각지에 초유사를 파견하여 백성들로 하여금 왜군에 항거하게 하였고, 공을 세운 장수에게 벼슬을 올려주었으며, 의병 대장에게는 관직을 수여하여 관군에 편입시켰고, 전투가 벌어지는 곳에 지원군을 파견하게 하였다. 선조 임금이 후방에서 전쟁을 지휘하지 않았더라면 조선 백성의 단결력은 반감되었을 것이고, 임진왜란을 극복하기 위해서는 더 큰 희생이 따랐을 것이다.

따라서 선조 임금이 백성을 버리고 자신만 살겠다고 의주로 피난을 갔다는 것을 의미하는 기술은 옳지 않다. 선조 임금이 단순히 피난을 떠났다는 것은 조선이 백성을 위한 국가가 아닌 통치력 부재의 국가로 연결되기 때문이다. 이러한 선조 임금이 일본군의 압박에 의해 피난하였다는 기술은 조선의 국가성 및 통치력 부재를 강조하기 위한 고도의 전략적 음해이다.

왜군이 평양과 함경도 지방까지 진출했다는 기술도 문제가 있다. 이러한 역사 기술은 마치 조선 전역이 왜군 수중에 있었던 것으로 오해할 여지를 남긴다. 왜군이 평양을 함락시켰고, 함경도 지방의 주요 도시를 점령한 것은 사실이다. 그러나 왜군이 경상도에서 충청도를 거쳐 한양성을 점령한 후, 일부는 강원도를 거쳐 함경도로 향하고, 일부는 황해도를 거쳐 평양까지 진출하는 과정에서 거점 도시는 점령하였지만 거쳐간 곳 모두를 점령한 것은 아니었다. 왜군은 거점 도시를 점령하고 거점 도시를 잇는 축선상에 15km 정도의 일정한 거리를 두고 방책을 쌓았다. 조선군의 기습을 방어하기 위한 것이다. 즉, 왜군은 평양과 함경도까지 진출하였지만 실질적으로 거쳐간 전 지역을 실질적으로 점령하여 통치한 것은 전혀 사실이 아니다.

도요토미 히데요시는 조선 8도를 점령하기 위한 왜군 부대를 배치하고, 이들 부대에게 명나라 침공을 위해 조선의 각 지역에서 병력과 병량을 차출하라고 지시하였다. 그러나 조선 백성은 이들 부대의 명령을 듣지 않았다. 뿐만 아니라 조선 백성은 점령자인 왜군에게 철저히 저항하였다. 따라서 왜군은 소수의 병력만으로는 거점 지역 밖으로 진출하지 못했고, 병참과 병력을 차출하지도 못했다.

한편, 왜군이 평양성과 함경도까지 진출하기 이전부터 왜군은 조선 8도 전역과 해상에서 조선군과 의병의 공격을 받고 있었다. 일본군이 평양에 진출하기 전에 이미 조선 수군은 경상도 앞바다에서 1차 출동으로 옥포해전을 비롯한 3차례 해전 그리고 2차 출동으로 사천해전을 비롯한 5차례 해전에서 승리하였다. 경상도 지역에서는 함안군수 유숭인(후에 경상좌병사에 임명)이 기병 1,000기를 이끌고 진해, 고성, 사천 등의 남해 해안 도시를 수복하였고, 진주목사 김시민은 경상도 전역에서 전투를 벌였고, 연전연승하고 있었다. 또한 곽재우와 김면, 정인홍의 의병 부대는 왜군의 진출과 보급로를 차단하였다. 웅치와 이치를 넘어 전주를 점령한 후 전라도를 점령하고자 한 왜군 6번대는 웅치와 이치에서 권율이 이끄는 관군과 격전을 치렀고, 고경명 의병 부대로부터 왜군의 거점인 금산성 공격을 받고는 전주성 앞에서 금산성으로 퇴각하였다. 또한 전라도를 점령하기 위해 경상도로 돌아 진격하던 왜군은 경상우도의 관군과 의병 부대의 공격을 받고는 퇴각하였다. 이로써 일본군은 전라도뿐만 아니라 낙동강 서쪽 지역, 즉 경상우도는 한 번도 점령한 바 없다.

이러한 결과 일본군은 임진왜란 개전 7개월이 지나자 후퇴를 논의하기 위해 지휘관 회의를 한양성에서 개최한 것이다. 임진왜란 초기 왜군이 일방적으로 승리를 거둔 것으로 기술된 교과서는 수정이 요구된다. 임진왜란 초기부터 국란을 극복하기 위해 힘쓴 역사적 사실을 기록하지 않는 한 객관적인 역사 기술로 인정할 수 없다.

2) 수군과 의병의 활약

수군과 의병의 활약으로 제목을 단 이 항목은 근본적으로 문제가 있다. 특히 육군은 패배한 반면 해전에서 승리를 거두었는 식의 표현은 조선군이 육지에서 연전연패했음을 강조하는 것이고, 그나마 육지에서 의병이 활약했다는 것은 조선 관군 및 조선 정부에 대한 근본적인 부정을 담고 있다.

임진왜란 시 수군과 의병이 많은 활약을 한 것은 사실이다. 그러나 임진왜란의 각종 전투에서 조선 육군의 활약 없이는 임진왜란을 극복할 수 없었다. 실제로 조선 육군은 수군이나 의병보다 큰 활약을 펼쳤다. 육군의 대부분을 차지하는 조선 관군은 임진왜란 초기 2개월간은 왜군의 기습으로 각종 전투에서 패배하기는 했지만, 그 후에는 전열을 가다듬어 왜군을 공격하였다. 앞에서 언급한 바와 같이 경상도에서 초기부터 경상우도를 지켜낸 부대는 유숭인과 김시민 등이 지휘한 관군이고, 전라도를 침범하려는 왜군을 맞아 웅치와 이치에서 전투를 벌인 부대는 권율이 지휘한 관군이었고, 1차 평양성전투에서 패배한 후 평양성을 수복하기 위해 수적 열세에도 불구하고 두 차례나 왜군을 공격한 부대는 평양 인근 고을의 관군이었다. 창원전투, 진주대첩, 독성산성전투, 행주대첩으로 왜군을 격파한 부대 역시 조선 관군이다. 이로써 조선 관군은 전라도 곡창지대만 지켜낸 것이 아니라 경상우도도 지켜냈다. 조선 관군의 활약을 부정하고 수군과 의병의 역할만을 기술하는 것은 조선이 국가다운 국가가 아니었음을 강조하는 불순한 의도를 내포하고 있다. 이것은 당시 조선 조정은 무능하였고, 조선군은 초기 왜군에 의해 모두 격멸된 것으로 보일 수 있다.

전라도 곡창지대를 지킨 것이 수군의 활약이었다고 기술한 것은 또 다른 문제가 있다. 육군의 분전 없이 수군의 활약만으로 한 지역이 지켜질 수는 없다. 우리 역사를 객관적으로 바라보려는 외국인에게는 이 서술로 우리 역사를 납득시킬 수 없을 뿐만 아니라 의문을 가중시킬 것이다. 또한 전라도와 경상우도에서 수많은 육지 전투의 승리를 희석시킬 뿐만 아니라 우리 역사의 객관성을 떨어뜨릴 것이다.

수군에 의해 전라도와 황해안이 지켜졌다는 내용의 기술은 수군의 전과마저 폄하하고 있다. 조선 수군은 역할은 황해안뿐만 아니라 남해안을 포함한 조선 전체 제해권을 장악했다. 이로서 일본군의 해안 보급로를 차단했을 뿐만 아니라 남해와 서해를 통해 평양으로 병력을 보내 명나라 침략을 계획한 도요토미 히데요시의 근본적인 임진왜란 계획을 무산시켰다. 이순신의 조선 수군의 전투 승리에 의한 제해권 장악으로 일본군은 전반적인 전쟁계획에 차질이 발생한 것이다. 더욱이 조선 수군 역시 조선 관군이다.

의병의 활약을 강조하는 것도 국가로서의 조선을 부정하는 격이 된다. 그리고 의병의 인적 구성 역시 관군과 크게 다르지 않다. 조선은 병농일치의 국가로서 조선 백성은 모두 관군으로 볼 수 있다. 또한 의병장은 대부분 전직 관료이다. 경상도에서 의병을 일으킨 곽재우, 김면, 정인홍 모두 벼슬에서 물러난 전직 관료이다. 전라도의 의병 대장 고경명, 김천일, 최경회, 임계영 등도 모두 전직 관료이다. 충청도에서 의병을 일으킨 조헌 역시 보은현감을 지낸 바 있고, 함경도에서 북관대첩을 주도한 정문부도 함경도 북평사를 지내고 있던 문관이다. 또한 조선 조정은 이들에게 공식 벼슬을 주어 관군으로 편입하였고, 관군으로 편입된 의병장들은 주변의 관군과 연합군을 만들어 전투를 벌였다.

의병의 역할을 향토방위에 국한시킨 것도 문제가 있다. 임진왜란 당시 의병은 자기 지역을 떠나 전투를 치른 경우가 더 많을 뿐 아니라, 다른 지역 의병 및 조선 관군과 연합하여 전투를 치렀다. 실제로 전라도에서 의병을 일으킨 고경명은 충청도 금산에 주둔하고 있던 일본군을 공격하다 전사했다. 나주에서 의병을 일으킨 김천일은 평양성을 향하다가 경기도에서 전투를 치렀고, 2차 진주성전투에서 전투를 지휘하다 전사했다. 전라도 능주(현 화순군)에서 의병을 일으킨 최경회가 주로 전투를 벌인 지역은 경상우도 전역이었고, 그는 1차 진주성전투에서는 진주성 외곽에서 진주 관군을 응원했고, 2차 진주성전투에서는 김천일과 함께 싸우다 전사했다. 보성에서 의병을 일으킨 임계영 역시 주 전투 지역은 경상우도였다. 충청도 옥천에서 의병을 일으킨 조헌은 청주를 수복한 후 금산에 주둔하고 있던 일본군을 공격하다 전사했다. 정문부는 함경도 전역을 누볐고, 곽재우, 김면, 정인홍 등의 경상도 의병 대장 역시 경상우도 전역에서 전투를 벌였다. 특히 1차 진주성전투에서 김시민의 진주 관군은 진주성 내에서 전투를 벌일 때 전라도 의병들이 진주 외곽에서 응원하였으며, 2차 진주성전투에서는 진주 관군뿐만 아니라 경상도, 전라도, 충청도 의병이 연합해 9일 동안 일본군 9만 3,000명과 혈전을 벌이다 전원 옥쇄했다.

즉, 역사교과서에 기술되어 있는 기록은 사실과 다르다. 수군과 의병이 임진왜란 극복에 큰 힘이 된 것은 사실이지만, 수군과 의병만으로는 국란이 극복될 수 없다. 국란을 극복한 것은 선조 임금을 중심으로 한 조선 조정과 조선군과 의병에 나선 조선 백성들의 협력의 산물이다. 조선은 엄연히 국가체제를 갖추고 있던 독립국가였으며 임진왜란 기간 동안 조선의 국가체제는 여전히 가동되고 있었다.

3) 임진왜란의 극복

 임진왜란의 극복을 기술한 교과서 내용은 더 큰 문제가 있다. 전반적으로 역사교과서는 명군에 의해 왜란이 극복되었다는 내용이다. 일부 교과서에서 명군이 도착하기 전 조선이 유리하게 전투를 이끌어갔다고 기술하고 있기도 하지만, 결국 명의 원군에 의해 반격을 가한 것으로 기술하고 있다. 조선이란 독립국가를 근본적으로 부정 또는 조선의 종속성을 강조하는 반면, 명군을 임진왜란 극복의 주인공으로 내세우고 있다.

 조선군은 1592년 4월 임진왜란이 발발한 후 6월 평양성 함락 이후부터는 전국적으로 활발하게 왜군에 대해 적극적으로 공세를 취하였고, 1592년 10월 진주대첩 승전 이후부터는 조선군이 완전히 승기를 잡고 있었다. 명군은 조선군이 일본군에 대한 승기를 잡은 이후 1593년 1월 참전하였다. 또한 명군은 4차 평양성전투에서 조선군과 함께 승리를 하였지만, 곧 이어진 벽제관전투에서 일본군에 패배한 이후 임진왜란이 종료될 때까지 변변한 전투에 나서지 않았고, 일본군의 화의협상을 받아들였다. 일본군은 조선군의 공세에 버텨낼 수 없었기에 명군과 화의를 시도한 것이고, 명군은 일본군을 제압할 수 없고 일본군과 지속적인 전투를 벌이기에는 자국 군사의 인명 피해를 두려워했기에 화의를 시도한 것이다. 한마디로 명군의 임진왜란 승리의 주인공이 될 수 없다.

 그리고 시기적으로 1992년 10월 진주대첩 전후에 심각한 타격을 받은 일본군이 타격을 입고 보급로가 끊어져 일본군 지휘부가 한양성에서 후퇴를 논의하기 시작한 이후, 1593년 1월 명군이 평양에 도착한 사실을 교묘하게 뒤집어놓고 있다. 명군이 도착했을 때 진주대첩이 있었던 것이 아니라 명군이 도착하기 이전에 조선군은 진주대첩의 승전 등으로 전투의 주도권을 쥐고 있었다. 따라서 일본군은 조·명연합군의 평양성 수복을 계기로 평안도에 주둔하고 있던 부대뿐만 아니라 함경도, 황해도, 강원도 등에 주둔하고 있던 전체 병력을 한양성으로 후퇴할 수밖에 없었고, 벽제관전투에서 일본군이 명군을 패퇴시켰음에도 불구하고 왜군은 이후 한양성을 버리고 부산 지역으로까지 후퇴한 것이다.

한편, 일본군이 휴전을 제의한 이유에 대한 기술도 문제가 있다. 교과서에는 '일본군이 전열을 가다듬기 위해' 또는 '패배에 의해' 휴전을 제의한 것으로 되어 있다. 일본군이 누구에게 휴전을 제의하였는지가 명확하지 않다. 휴전은 명군이 조선에 도착한 이후 지속적으로 명군과 일본군 양측이 동시에 하였다. 조선은 휴전을 제의하지도 응낙하지도 않았다. 최초의 휴전 제의는 명나라 조승훈이 3,000명의 명군을 이끌고 조선에 도착할 때부터 당시 평양에 주둔하고 있던 고니시 유키나가로부터 시작됐다. 실질적으로는 명군이 벽제관전투에서 일본군에 참패를 당한 후에 명군과 일본군은 휴전을 논의하였다. 일본군은 명군에게 전투에서 승리하였음에도 불구하고 휴전을 제의하였다. 이것은 일본군이 지속적인 조선군의 공격에 의해 전투력을 상실하여 명군과 휴전을 논의한 것이다. 특히 일본군은 1593년 6월 총병력을 동원하여 진주성에서 9일 동안 25회의 격전을 치른 끝에 진주성을 함락하였음에도 불구하고 부산 지역으로 후퇴한 후 화의협상에 총력을 기울었다. 진주성을 함락하였지만 조선군과의 지속적인 전투로 인해 전투력을 상실하여 퇴각의 명분을 명군과의 휴전에서 찾은 것이다. 즉, 일본군은 '전열을 가다듬기 위해' 휴전을 제의한 것이 아니라 '전투력을 상실하여' 휴전을 제의한 것이고, 휴전 제의의 대상은 조선군이 아니라 명군이었다.

또한 화의교섭이 실패하였다는 기술도 잘못된 것이다. 명군과 일본군은 화의교섭에 실패한 것이 아니라 실패할 것이 분명한 화의교섭을 진행한 것이다. 1593년 6월 제2차 진주성전투가 끝난 후 명군과 일본군 간에 전라도 지역에서 작은 전투가 있었지만 명군과 일본군은 쌍방 군대를 본국으로 빼돌렸다. 이때 명군은 타국에서의 싸움에서 군대를 희생할 생각이 없기에 일본군과 졸속으로 화의교섭을 하여 군대를 본국으로 철수하였고, 일본군은 조선군과의 지속적인 전투에서 전투력을 잃었기에 화의교섭을 명분으로 군대를 철수한 것이다. 화의교섭을 진행한 명군의 송응창과 이여송, 일본군의 고니시 유키나가는 명나라 황제와 도요토미 히데요시에게 각각 서로 다른 화의조건을 보고하였다. 그리고 이 거짓 화의조건에 의한 화의교섭이 체결되기도 전에 양군은 철수를 시작했다. 양군은 모두 지속하고 싶지 않은 전쟁을 종결하기 위해 쌍방 화의를 제의했고, 군대를 철수시킨 것이다.

4) 임진왜란의 결과

임진왜란의 결과에 대한 기술 역시 철저하게 잘못되었다. 임진왜란의 결과에 대한 평가의 주체가 대부분 일본으로 되어 있다. 한국 역사교과서는 한국이 주어가 되어야지 일본 중심으로 기술될 수는 없다.

우선 "7년간의 전쟁은 조선의 승리로 끝났고, 일본의 침략 의도는 좌절되었다"에서 문장의 주어는 첫 문장에서는 전쟁이고, 둘째 문장에서는 일본의 침략 의도이다. 임진왜란의 결과를 우리가 평가함에 있어서는 조선이 주어가 되어야 한다. 즉, 같은 뜻이라고 해도 이 문장은 "7년간의 전쟁 결과 조선은 일본군의 침략 목적을 좌절시키고 결국 전쟁에서 승리했다"로 주어가 바뀌어야 할 것이다. 또한 "일본은 조선의 항복을 받지도 못했고, 영토를 얻지도 못했다"는 기술 역시 주어가 일본이다.

다음으로 전쟁 중에 수많은 사람들이 일본에 포로로 잡혀갔다는 표현의 문제이다. 포로란 전투에서 항복한 군인을 말한다. 임진왜란 중에 일본군이 일본으로 끌고 간 조선인 중에는 항복한 군인도 있을 것이다. 그러나 다수는 민간인이다. 일본군이 포로를 잡아간 것은 정당한 것으로도 볼 수 있다. 일본군은 임진왜란 중에 민간인을 학살하고 민간인을 끌고 갔다. 이것은 용서할 수 없는 범죄이다. 한국 역사교과서에 일본군의 범죄행위를 정당화시킨 이유란 단 한 가지이다. 역사교과서가 일본 사학자의 주장을 아직도 그대로 답습하고 있기 때문이다.

"문화재의 소실도 매우 커서 불국사, 사고 등이 불에 타 버렸고, 활자, 서적, 도자기, 그림 등 많은 문화재를 일본에 약탈당하였다"는 기술 역시 주어가 잘못되었다. 불국사와 사고 등이 불에 탄 것으로 주어를 불분명하게 기술하고 있으며, 문화재를 약탈당했다고 표현함으로써 조선이 무능하여 당한 것으로, 일본군의 범죄 사실을 교묘히 감추고 있다. 불국사와 사고 등은 불에 탄 것이 아니라, 일본군이 불국사와 사고를 불에 태운 것이다. 그리고 (조선이) 문화재를 약탈당한 것이 아니라, 일본군이 문화재를 약탈한 것이다.

"조선으로부터 여러 가지 문화재와 선진 문물이 일본에 전해져, 일본은 문화 발전을 이룰 수 있었다"는 기술 역시 주어가 일본이다. 이렇게 교과서에 일본이 주어로 되어 있다는 것은 초기에 일본인이 한국 역사를 썼고, 이것이 아직도 개선되지 않았다는 엄연한 증거이다. 더구나 이것을 우리가 아직도 개선하지 않고 있다는 것이 더 큰 문제이다.

역사교과서 중 대부분은 각국의 참전군 수와 군사 피해를 언급하지 않았고, 1종만이 기술하였지만 이것도 수정이 요구된다. 임진왜란에서 조선과 명, 일본군의 참전군 수와 병력 손실 수는 지속적으로 연구될 필요가 있다. 참전군 수와 병력 손실 수가 명백하게 밝혀진다면 전쟁의 양상이 보다 명확해질 수 있기 때문이다. 앞에서 언급한 일본군 참모본부 (1924)의 『일본전사 조선역』에 따르면 임진왜란에 참전한 일본군 수는 최소한 22만 4,774명이고, 1592년 4월 임진왜란 개전부터 1593년 6월 2차 진주성전투가 벌어지기 전까지 1년 2개월 동안 일본군 병력 손실 수는 10만 584명이다. 그리고 2차 진주성전투에서 3만 8,000명의 일본군이 전사한 것으로 추정하면 일본군 병력 손실 수는 13만 8,586명이 된다. 따라서 일본군 병력 손실률은 61.65%가 된다. 22만여 명이 참전하여 1년 3개월 동안 61.65%의 병력이 손실되었다는 것은 일본군이 조선을 침입한 결과가 어떠했는지를 단적으로 나타낸다.

역사교과서의 개정 방향

한국 역사교과서의 임진왜란 관련 서술은 반드시 개정되어야 한다. 개정되어야 하는 임진왜란에 대한 서술을 항목별로 예시하면 다음과 같다.

1) 일본군의 침입

조선은 1392년 태조 이성계에 의해 건국된 이후 임진왜란까지 200년 이상의 평화를 구가하고 있었다.

반면, 일본에서는 1467년 오닌의 난 이후 중앙정부가 무력해지자 지방영주 간에 서로 세력을 넓히려는 전국시대에 돌입하여 100년이 넘는 전쟁을 겪었다. 1575년 오다 노부나가가 일본의 통일을 이루기 전 부하의 배신으로 사망하자 오다 노부나가의 가신이었던 도요토미 히데요시가 통일 과업을 완수하였다. 도요토미는 통일 이후 무사계급이 직업을 잃어 정국을 불안정하게 만들 것을 피하고, 무사의 전투력을 이용하여 자신의 대륙 진출 야욕을 펴기 위해 조선을 침략하고자 하였다.

일본은 전국시대에 이미 서양에서 조총을 들여왔고, 무사들을 양성해 온 터라 침략 준비를 특별히 할 필요가 없었다. 도요토미는 명나라와 인도까지 점령할 계획을 세웠고, 우선 명을 정복하러 가는 데 길을 빌리자는 구실을 내세워 28여만 명의 군사를 출병시켰다. 이를 임진왜란이라고 한다.

1592년 4월, 일본군이 부산진과 동래성으로 침략해 왔고, 정발과 송상현 등이 적은 수의 병력으로 적의 대군을 맞아 힘껏 싸웠으나 결국 모두 전사하였다. 조선 정부는 모든 왕을 호위할 무사를 포함한 모든 중앙군을 신립에게 보내 충주에서 방어선을 치고 일본군의 북상을 막으려 했으나 실패하였다. 선조는 전열을 가다듬기 위해 의주로 피란하여 전쟁을 지휘하였다. 일본군은 한반도 전역을 손아귀에 넣으려고 하였고, 평양까지 진출하였다.

2) 조선군 및 의병의 반격

임진왜란 발생 후 2개월이 경과하자 조선군은 전열을 가다듬어 각지에서 일본군에 반격을 가하였다. 일본군의 침략을 먼저 받은 경상도에서 유숭인, 김시민, 곽재우 부대가 낙동강 서쪽으로 진출하는 일본군을 차단했고, 전라도로 진출하려는 일본군을 권율 부대가 웅치와 이치에서 막아 싸우고 고경명 부대가 일본군의 거점을 공격함으로써 막았다.

이순신이 이끄는 수군은 옥포에서 첫 승리를 거두고, 이어서 거북선을 앞세워 사천, 당포, 한산도 앞 바다 등 여러 곳에서 승리를 거두었다.

조선은 수군의 활약으로 제해권을 장악하고, 육군과 의병은 부산에서 한양으로 이어지는 일본군의 보급로를 차단하여 일본군의 전투력을 약화시켰다. 또한 전국적으로 군대가 재정비되고 전직 관료를 중심으로 의병이 일어나 일본군을 공격했다. 의병은 경상도에서 곽재우가 처음 일으킨 후 고경명, 조헌, 김천일, 최경회, 임계영, 김면, 정인홍, 정문부, 유정(사명대사) 등이 여러 지방에서 일본군과 싸웠다.

3) 임진왜란의 극복

김시민이 이끄는 관군이 8배가 넘는 일본군을 진주성에서 격파한 것(진주대첩)을 계기로 전투를 조선군이 주도했고, 보급로가 차단된 일본군은 후퇴를 논의하기에 이르렀다. 명의 원군이 도착하여 평양성을 수복한 시점에서 한양성 북부와 동부에 주둔하고 있던 일본군은 빠르게 한양으로까지 후퇴하였다. 명군이 벽제관에서 일본군에게 패하면서 전의를 상실하였지만, 권율이 행주산성에서 큰 승리를 거두는 등 각종 전투에서 조선군이 일본군을 격퇴하니 일본군은 경상도 해안 지역으로 후퇴하였다.

일본군을 무력으로 진압하기가 쉽지 않다는 것을 안 명군은 화의를 통해 일본군을 물러나게 할 방안을 찾았다. 또한 조선군의 지속적인 공격으로 전투력을 잃은 일본군 역시 휴전을 원하는 명군과 회의를 진행시켰다. 명군과 일본군 간에 화의 협상 과정에서 양 군대는 각자의 나라로 돌아가면서 임진왜란을 끝냈다.

그러나 명군과 일본군의 화의 교섭이 거짓으로 들어나자, 일본군은 다시 공격해왔다(정유재란, 1597).

4) 임진왜란의 결과

7년간의 전쟁 결과 조선은 일본군의 침략 목적을 분쇄하고 결국 전쟁에서 승리했다. 그렇지만 이 전쟁으로 조선은 큰 피해를 보았다.

전 국토가 황폐하여 경작지가 전쟁 전에 비해 3분의 1 이하로 줄고, 인구도 크게 줄었다. 전쟁 중에 수많은 사람들이 일본군에 의해 학살당하고 일본으로 끌려갔으며, 일부는 포르투갈 상인에 의해 유럽 등지에 노예로 팔려가기도 하였다. 전쟁 중에 노비 문서가 소실되고 양반의 위신이 떨어졌으며, 국가 운영에 문제가 발생했다. 문화재의 소실도 매우 커서 불국사, 사고 등이 일본군에 의해 불에 타 버렸고, 활자, 서적, 도자기, 그림 등 많은 문화재를 일본군이 약탈해갔다.

임진왜란은 조선뿐만 아니라 일본과 중국에도 큰 타격을 주었다. 일본 역시 전쟁에 참전한 수많은 일본군이 전쟁터에서 목숨을 잃어 도요토미 일가의 세력이 약화되었고, 결국 정권이 바뀌었다. 명도 전쟁에 의해 국력이 쇠약해져 결국 만주의 여진족에게 중국의 지배권을 내주게 되었다.

분석된 중·고등학교 역사교과서

번호	교과서명	집필자	출판사	출판년도
1	중학교 역사 상	조한욱 외	비상교육	2013
2	"	이문기 외	두산동아	2013
3	"	조승래 외	대교	2013
4	"	주진오 외	천재교육	2013
5	"	양호환 외	교학사	2013
6	"	신영범 외	교학사	2013
7	"	정재정 외	지학사	2013
8	"	정선영 외	미래엔	2013
9	고등학교 한국사	정재정 외	지학사	2013
10	"	최준채 외	법문사	2013
11	"	도면회 외	비상교육	2013
12	"	이인석 외	삼화출판사	2013
13	"	한철호 외	미래엔	2013
14	"	주진오 외	천재교육	2013

한국 역사, 무엇이 문제인가

역사는 과거와 현재의 끊임없는 대화이다 · E. H. Carr

『조선사 해제』

이 책의 초고를 완성할 무렵, 장경석 박사가 또 다른 귀중한 책을 소개해주었다. 2013년도에 출간된 『조선사 해제』이다. 이 책은 하야시 다이스케(林泰輔)[1]라는 일본인이 1892년 발간한 『조선사』를 번역 및 해설한 책이다. 이 책에는 일제가 조선을 강점한 이후, 어떻게 한국 역사를 왜곡하였는지가 잘 나타나 있다. 일제강점 후 일본총독부는 1910년부터 조선사 왜곡을 체계적으로 시작한 후[2] 1938년 조선사를 편찬하였다. 일제는 무려 28년 동안 조선사를 체계적으로 연구한 결과 한국 역사를 왜곡하였고, 한국 역사 사료를 조직적으로 은폐하였다. 일제의 조선사 편찬 목적은 조선의 국가 독립성을 부정하고, 조선정부의 무능과 부패로 인한 통치력 부재를 밝힘으로써 일제의 조선 점령의 정당성을 확보하려 한 것이

---

1) 하야시 다이스케(林泰輔)는 1892년 동경대에서 역사학을 전공하고 교사로 재직하면서 저술한 책이다. 이 책에서 처음으로 임나일본부설이 제기되었다(복기대, 2013, 「하야시 다이스케『조선사』번역의 의미」, 하야시 다이스케(林泰輔) 저, 편무진 · 김현욱 · 이태훈 옮김, 김위현 · 박성수 해제, 『조선사』, 인문사, pp.303-344).

2) 일본총독부는 조선의 관습과 제도 조사라는 명목으로 1910년 11월부터 이듬 해 12월까지 1년 2개월 동안 전 행정력과 경찰력을 동원하여 조선의 서점, 향교, 가정에 있는 역사책 20여 만 권을 압수하였고, 역사 왜곡을 위한 사료를 남기고 모두 불태웠다(김위현, 2013, 『조선사』해제, 하야시 다이스케 저, 같은 책, pp.408-412).

다. 임진왜란에 대한 왜곡은 이러한 행위의 일환이다.

임진왜란에 대한 한국인의 기억

이 책을 쓰면서 내가 알고 있는 지인들에게 임진왜란에 대해 연상되는 것이 있다면 어떤 것이 있는지를 물어보았다. 대부분은 기본적으로 임진왜란에 대한 인식을 떠올리기조차 꺼려 했다. 임진왜란에 대한 부정적인 인식 때문에 생각하는 것 자체를 거부하는 것이다. 또한 임진왜란에 대해 아는 바도 별로 없었다. 신립이라는 이름도 잘 몰랐고, 진주성에서 두 번의 큰 전투가 있었다는 것도 잘 몰랐다. 전반적으로 임진왜란에 대한 한국인의 인식은 부정적이며, 잘 알지도 못했고, 궁금해 하지도 않았다. 그저 기억하기 싫은 가슴 아픈 우리 조상의 역사일 뿐이다. 그리고 한국인의 이러한 역사 인식은 그대로 교과서에 담겨 있으며, 우리 청소년들은 가슴 아픈 역사 인식을 대물림 받고 있다. 현재 한국인이 가지고 있는 임진왜란에 대한 역사 인식은 다음과 같이 정리할 수 있다.

첫째, 조선 조정이 당쟁만 일삼다가 임진왜란에 대비하지 못했고, 그에 따라 일본군에 연전연패를 당하였다.
둘째, 신립은 다른 장수의 건의에도 불구하고 새재에 진을 치지 않고 탄금대에서 배수진을 치는 전술의 실수로 인해 일본군에 패배했다.
셋째, 선조는 한양성을 지키려고 하지 않고 자기만 살겠다고 백성을 버리고 피난 갔다.
넷째, 조선군은 육지 전투에서 승리한 바가 별로 없었고, 그나마 이순신이 이끄는 수군에 의해 조선의 명맥이 이어졌다. 이순신이 없었다면 전라도도 보존될 수 없었다.

다섯째, 일본군을 조선 땅에서 몰아낼 수 있었던 것은 명군과 의병의 역할이었다.

여섯째, 도요토미 히데요시가 죽은 다음에야 7년간의 전쟁이 끝날 수 있었다.

임진왜란에 대한 일본인의 인식

그렇다면 일본인들이 알고 있는 임진왜란에 대한 역사 인식은 무엇일까? 그들도 우리와 같이 임진왜란에 대해 잘 모르고 있기는 마찬가지이다. 그러나 일본인은 한국인의 임진왜란에 대한 뼈아픈 역사 인식과 다른 것을 기억하고 있다. 일본인이 알고 있는 임진왜란에 대한 기억은 다음과 같이 정리될 수 있다.

첫째, 도요토미 히데요시는 임나일본부(任那日本府)[3] 경영 이후 외국을 경영하려고 한 첫 지도자였다.

둘째, 일본군은 강했다. 일본군은 임진왜란 개전 한 달도 되지 않아 조선의 수도였던 한양성을 함락했고, 두 달도 되기 전에 평양성을 함락시키는 등 조선 전역을 점령했다.

셋째, 임진왜란 전 과정에서 조선 관군은 일본군의 적수가 되지 못했다. 다만 조선 수군은 일본 수군보다 강했고, 유격전을 펼치는 조선 의병이 일본군을 괴롭혔다.

넷째, 명군의 원조가 없었다면 일본이 조선을 지배했을 것이다.

---

3) 일본의 야마토왜(大和倭)가 4세기 후반에 한반도 남부 지역에 진출하여 백제·신라·가야를 지배하고, 특히 가야에는 일본부(日本府)라는 기관을 두어 6세기 중엽까지 직접 지배하였다는 설이다. 임나일본부설은 앞에서 밝힌 바와 같이 아마추어 일본 사학자였던 하야시 다이스케(林泰輔)가 1892년에 저술한 『조선사』에서 처음 제기하였다.

다섯째, 일본군이 몇몇 전투에서 패배하기도 했지만 결국 일본군이 승리했다. 진주대첩에서 패배했지만 제2차 진주성전투에서 설욕했고, 행주산성전투에서 첫날 공격에서는 성을 함락시키지 못했지만 둘째 날 공격으로 결국 성을 함락시켰다. 평양성에서 명군에게 당한 패배는 벽제관전투에서 되돌려주었고, 조선 수군이 강하기는 했지만 결국 일본 수군이 칠천량전투에서 조선 수군을 궤멸시켰다.

여섯째, 일본군은 패배하여 철수한 것이 아니라 도요토미 히데요시가 병사함으로써 철수하였다.

새로이 밝혀진 임진왜란 역사

한국인의 임진왜란에 대한 기억은 일본인의 역사 인식과 별로 다르지 않다. 그렇다면 이러한 한국인과 일본인이 공유하고 있는 임진왜란에 대한 역사가 진실을 바탕으로 한 것일까? 나는 이 임진왜란과 관련한 다양한 사료를 읽으면서 우리가 알고 있는 임진왜란이 잘못되어 있다는 확신을 가지게 되었다. 너무도 많은 임진왜란에 대한 역사적 사실이 알려져 있지 않고 있기 때문이다. 심지어는 일본군부가 저술한 『일본전사 조선역』에 명백히 나타나 있는 역사적 사실조차 밝혀져 있지 않고 있다. 이렇게 몇 가지 역사적 사실을 추가하기만 해도 우리가 알고 있는 임진왜란은 존재할 수 없다.

따라서 나는 임진왜란에 대해 새로이 밝혀진 역사적 사실을 토대로 논리적으로 임진왜란 역사를 새로이 써보았다. 이것은 전부가 아니다. 내가 찾아낸 새로운 역사적 사실은 빙산의 일각일 것이기 때문이다. 그럼에도 불구하고 새로이 밝혀진 역사적 사실을 바탕으로 우리가 알고 있던 거짓 임진왜란 역사에서 참 역사로 바꿔야 할 것은 다음과 같다.

첫째, 일본군이 강했던 것은 사실이지만 일본군이 임진왜란 각종 전투를 지배했던 시기는 초기 2개월뿐이었다. 일본군이 초기 전투에서 승리했던 요인은 100년이라는 오랜 전국시대 동안 일본군은 국내 전쟁을 통해 계속 전투 경험을 쌓았고, 통일 후 전투로 단련된 28만여 명의 병력을 보유했기 때문이다. 그러나 임진왜란 초기 패전을 경험하면서 조선군도 전투에 단련되었고, 군대가 조직화되면서 일본군을 공격하고 보급로를 차단하였다. 전투가 지속되면서 일본군은 수세에 몰리게 되었고, 명군의 참전을 계기로 일본군은 명군과 강화를 맺으면서 후퇴의 명분을 찾았고, 결국 후퇴했다.

둘째, 임진왜란 각종 전투에서 일본군과 전투를 가장 많이 치른 당사자는 조선 관군이다. 진주대첩, 행주대첩, 한산대첩 등 임진왜란 3대첩을 이끈 주역은 조선 관군이었으며, 이외에도 대규모 전투를 치르면서 승리도 하고 패배도 한 주역은 대부분 관군이었다.

셋째, 임진왜란을 극복함에 있어서 조선 의병의 역할이 큰 것은 사실이다. 그런데 대부분의 의병 대장은 전직 관료였으며, 또한 국왕으로부터 관직을 다시 제수받았고, 관으로부터 군대와 무기, 병량을 지원받아 대규모화된 군대로 조직화되어 전투에 임했다. 실질적으로 당시 관군과 의병을 구분하기가 어렵다.

넷째, 임진왜란 참전 일본군은 최소 22만 4천 명을 넘었고, 이들 중 약 14만 명이 조선 땅에서 전사했다. 60%가 넘는 참전 일본군이 사망했다. 이것은 조선군과 백성이 치열하게 일본군에 대항하여 결국 일본군을 물리쳤다는 것을 보여주는 확실한 증거이다.

다섯째, 명군이 조선을 위해 임진왜란에 참전한 것은 사실이다. 그러나 명군은 일본군과 단 두 차례의 대규모 전투를 치렀을 뿐이다. 제4차 평양성전투에서 승기를 잡은 명군은 일본군의 퇴로를 보장함으로써 자국 병사의 희생을 최소화하는 데 주력했고, 벽제관전투에서 일본군에게 패배한 명군은 그 이후 일본군과 전투를 피하며 화의를 맺으려 했다. 명군과 일본군은 화의를 반대하는 선조 임금을 배제한 채 그들만의 화의를 진행시켰고, 이 과정에서 명군과 일본군은 재빨리 병력을 자국으로 후퇴시켰다.

여섯째, 선조는 비겁한 군주가 아니었다. 반대하는 신하가 있었지만 선조가 주장하여 일본이 조선과 명나라를 침략할 것임을 명나라에 알렸고, 성의 축성과 무기의 준비, 군대의 양성과 훈련을 점검하였다. 일본군이 북상하자 선조는 자신을 경호할 최소한의 군대도 남기지 않고 모든 중앙군을 신립에게 맡기어 침략군을 퇴치하려 했다. 백성을 버리고 한양성을 떠난 것이 아니라 군대가 없는 한양성에 머물러서는 전체 전투를 지휘할 수 없었기에 어쩔 수 없이 북으로 몽진(蒙塵)한 것이다. 국가를 보전하기 위해 광해군과 분조하였고, 초유사를 조선 8도에 보내어 일본군에 대해 항전할 것을 독려하였으며, 전투에서 승리한 지휘관에게 관직을 올려주는 등 선조 임금은 임진왜란 동안 전체 전투를 지휘하였다.

일곱째, 조선 수군에 의해서만 일본군의 공격으로부터 전라도가 지켜진 것이 아니라 전라도를 포함한 경상우도는 수군을 포함한 조선군과 의병의 협력적 노력에 의해 지켜졌다. 금산성에서 웅치와 이치를 넘어 전주를 공격했던 일본군을 조선 관군이 웅치와 이치에서 전투를 벌여 막았고, 고경명의 의병 부대가 일본군의 본부인 금산성을 공격함으로써 일본군 부대를 후퇴시켰다. 경상도에서 전라도로 진격한 일본군은 곽재우의 의병 부대가 퇴치하였고, 경상우도와 전라도를 장악하기 위해 진주성을 공격한 3만 명의 일본군을 김시민의 관군 3,800명이 5일에 걸친 사투 끝에 결국 막아냈다. 이 승전을 바탕으로 조선 관군과 의병은 경상도에 주둔하고 있는 일본군을 공격하여 실지를 수복하고 일본군의 보급로를 끊음으로써 일본군의 전투력을 약화시켰다.

여덟째, 제2차 진주성전투는 결코 패전이 아니다. 5,800명의 조선 관군과 의병으로 9만 3천 명의 일본군을 맞아 9일 동안 24차례의 공격을 막아낸 것은 임진왜란 전체 전투 중에서 가장 빛나는 승전으로 보아야 한다. 다만 25번째 공격에서 성곽의 일부가 비로 인해 허물어짐으로써 압도적으로 많은 일본군에 의해 성이 점령당한 것이다. 특히 결국에는 함락될 수밖에 없음을 알고도 목숨을 자발적으로 바친 진주성 수성군은 전투 결과 약 4만 명의 일본군이 사망했고, 이로 인해 실질적인 임진왜란을 종결시켰다. 이 항전의 의미는 반드시 되살려져야 한다.

참 역사를 위한 과제

한마디로 우리가 알고 있던 임진왜란이 거짓인 이유는 한국 역사가 조선 강점 이후 일본 학자들에 의해 쓰였기 때문이다. 그리고 일본인이 쓴 한국 역사는 해방 이후에도 근본적인 수정이 되지 않았다.

역사를 전공하지 않은 내가 임진왜란에 대한 역사를 새로 쓸 수 있었던 것은 수많은 한국 사학자들의 숨은 노력 덕택이다.

그러나 아직도 갈 길이 멀다. 이 책에서 밝힌 새로운 역사적 사실 발굴과 해석은 지극히 일부에 의한 것이기 때문이다. 지속적으로 외세를 물리친 고구려인의 기상과 세계 최강의 몽골군과 40년이 넘도록 투쟁한 고려인의 의지가 임진왜란을 맞아서도 그대로 발현되었을 것이라는 데는 아직도 미치지 못한다.

일단 기록에 남겨진 역사를 바꾸기란 쉽지 않다. 그렇기에 일본총독부는 조선의 역사책을 수거하여 이를 근거로 역사를 왜곡하고, 일제의 강점을 합리화하였으며, 우리 역사책을 불살랐던 것이다. 따라서 일본이 그들의 목적을 위해 쓴 우리 역사의 오류를 그대로 둘 수는 없다. 더 이상 자라나는 우리 후손들이 우리 역사를 읽으면서 한맺힌 눈물을 짓게 할 수는 없다. 그리고 현재 진행되고 있는 한국 근·현대사에 관한 역사 논쟁 역시 일제의 한국사 왜곡을 바로 세우는 것으로부터 방향이 설정되어야 할 것이다.

우리 조상의 피로 지켜낸 우리 역사는 역사적 사실에 의해 진실이 회복되어야 한다. 임진왜란 중 각종 전투에서 승리했든 패배했든 간에 우리 조상들의 고귀한 희생의 역사적 진실을 찾아 역사에 기록해야 하고, 전적지를 원상태로 복구하여 국란을 극복한 영광의 역사를 후손에게 알려야 한다.

임진왜란 전사

연도	일자	내 용
1592년 선조 25년, 임진년	4월 14일	부산성전투(정발 패, 고니시 유키나가 승)
	4월 15일	동래성전투(송상현 패, 고니시 유키나가 승)
	4월 17일	· 이일 대구 파견 · 양산 함락(구로다 나가마사)
	4월 18일	밀양성전투(박진 패, 고니시 유키나가 승)
	4월 19일	언양 함락(가토 기요마사), 김해 함락(구로다 나가마사)
	4월 21일	경주 함락(가토 기요마사)
	4월 22일	창원 및 영천 함락(구로다 나가마사)
	4월 25일	· 상주전투(이일 패, 고니시 유키나가 승) · 성주 도착(구로다 나가마사)
	4월 26일	문경 함락(고니시 유키나가)
	4월 28일	· 추풍령전투(조경 패, 구로다 나가마사 승) · 충주 탄금대전투(신립 패, 고니시 유키나가 승)
	5월 2일	한양성 함락(고니시 유키나가, 가토 기요마사, 구로다 나가마사)
	5월 8일	곽재우, 초계 의병 조직
	5월 16일	양주 해유령전투(신각 승, 가토 기요마사 선발대 패)
	5월 18일	임진강전투(김명원 패, 가토 기요마사 승)
	5월 24일	의령 정암진전투(곽재우 승)
	6월 5일	용인전투(남도근왕군 5만 명, 전라감사 이광, 전라도 방어사 곽영, 충청도 순찰사 윤선각, 경상도 순찰사 김수 패, 와키자카 야스하루 승)
	6월 6일	· 무계전투(정인홍 승) · 중화 도착(고니시 유키나가)
	6월 10일	여주 도착(가토 기요마사)

6월 13~14일	1차 평양성전투(김명원 패, 고니시 유키나가, 구로다 나가마사 승)
6월 17일	초계전투(곽재우 승)
7월 4일	박춘무, 청주에서 거병
7월 5일	조헌, 옥천에서 의병 모집
7월 7일~8일	· 웅치전투(정담 패, 일본군 승) · 이치전투(권율 승, 일본군 패)
7월 9일~10일	1차 금산성전투(고경명 패, 일본군 승)
7월	의령전투, 현풍전투, 영산전투(곽재우 승)
7월 10일	우척현전투(김면 승)
7월 13일	무계전투(정인홍 승)
7월 17일	2차 평양성전투(김명원, 조승훈 패, 고니시 유키나가 승)
7월 24일~27일	영천성전투(권응수 승)
7월 29일	지례전투(김면, 김시민 승)
8월 1일	· 3차 평양성전투(이일, 사명당 패, 고니시 유키나가 승) · 청주성전투(조헌, 영규, 박춘무 등 승)
8월 16일~18일	2차 금산성전투(조헌, 영규 등 패)
8월 21일	성주전투(김면 등, 퇴각)
8월 23일	영원산성전투(김제갑 패)
8월 28일	연안성전투(이연암 승)
9월 1일	소서행장-심유경 회견, 50일간 정전협정
9월 8일	2차 경주성전투 (박진 승)
9월 8일	· 북관대첩: 경성, 회령, 명천, 길주, 석성령 등(정문부 승) · 경성에서 안변으로 퇴각(가토 기요마사)
9월 11일	성주전투(김면)
9월 16일	경성 입성(정문부)

	9월 17일	일본군 금산성에서 성주성으로 퇴각
	9월 27일	창원전투(유숭인 승)
	10월 5일~10일	진주대첩(김시민 승)
	10월 25일	길주성전투(정문부 승)
	12월	독성산성전투(권율 승)
1593년 선조 26년, 계사년	1월 6일~9일	제4차평양성전투(이일, 이여송 등 조·명 연합군 승, 고니시 유키나가 패)
	1월 9일	봉산 퇴각(고니시 유키나가)
	1월 12일	박천 퇴각(고니시 유키나가, 구로다 나가마사), 길주 퇴각(가토 기요마사)
	1월 14일	개성 퇴각(고니시 유키나가, 구로다 나가마사)
	1월 15일	성주전투(김면, 정인홍, 최경회, 임계영 등 연합군)
	1월 16일	파주 퇴각(고니시 유키나가)
	1월 17일	한양 입성(고니시 유키나가)
	1월 27일	벽제관전투(이여송 패)
	2월 12일	행주대첩(권율 승)
	3월 25일~27일	노원평전투(조선군 승)
	2월 27일	한양성 일본군 회의
	3월 10일	한양 철수 명령(도요토미 히데요시)
	4월 19일	한양 철수(일본군)
	6월 2일	임해군, 순화군 부산에서 환도
	6월 22일~29일	2차 진주성전투(김천일, 최경회, 서예원 등 조선군 5,800명 전사)
	7월 2일	구례전투(일본군 승)
	7월 7일	남원전투(무승부)
	10월 4일	선조 임금 한양성 환도